週刊プレイボーイのプロレス

佐々木 徹 著

辰巳出版

ちょっと長めのプロローグ——週刊プレイボーイの「殺し」

「うひゃひゃひゃっ！」

月曜日の朝、梅雨の走りの東京は神田・神保町。集英社・旧本社ビル4階にあった『週刊プレイボーイ』編集部。

のちに私の初代担当編集者となるTさんが勢いよくブルンブルンと見本誌を振り回しながら、やや引きつり気味のバカ笑いを響かせていた。

「佐々木クン、やってくれたな。まいったまいった、うひゃひゃ。こりゃ、いくらなんでもマズいだろ」

1980年代当時、火曜日発売だった週刊プレイボーイの見本誌は、月曜日の午前中には各社員編集者の机に置かれてあった。Tさんは音楽担当だったこともあり、まずは連載の音楽ページに目を通し、取り返しのつかない誤植ミスに気づいたのだ。

「荒馬テリー・ファンクが〝テリー・ファック〟になっているぞ！」

その頃、全日本プロレスのマットでアイドル的な人気を誇っていたテリー・ファンクがアルバムをリリース。内容自体はカントリーミュージックが中心のどうってことのない代物（テリーの歌声もさほど魅力的ではなかったし）ではあったけれども、プロレスラーが自身の入場テーマ曲以外にオリジナルの音楽アルバムをリリースするというのは珍しかった。

このような情報を踏まえて、「テリーのアルバム発売記事を書いてみてくれ」とTさんに頼まれたのは2週間前のこと。

正直、〝はぁ？〟だった。

〝俺が？〟だった。

「何かお手伝いできることがあれば、お願いします」と頼んだのはこちらだけど、いきなりそれは……。

学生だった私は、ある音楽事務所で雑用係みたいなバイトに就いていた。漠然とマスコミの道に進めればよいなと希望を抱いてはいたが、何をどのようにすれば願いを叶えられるのかまったくわからず、日々漠然と音楽事務所の社長に言われるがまま雑用をこなしていた。

社長は活字好きで、出版関係者にも知り合いが多く、情報収集活動だと言い訳しながら、大手出版社の編集者たちと夜な夜なただひたすらに飲みまくる酒宴を開いていた。私は雑用係として控え、たまたまTさんがそこにいた。

その時の酒宴の席でTさんとどんな会話を交わしたのか覚えていないのだが、「明日にでも編集部に遊びにおいでよ」と、お誘いを受けたのだけは記憶している。まだ社交辞令という言葉を知らなかった私は、ひょいひょいと飛ぶように神保町に向かった。

「テリーがね、そうそう、あのザ・ファンクス、弟のほうね。彼が音楽アルバムを出すんだって。これが試聴盤。とりあえず聴いてみて。それでさ、軽く12字×10行で紹介記事を書いてほしいんだけど」

前述したように、〝俺が？〟だった。こちとら中学時代の夏休みの宿題で読書感想文を書いて以来、久しく人様に見せられるような文章など書いていない。でも、「書けません」と断わる勇気もなく、テリーの音楽アルバムの紙資料と試聴盤を握りしめて帰宅。それから3日間、必死こいて原稿用紙に喰らいつき、何度も何度も書いては捨てを繰り返し、ようやく12字×10行の紹介記事を書き上げ、恐る恐るTさんのもとに。

Tさんは丸3日間も費やした短い原稿を一瞥しただけで、いきなり歌舞伎町の性感マッサージ店の話を始めた。結局、原稿の中身がよいとも悪いとも言ってくれず……。

そして、話は冒頭に戻る――。

受け取った見本誌の音楽ページを開いた瞬間、頭がクラッとした。ページの隅の新譜紹介コーナーに、私が書いたアルバムの記事が掲載されており、本当にTさんがバカ笑いしたように「荒馬テリー・ファンク」がなぜか「荒馬テリー・ファック」になっていたのだ。

〝ああ、これで編集者の道、物書きの道、マスコミの道、すべての輝かしい道が閉ざされたな〟と絶望した。さらにTさんは原稿書きを命じることで、自分に週刊プレイボーイで仕事をするチャンスを与えてくれたはずなのに、期待に応えることができなかったという事実がなんともいえないやるせなさを募らせた。

しかし、である。

今でこそ記事などが世に出る前には担当編集者を始め、校閲部の方々がきちんと誤字脱字、表現の間違い、事実誤認などを赤字とともに訂正することくらいわかっている。それでも数年に一度、編集部全体がわちゃちゃと頭を抱えてしまう誤植ミスがあることはあるが、めったに起きるものではない。そういう意味で、この珍しい誤植は私の責任というよりも、Tさん、校閲の方々に起こった予期せぬ数年に一度のミスといえた。そんな編集事情すらよくわかっていない、週刊誌が出来上がるまでの過程を一切知らない赤ちゃんのような私は責任をひとり押しつけられ、背負わされたような暗澹たる気分だった。

「お茶、飲みに行こうか」

たぶん、顔面蒼白だった私を尻目に、Tさんがさっさと編集部を出ていく。私は茶店で「お前って使えねえよな」と罵倒されるのを覚悟した。

茶店に入ると、すぐにTさんはアイスミルクを注文。ストローでチューチュー吸い込みながら、正面に座った私に向って言い放った。

「早速で悪いんだけどさ、明日ね、うん、午後3時から赤坂のキャピトル東急ホテルで馬場さんのインタビューをしてきてよ」

（ん？）

「世界のジャイアント馬場ね。ほら、この間の飲み会で俺にプロレスが好きだって言ってたじゃない」

（そんなこと言ったっけ？　覚えてない。いやいや、確かにプロレスは好きなほうだけど、それほど熱心なファンってわけじゃないし。テレビで中継が流れていたら観る程度のファンだし）

「全日本プロレスには取材ＯＫをもらっているから、あとは指定された3時にキャピトルのラウンジに行けば馬場さんが待ってる。インタビュー時間は45分ね」

「ちょっと待ってください、僕がやるんですか？　馬場さんのインタビューを」

「そだよ」

（〝俺が？〟と、またしても小さく心の中で叫んだ）

「何も心配することないって、平気、平気」

「もちろんTさんも一緒に行ってくれるんですよね」

「行かないよ、面倒臭いもん」

「ウソでしょ！」

思わず、そう言ってしまったのも仕方がない。ほんの数日前まで普通の学生だった自分が、いきなりひとりでジャイアント馬場のインタビューをせよ、と命ぜられたのだから。だいたいインタビューという言葉自体、それまで目や耳にはしてきたが、実のところ、その作業が現場でどのように行なわれるのか、例えば、話をどう切り出し、どのようにして相手から話を引き出せばよいものか、見当もつかなかった。

「インタビューのテーマはね、巨人のこと。今年の巨人はだらしないじゃん。開幕から、なかなか勝てないしさ。そこで巨人軍ＯＢである馬場さんにご登場いただいてだ、常勝巨人軍再建の秘策を聞き出してきてほしいわけさ」

「いや、でも、僕はインタビューなんかしたことないですし」

「気にしない、気にしない。あのね、インタビューなんてもんは、向こうが取材要請に対し、ＯＫを出した時点で、ほぼこっちの勝ちなんだよ。なぜなら、インタビューの空間では、相手がどんな偉い人間であろうと対等になれるからなんだ。たとえ相手が国家元首でもね。そう、へりくだる必要なんて、これっぽっちもない。つまり、遠慮せず攻めることが許される場なんだな。それで最終的に攻めて攻めて攻め続ければ、負けはなくなるってこと」

正直、Tさんの言わんとしていることがうまく理解できなかった。なぜ攻め続けることが負けにならないのか意味不明だったし。というか、そもそもインタビューは勝ち負けの問題じゃないような気がしたし。だけれども、インタビューの空間では、互いに対等であるとの言葉には深く感じるものがあった。相手がたとえ国家元首であろうと、いざインタビュー開始となれば対等の立場――。なにかこう、心の奥底がザワつく妙な高揚感を抱いてしまっていた。

翌日、赤坂のキャピトル東急ホテルのラウンジ。

当然のことながら、ジャイアント馬場の巨体はすぐに確認できた。同席者はおらず、座っているテーブル席に近づくと、足を組んで葉巻をくゆらせていた馬場さんが、ゆっくり視線を私のほうに向けた。

「お、プレイボーイだな。今日は何の用だ？　ま、座りなさい。何か飲むか？」

　この第一声で、馬場さんに今日の取材の目的が伝わっていないことを理解した。それがTさんのミスなのか、全日本プロレスの広報の怠慢なのか、それとも馬場さんへのインタビュー取材では事前にテーマを伝えないことが慣習だったのか、そこのところはインタビュー初陣の私にはわからなかった。Tさんがいれば、なんとかうまくインタビュー開始のきっかけを見つけ出してくれたに違いないが、この場には自分しかいない。自分ひとりでなんとかしなければならない。背中にジワジワッと嫌な汗が滲み出てきた。とりあえずガサゴソと鞄の中をかき回して、Tさんが貸してくれたカセットレコーダーを取り出し、えいやっと録音の赤ボタンを押した。

「話ちゅうのは、プロレスのことだろ？」

「いいえ、違います」

「じゃあ、何の話だ？」

「えっと、んと、ですから、えっと、んと」

「えっとじゃわからん」

「ええっと、巨人軍の話です。今年の巨人は開幕から、めちゃめちゃ弱いじゃないですか。投手陣は投げりゃ打たれる。野手陣は凡打の山ばかり」

「で？」

「ですから、巨人軍OBの馬場さんにですね、勝つためのアドバイスをいただきたいんです」

「…………知らんな。俺に訊くな」

　馬場さんは葉巻の煙をプホーと天井に向けて吐き出しながら、つれなく吐き捨てた。

「俺に訊くなって、そんなあ」

「あのな、巨人の選手たちはみんな勝つために一生懸命やっているんだ。誰も負けようと思ってグラウンドに立っているわけじゃない。それはわかるか？」

「はい」

「プロの連中が必死こいて勝つために努力しとる。そんな状況の時に門外漢の人間のアドバイスなんか必要ないだろ。それこそ失礼になるだろ。ワシだって長嶋やワンちゃんに、こうやって闘えばブッチャーに勝てると言われたくない」

「いえ、必要だと思います。馬場さんは巨人のことが心配じゃないんですか？」

「なに？」

「巨人軍のことを愛してないんですか？」

「なにぃ？」

「苦しい時にこそ手を差し伸べる。それこそがＯＢとしての正しい努めだと思います」

「面倒臭いヤツだな」

「生まれつきです」

「あんたに何がわかる」

「わからないから、こうしてお訊ねしているんです」

「まったく……。あんたはまだ若いんだから、もっと謙虚な気持ちでいなさい」

「それは心に留めます。でも、今日の目的は巨人軍再建案をお聞きすることなんです。それしか関心がありません」

「ったく、じゃあまあ……そうだなあ……」

　ここでようやく馬場さんはポツリポツリと不甲斐ない巨人の打開策と野球への愛を語り始めたが、私は私で猛烈に後悔していた。

　いくらなんでも初対面の〝日本が世界に誇る大巨人〟ジャイアント馬場に対して、あまりにも無礼な口の利き方ではなかったか。これでもう馬場さんが週刊プレイボーイの取材は二度と受けない、とヘソを曲げたら、私のせいだなと落ち込み始めていた。

　しかし、取材が終盤を迎え、馬場さんの表情も柔らかくなり、「おい、アップルパイを食べんか？　ここのアップルパイ、うまいんだぞ」と私に気を遣ってくれたので、どうやら最悪の事態だけは避けられたかもと思った。

　何気に時計を確認してみる。心がポワンポワンと浮ついたまま初陣のド緊張の45分が終了。

　会計しようとフロントで1万円札を出すと、背後から巨大な馬場さん手がニュッと飛び出て、その1万円札を摘みあげ、私のシャツのポケットにねじ込んで「あんたに奢ってもらうと、寝付きが悪くなりそうだ」と言い、ニタッと笑いながら大股でホテルの出口のほうに歩き出していた。

「こりゃ最高だわ。初対面で馬場さんに説教されてやがんの」

その足で編集部に戻り、Tさんに取材用のカセットを手渡す。「どうだった?」とも「うまくいった?」とも訊かれないまま、Tさんはイヤホンを付けて取材テープを聞き出した。

そして、20秒後——。

「うひゃひゃひゃひゃひゃ!」

またしても、Tさんのややひきつり気味のバカ笑いが編集部に響く。

「こりゃ最高のインタビューだわ。〝俺に訊くな〟って馬場さんに説教されてやがんの。いやあ、笑うなあ。佐々木クン、凄いぞ。この広い世の中で、世界のジャイアント馬場から初対面なのに説教を食らう人間なんてなかなかいないもんな。これは一生、誇っていい。うひゃひゃひゃ、ダメだ、笑い過ぎて腹が痛い」

あとでおいおい知ることになるのだが、Tさんというお人はめったなことでバカ笑いする男ではなかった。どちらかといえばクール、いや、気難しいタイプの人間だった。皮肉屋さんでもあり、少し協調性に欠けた性格だったが、仕事に向き合う姿勢は公平性を重んじ、何事に対しても忖度を嫌っていた。なにより誌面作りのセンスが抜群で、アイデアの豊かさは編集部内でも群を抜いていた。

原稿書きも天才的なところがあり、その確かな執筆力と編集センスの鋭さゆえに、編集長を始め他の社員編集者たちは遠巻きにTさんと接するようなところもあった。なにせ『江夏の21球』で有名なノンフィクション作家の山際淳司氏が生前、執筆の際に常に頼りにしていたのがTさんだったのである。

そんなTさんがバカ笑い。たぶん、私のインタビューの内容がTさんの笑いのツボにハマってしまったのだろう。というか、Tさんは単に私を面白い人間か、笑える人間かを試しただけだったような気がする。事実、私の仕事はインタビューまでで、原稿はTさんが仕上げた。

それから1週間後。私はまたTさんに喫茶店に呼び出され、今度は「ねえ、ねえ、うちの音楽ページを担当してくれない？」と打診された。

「今までライターのMちゃんがテキパキやってくれていたんだけどさ、彼ね、本業の翻訳のほうが忙しくなっちゃって。だからさあ、ちょっくらさあ、佐々木クン、ちゃちゃっとやってみてよ」

「はあ……（ここまでくると、もはや心の中で〝俺が？〟と叫ばなくなっていた。慣れというのは恐ろしい）。できますかね、僕に」

「できる、できる、簡単、簡単」

「はあ、まあ」

「来週分の入稿から頼むね。音楽の連載といっても、毎週2ページ入れりゃいいことだし。毎週1人、アーティストにインタビューして原稿書いて、新譜のコラムもささっと書けばいいだけだし。〝テリー・ファック〟の要領でやればいいよ（笑）。取材するアーティストも、これからイヤってほどレコード会社のプロモーターたちがプレゼンしてくるから。その中から佐々木クンがインタビューしたい人を選んで、パパッとやっちゃって」

　当時のTさんの決まり文句は、「簡単」と「ささっと」と「パパッと」と「ちゃちゃっと」に集約されていたような気がする。

「一応、お聞きするんですけど……も」

「ん？」

「連載の音楽ページの取材、Tさんは一緒についてきてくれないんですよね？」

「行かないよ、面倒臭い」

　馬場さんの時もそうだったが、Tさんは筋金入りの面倒臭がり屋だった。というよりも、執着心がないのだ。例えば、取材相手が海外の大物ミュージシャンだったりすると、普通は好奇心を含め、自ら取材したいと願うもの。自分がインタビューを行なわなくても、話のネタに必ず同席はするもの。その点がTさんの場合、他の編集者たちと違った。本気で面倒臭いと思っていた節がある。

　実際、私は80年代後半から90年代後半まで音楽担当のフリーライターとして、数多くの海外アーティストをインタビュー取材してきた。その中にはポール・マッカートニー、フレディ・マーキュリー、スティング、マドンナ、ジョン・ボン・ジョヴィ、スティーヴン・タイラー……他にもそうそうたるメンツを取材してきたが、いつも私ひとりだった。Tさんが付き合ってくれたことは一度もない。すべて「頼むよ」の一言で丸投げされていた。

日本のアーティストでも同じ。80年代から2000年初頭までに取材していない国内アーティストは、B'zと中島みゆきとドリカムぐらい……あとはZARDか。ともあれ、あの時代に活躍していたミュージシャン、バンド関係は、ほぼすべてひとりでインタビューしている(カメラマンはいたけども)。だから、週刊プレイボーイを離れ、他の媒体でも取材するようになってから、当たり前のように担当編集者が同席してくれるのをとても奇異に感じていた。

同時にラクだなとも思った。そりゃそうだ。何かハプニングが起きた場合、とりあえず担当編集者が矢面に立ってくれるという安心感がある。週刊プレイボーイでの取材は、その安心感がなかった。初陣の馬場さんの時もそうだったが、何か起きたら自分の裁量で問題を処理しなければいけない。完全に逃げ場ナシ。そういう強迫観念に、いつも追い込まれていたといってもいい。不思議なのは何年か経ってから、Tさん以外にもいわゆる私の担当編集者なる人たちが何人か行動をともにしてくれたけど、悪しき習慣は引き継がれており、入稿作業は一緒に行なってくれるのに、ほとんどのインタビュー取材は相変わらず私ひとりだった。まっ、当時はそれが普通だと思っていたので、あまり気にはしなかったけども。いや、でも、今から考えてみると、当時の週刊プレイボーイ編集部は、Tさんを筆頭に実にいい加減な人たちの集まりだったといえなくもない。

インタビュー取材といえば、現在の出版不況からは考えられないが、週刊誌自体のページ数がかなり余っていた時代だった。そのため私が最初に請け負っていた連載の音楽ページも、90年代初頭の頃より4ページに増えていた。

毎週4ページを入稿するのは、けっこうしんどかった記憶がある。というのも、簡単な計算になってしまうのだけれど、4ページもあると最低3人のアーティストのインタビューが必要となってくる。一応、世間的に名前が知られている中堅のアーティストやバンドに2ページを割き、残りのページに新人さん2人を割り当てる。そして、残りは音楽に関するコラムなどで埋めたりする。

つまり、1週間に3人、当時は年間で50冊程度発行されていたから、それだけで1年間に約150人もインタビューしたことになる。90年代に突入してからは、その定番の音楽ページ以外にも特集ページで定期的に大物ミュージシャンのインタビューを行なったり、グラビア班と連動してのアイドル、旬の女優さんたちのインタビューも行っていた。

ついでにTさんが頻繁に野球のページを担当していたこともあって、巨人の原辰徳選手や松井秀喜選手、西武の東尾修監督にも定期的なインタビュー取材を敢行。もちろん本書を読んでいただければおわかりのように、数多くのレスラーにもインタビューを試みていた。他にも人気ミュージシャンの連載コラムも担当（ゴースト）していたし……。

ざっと計算してみても、週に5人程度、年間を通すと約250人以上の芸能人、著名人、文化人、アスリート、プロレスラーをインタビューしていたことになるわけだ。まさに、あの頃はインタビュー取材の千本ノックを受けていたようなものだった。しかも、当然のことながら、インタビューのあとは、それをまとめる原稿書きの作業が控えていた。

その繰り返しが約10年間も続いたのである。

とくに90年代中盤には年間340日くらいは編集部にいた。それは決して誇張でもなんでもなく、膨大な量の取材の打ち合わせ→取材→原稿書き→入稿作業をこなしていたので、結果的にそうなってしまったのだ。いや、そうでもしないと、ちっとも仕事が片付かなかった。

そうそう、あれは確か95年……いや、96年だったかもしれない。1週間に1冊のうち28ページ分の連載物、特集物を入稿したことがある。この個人入稿記録はたぶん、いまだに破られていないと思う。これも別に私が願ったことではない。当時はまだバブルの恩恵を引きずっており、たまたま偶然に何人かの社員編集者が海外にバカンス、取材に出向くことが重なり、私に「あとはトンちゃん（当時の私は、その愛称で呼ばれていた）、頼む」と言い、ドサッと資料等を渡したあと、次々に成田空港へと急いだのだった。

託された私は自分の入稿分を片付け、あとはもう必死こいて社員編集者たちの特集テーマの原稿を書き上げ入稿、ゲラチェックを行ない校了。トータル28ページ分をぶち込んだ翌週は疲労困憊が抜けず、しばらくは使いものにならなかったほど。その28ページ分を最終チェックした当時の副編集長が「これじゃ週刊プレイボーイではなく、週刊佐々木徹だ」と嫌味を言っていたが、「フリーの私を皮肉る前に、自分の部下の管理をちゃんとしろよ！」と感情が爆発しそうになった。

そういえば先日、当時を知るカメラマンと仕事先で出くわした時、旧交を温めながら、こんなことを言われた。

「だいぶ雰囲気が柔らかくなりましたよね。あの頃はそばに寄るのも怖かったですよ」

そうかもしれない。ただ、インタビュー取材の千本ノックを受けつつ、終わりなき入稿作業を続けていれば、そりゃ多少は目つきも悪くなるってば！

『本音の二重構造』——前田日明の本音は第二段階にある

さて、振り返ってみると、門前の小僧習わぬ経を読む……ではないが、毎日のようにインタビュー取材を行なっていれば、それなりにスキルも上がってくるもの。初めてのインタビュー取材だった馬場さんの時は、わけもわからずTさんに刷り込まれた「インタビューの現場では、たとえ相手が国家元首であろうと対等である」を胸に刻み、前のめりに話を引き出そうと、しゃにむに頑張ったけども、それが90年代に入る頃になると取材にも余裕が出てくる。

前述したように年間250人以上も取材していれば、自然とそうなる。しかも、相手は一般人ではない。それぞれの立場で、それなりの実績を残している人たちばかり。一筋縄ではいかない人たちが多かったと思う。その中にはへそ曲がりの人もいれば、傲慢な人もいた。自分の胸のうちをさらけ出すのを極端に嫌がる人もいれば、逆にあけすけな人もいた。そういう人たちに対応しているうち、どうすれば相手が気分よくしゃべってもらえるかのコツのようなものがわかってくる。

なんにせよ、私にとって幸運だったのは日本がまだ本格的なネット社会を迎えていなかったこと。

今では多くの著名人が例えば自分の宣伝活動をする際、ＳＮＳやブログを活用する。そのためテレビ以外の媒体の取材を〝面倒臭い〟を理由に受けたがらない。大事なことは自分のＨＰなどで発表するから、取材は受けない。最近ではその流れがどのジャンルにせよ、主流になってしまった。しかし、あの頃の週刊誌のインタビューは取材される側にとって、まだまだ広報活動においての大切なツールのひとつだったのである。

そんな状況の中、インタビュアーとしてのスキルを上げていった私ではあるけれど、同時に醍醐味のようなものも感じ始めていた。

さきほど、取材に余裕が出てきた――と書いたが、それは別に現場に慣れてきた、という意味ではない。取材相手の呼吸音を察知できるようになってきたのだ。つまり、相手の心理状態を素早く感知できるようになった、とでもいえばよいのか。例えば、キャリアの浅い時期は訊きたいこと、訊き出したいことが先行し、目の前に座っている取材相手の状態を観察するまでの余裕がなかった。結果、ガツガツした取材となり、ヘタをすると独りよがりな取材になったりもした。

しかし、時を重ねるにつれ、取材相手が見せる仕種、所作、インタビューがスタートしてからの目の動き、指の動き、こちらが質問を投げた際に帰ってくる返答の声のトーンなども含め、相手が今、何を語りたいのか、何を訊き出してもらいたいのかが理解できるようになっていた。その動作ひとつひとつに合わせ、私も声のトーンを変えたりして、何気なく相手の心の内側にスリルと入り込める術を得ていた。あとは取材相手のしゃべる言葉を存分に踊らせるだけ。

さらに、相手の思考と寄り添うことができるようになってからは、本音が二重構造になっている人もいることがわかるようになっていた。

取材中、本音っぽいことを口にする人はいる。時には感情に任せて激しい言葉を投げかけてくる人もいる。普通はそこで「やったぜ」となる。本音を引き出せた、この激しい言葉の数々を記事のタイトルにでも付ければ一丁上がり、と思ってしまう場合もある。

だけれども、相手の所作、目の奥の揺れなどをじっくり観察しているうちに違和感を抱き、改めて向き合い、本音らしき言葉の先に何があるのかを、こちらの言葉で再度、誘導してみると、もうひとつの本音が隠されていたりするのだ。

それを私は勝手に『本音の二重構造』と呼んでいたのだが、そういう場面に出会えた時、インタビュアーとしての醍醐味と喜びと幸せを抱くことができたのである。

その『本音の二重構造』における最も代表的な人物といえば、前田日明になるだろう。

親しくなればなるほど、前田日明のインタビューは面白い。それは間違いない。言葉のチョイスは抜群だし、怒りに任せた言葉は実に刺激的だ。とくに特定の人物を批判する際の獰猛な語り口は嵐を呼ぶ。よって大半の取材者は最初の本音丸出しでお腹いっぱいになり、そこでインタビューを終えて記事にしてしまう。

だから、前田の周囲では軋轢が絶えない。「前田の野郎、好き勝手なことをほざきやがって」とインタビュー記事の中で批判された特定の人たちは憤りを見せる。そのため誤解がいつまでも尾を引く。

でも、惜しいことに前田の第二段階の本音は別のところにあったりする。いくら激情に流されるまま批判の言葉を口にしても、ふと見せる後悔の念が頬のあたりに浮かんだ時こそ、もうひとつの本音の扉を開けるチャンスなのだ。その扉をこじ開けると、前田の思慮深い意外な一面が浮き出てくる。そこをすくい取れるかどうか。そこが前田とのインタビュー取材での最大の勝負どころ。私は前田と対峙する時、いつもそれに意識を集中していた。

それにしても不思議なのが、私のインタビューにおいての数々の技術は普段の生活では、まったく作動しなかったこと。逆にあらゆる面で鈍感すぎる、と知り合いの連中から、また担当編集者たちからバカにされていたほどだ。大事な何かが抜け落ちているんじゃないか、とまで言われたこともある。そんな男がテレコの録音スイッチを入れると、なぜかいろんな技術を発動させることが可能となり、取材相手の意識の裏側に回ることができたのだった。

「書き出しの3行目までに読者を一気に殺しに行け」

思うに私は昔から、週刊プレイボーイで仕事を始めてから、全身の毛穴がブワッと一斉に開くようなワクワクするインタビュー取材が行なえて、自分が納得できる原稿を書き上げることができれば、それだけで十分に幸せだったのである。他のことはどうでもよかった。何も求めていなかったし、周囲の人間関係に気を遣うのが苦手だったし、それこそ世間に認められたいとか願ったこともないし、仕事以外に関しては恐ろしいまでに無頓着だったのだ。そういう人間でなければ、年間３４０日も編集部にこもる仕事なんかできない。

さて、このようにインタビュアーとしてのスキルなどは段々とそれなりに自分のものにしつつある中で、問題だったのは私の筆力だった。

前述したように、馬場さんへの巨人軍のインタビューで認められた私はTさんから音楽担当を命じられたのだが、原稿はいつもダメ出し。まともに一発OKを貰えたことがなかった。

当時、音楽ページなどの連載物は火曜日が入稿日。お昼から取材したデータを整理し、原稿を書き始める。夕方までに仕上げ、Tさんに見せるとブッブー。そこから何度も書き直す。たかが2ページの音楽ページでOKを貰えるのは、いつも明け方だった。

その間、Tさんは私のために編集部で待機してくれたかといえばそうではなく、近くのスナックや居酒屋で後輩の編集者や顔見知りのライターと飲んでいた。私は原稿を書き直すと、いそいそとその店に行き、確認してもらう。そこでTさんからOKを貰えなければ、小走りで編集部に戻り、また書き直す。その繰り返しが明け方まで続く。

私の何がいけないのか。単に私にはライターとしての才能がないのか。毎週火曜日になると深く悩み始めていた。そして、とうとう私は我慢できず、ある火曜日（正確には水曜日）の明け方、Tさんに問うてみた。

「何がダメ？」

その日に書いていた音楽ページのメインは長渕剛の東京ドーム公演のルポだった。数日前にドームに足を運び、長渕のステージのあれこれをメモしながら取材して、まとめたもの。その何度目かの書き直しの原稿を読みながら、Tさんは答えてくれた。

「トンちゃんさあ、ドーム公演で何が一番、頭に残った？」

「長渕がアコギ1本で歌い上げた、デビュー曲の『巡恋歌』です」

「じゃあ、それだけを書けばいいんだよ。あのさ、トンちゃんの筆力で、あれもこれも読者に伝えようなんて、おこがましいんだよ。読者に伝えられるのは、よくてたったひとつ。そのひとつを伝えるためだけに全力を尽くしなさい。そうすれば、あとはなんとでもなる」

他にも、こんなことを言った。

「書き出しの3行目までに読者を『殺せ』。一気に殺しに行け」

「殺すんですか？」

「そうだ。週刊プレイボーイは男性総合週刊誌だ。政治の記事もあれば、スポーツのページもある。アイドルのページもあるし、風俗のページだってある。わかりやすくいえば、祭りの夜店がひしめき合っているようなもんなんだよ。どの店もお客、要は読者を呼び込もうと必死になって声をかけるようなタイトルや本文の書き出しをする。ちんたら書いていたら、誰も読んでくれない可能性だってある。だから、できれば3行目までに読者を殺しに行かなきゃダメ。ま、『殺せ』といっても、気合いを込めろという意味なんだけどな」

それ以来、私は音楽ページでアーティストのインタビューやコンサート・ルポ、リリースされるアルバムの内容を書く時は、ひとつのことだけを伝えるためだけに頭をフル回転させた。その時点ではまだ『殺せ』の意味を理解できなかったが、書き出しには命を賭けた。それは週刊プレイボーイを離れる2001年頃まで続いたといっていい。入稿日は本当に書き出しの3行をひねり出すまでに、あーでもない、こーでもないと平気で3~4時間ぐらい費やしていた。

とにもかくにも、ひとつのことを伝えるために集中し、3行目までに読者を殺しに行くことを心がけているうちに、なんとなく連載の音楽ページは一発OKを貰えるようにはなっていた。

でも、厄介だったのはソコではなかった。原稿書きで、さらに大変だったのは特集ページだったのである。週刊プレイボーイ編集部で仕事を始めて、1~2年経った頃、Tさんは連載の音楽ページ以外に特集ページもリライトするように言ってきた。当時から私が手掛けた特集物は多種多様で、それこそガチガチの政治のページ以外は、ありとあらゆるジャンルの特集ページを書きまくっていたものだ。その中には前述したように大物アーティストのインタビューもあれば、もちろん本書に再録されているプロレスのページもあったし、例えば『今年の夏こそデブがモテる』といった嘘八百をちりばめた飛ばし記事も含まれていた。

ただ、当初の音楽ページのように、自分ではうまく書けたかな、と思っていても、やっぱりTさんは一発OKを出してくれなかった。特集ページを書き上げ、連載の音楽ページのようにスナックやパブで飲んでいるTさんのところにスッ飛んで行き、原稿を確認してもらうのだけど、絶対にOKをくれない。ここを直してといった前向きな注意事項も与えられず、またしても小走りで編集部に戻り、書き直し作業。そういえば、ある特集ページの書き直しは辛かった。通算4度目の書き直しを終え、飲んでいるTさんのところに持っていったら、腹の虫の居所が悪かったのか、読み終えたとたん、原稿用紙をビリビリに破かれたこともある。

この書き直しの原稿が最終的にTさんのOKが出て、無事に入稿できればまだ救われた。しかし、そうはならなかった。だいたい朝方の4時頃をメドにTさんは私の書き直し原稿に見切りをつけ、飲み屋から編集部に戻り、自ら原稿を書き始め、1時間くらいで4ページ分の特集ページをパパッと仕上げてしまう。

私は毎回、編集部の窓から差し込んでくる朝日を浴びながら、情けなさで押し潰されそうだった。

Tさんが最終的に仕上げ、入稿された原稿のクオリティーがそれほど高くなければ、私もいい加減、真正面から「俺の原稿の何がいけない?」と異議を申し立てるのだが、悔しいかな、原稿の中身は完璧だった。こんな切り口があるのか、こんな視線で書き進めれば、予期せぬ結末までたどり着くことができるのか、と納得できる完成度の高さだった。

毎週、これが天才・Tさんの底力なんだな、と唸っていた。これだけ有無を言わせぬ実力を見せつけられると、あとは黙って従うしかない。というか、インタビュー取材の千本ノックのように、私は原稿書きの居残りの素振り練習を命じられているのだ、と思うようにした。

こんな泥臭い入稿作業、今ではどの雑誌の編集部も行なっていないようだ。もっとスマートに編集者もライターも入稿作業を繰り返している。時間をかけて書き直せば、面白い原稿に仕上がるってものでもないことはわかっている。そうではなく、いい悪いは別にして、朝方まで原稿の書き直しに付き合ってくれた編集者が身近にいたことは、私にとって貴重な体験だったし、そういう意味では今でもTさんには感謝している(Tさんからすれば、単に朝方までじっくり飲みたかっただけのことかもしれないけども)。

私の指針となった【週刊プレイボーイ・スピリット】の本質

そうこうしているうち、居残りの素振り練習の効果が出てきたのか、私の書く特集ページも、当たればホームランといったところまでレベルが上がってきていた。毎週毎週、休みなく汗水を流しながら、バットを振り続けていたのだ。そりゃ少しはバットコントロールも上手くなるし、スイングのスピードも増してくる。

そんな日々のある日、突然にTさんが栄光のジャンプ・グループに異動となってしまった。そこで私の担当編集を引き継いでくれたのが、東大出の心優しきIさん。その彼が青白い顔で知らせに来た。

「Mさんが呼んでいるよ。トンちゃん、何かした? 何だろう、Mさんの話って」

Ｉさんの心配は少し理解できた。Ｍさんという社員編集者はＴさんの先輩にあたり、もうすぐ副編集長に就くといわれていた。Ｔさんと同じく天才肌の人で、切れ者として通っていた。また、切れ者がゆえにシビアな面があり、その点も編集部内では恐れられていた。Ｉさんがやたらと心配してくれたのは、私が何かをしくじり、それに怒ったＭさんがクビを通告するのでは、と焦っていたからだ。それはそうと、考えてみれば、私はそれまで同じ編集部にいながらＭさんとは一度も口を利いたことがなかった。

Ｍさんは編集部の隅に置かれていたカメラマン用の作業机に座っていて、私を見ると、軽く手を挙げ、おいでおいでをした。

「すまないねえ、忙しいのに。いや、ホント、佐々木クンはよくやってくれているよ。見てごらん、編集部を。たくさんの社員編集者、フリーライターがちょこまか動いているけど、まともな記事を考え、書けている人間はほんの一握りだ。フリーでは皆無かも知れない。そんな編集部だけど、佐々木クンだけはちゃんと書けている。どうすれば面白くなるかをきちんと理解して書けているよね」

もしかしたら、私が週刊プレイボーイで仕事を始めて以来、初めて聞いた褒め言葉だったかもしれない。

「佐々木クンさあ、週刊プレイボーイが貫かなければいけないことって何かわかる？　簡単にいえば【週刊プレイボーイ・スピリット】みたいなもんかな」

「いえ、わかりません」

「正直でよろしい。じゃあ教える。週刊プレイボーイは男性週刊誌だけど、何かが特別に強いってわけじゃない。文春や新潮のようにスクープを取れる取材力もないし。エグいことも集英社という社風を考えると、なかなかやりづらい。そんな週刊プレイボーイが毎週毎号、どこで勝負を賭けていけばいいかというと、それはね、各専門誌を出し抜く企画なり記事を社会に放てるかどうかなんだ。つまりね、例えば政治だったら、三大新聞の政治部の記者連中が〝クソ、このやり方があったか〟と地団駄を踏んだり、車であれば車雑誌の編集者が〝チッ、こんな切り口で新車を紹介するなんて反則だろ〟と愚痴ったり、野球だったらスポーツ紙の記者どもが〝ヤバ、間隙を突かれてスクープをもっていかれた〟と焦りまくるような記事を作ること。そうすることにより、新聞やスポーツ紙の記者、各専門誌の編集者たちが〝こりゃ、週刊プレイボーイはあなどれんぞ〟と思うようになる。いや、そう思わせる、意識させることが【週刊プレイボーイ・スピリット】だと認識してくれればいい。そういう気概で毎号作っていかないと、週刊プレイボーイは単なる可愛い女の子が載っている薄っぺらい週刊誌になってしまう。で、そういう気概を持ち、専門誌の連中を出し抜いた面白い記事を考え、書けた人間が一番偉い。その週で一番偉い人間になれる。次の号が出るまで、えばっていてもいい。それでな、その偉い人間は社員じゃなくてもいいんだよ。佐々木クンのようなフリーでもいいわけ。そういう企画を考えたり、記事を書くのに社員編集者もフリーも関係ない。とにかく専門誌の連中を出し抜き、ヤツらに週刊プレイボーイはあなどれんぞと思わせた人間が最高に偉いんだって。それが結局は読者のためにもなる。ああ、お金出して買って読んでよかった、得した、儲けた、こんな情報、専門誌じゃ読めないもんなって喜んでくれる。そういう読者との信頼関係、うん、最高じゃん。それこそが週刊プレイボーイの存在意義なんだ」

Mさんは一気に吐き出すように、そう言った。

社員編集者もフリーも関係なく、専門誌を出し抜いた企画を考え、それを面白く書き上げたヤツが一番偉い――。

私の心の奥底がゾワッとざわついた。初めて馬場さんにインタビューする前にTさんから「インタビューの空間では、相手が国家元首だろうと同じ立場」と言われた時以来のざわつきだった。

「まあ、でも、さっきも言ったように、その【週刊プレイボーイ・スピリット】の本質を理解している人間は、残念ながら一握り。ヘタをすると、あと何年かするうちに、わかっていない連中ばかりとなってしまい、週刊プレイボーイは死んでしまうかもしれない。これってさ、後輩の社員編集者たちに諭しても、わからんヤツは永久にわからんから。正直、そういう連中ばかりになりつつあるよ、この編集部も。ま、それはそれとして、だから、まあ、フリーの中では佐々木クンかな、と思って。【週刊プレイボーイ・スピリット】の意味が伝わるのは」

そして、Mさんは90年代の私の仕事に大きな指針を与える言葉を口にした。

「佐々木クンはいま、いろんなジャンルを書いているだろ？　その中でも面白いと思うのはプロレスの記事だな。毎回、けっこう鋭いところを突いている。これからもプロレスの記事を頼まれると思う。その時は、どうか【週刊プレイボーイ・スピリット】を忘れんでくれよ。プロレスマスコミと呼ばれている連中が青ざめるような記事をどんどん書いてほしい。どうせプロレスマスコミの連中はレスラーとズブズブの関係なんだろ？

そんな間柄じゃ読者が本当に楽しめる記事なんか作れんさ。いつでもプロレスマスコミの喉元に噛みつき、食いちぎるくらいの気迫の記事を作ってくれ」

Tさんの「3行目までに殺せ」もそうだし、Mさんの「食いちぎれ」もそうだけど、なぜに80年代を闊歩していた名物編集者というのは、こんなにも殺気立っていたのだろうか。

そういえば、週刊プレイボーイ編集部に隣接していた『月刊プレイボーイ』にもNさんという名物編集者がいて、その人も私の顔を見るたびに「この間の音楽ページ、よかったよ、笑えた。あのさ、もしな、ミュージシャンに取材オファーを出して、ちんたらと取材許可を出し渋る音楽事務所の社長がいたらだぞ、遠慮なく噛み殺せ。俺が許す。噛み殺してでも取材のOKをもらってこい。それでその記事が面白ければ文句ないんだからな。いいか、面白ければ何でもありなんだ。用意はいいか、あいつにもこいつにも噛みつけ、噛み殺せ、イッたれ！」

ここまでくると、物騒すぎて貴重なアドバイスだったのかもしれないけども、やり過ごすようにはしていた。こうなるともう、私の場合、ショッカーのような名物編集者たちに拉致され、無理やり口の中に牙を埋め込まれた改造人間みたいなものだった——。

というわけで。

本書は90年代を中心に、私がプロレスマスコミに対し、勝手に喧嘩をふっかけるような気持ちで週刊プレイボーイ誌上に書き続けたプロレス記事が再録されています。

まず驚くのは、その本数。

一応、週刊プレイボーイは一般男性週刊誌だ。なのに、よくぞまあ、長年にわたりプロレスというジャンルにこれだけのページ数を割いていたものだと思う。今回の制作にあたり、改めて過去の自分が手がけたプロレス記事をピックアップしているうちに、頭がクラクラしてしまったほど。

といっても、すでに書籍化されている前田日明の対談シリーズ『禁断』や前田の自伝『無冠』、『船木誠勝物語 ストレイト』（いずれも集英社刊）の元になった原稿は除いています。それでも、しつこくなりますが、この本数はエグい。90年代を中心にするという縛りをつけていても、おびただしすぎる（しかも、諸事情によりコンプリートではない)。

さてさて、前述したように、そのおびただしい1本1本の記事に、私は対プロレスマスコミを強く意識していた。それこそ【週刊プレイボーイ・スピリット】を胸に秘め、いかにプロレスマスコミを出し抜けるかに力点を置き企画を考えていた。

目指すは常に完全勝利。

勝算はそれなりにあった。間違いなく勝てる。喉元を食いちぎれると本気でそう思っていた。

だが、しかし。

私が仕掛けた対プロレスマスコミとの抗争は……。

意外な結末を迎えるのであった。

その前に。

私が書き綴ってきた『週刊プレイボーイのプロレス』を楽しんでいただければ。

結末を知りたいからと、読み飛ばすのは場外反則。

読み終えたら、またお会いしましょう。

本書の後半で、お待ちしています。

週刊プレイボーイのプロレス　目次

第1章
週刊プレイボーイの馬場と三沢

スクープ・インタビュー
四十九日を過ぎて
今、初めて明かされる
師弟の絆!
「馬場さんが
俺に残した遺言」
三沢光晴
プロレスやめようかとまで考えていた…
ジャイアント馬場的
〈義理人情プロレス〉
至上宣言!

1997年

ジャイアント馬場
俺はアメリカン・ドリームを達成した年間で1億、2億の金を稼いだからな

西暦1966年。昭和でいえば41年。今、キミが手にしている『週刊プレイボーイ』が創刊された。

巻頭記事は『モンロー自殺直前の電話はR・ケネディ?』だった。グラビアでは、ベッチーナ・ブレンナ嬢が、ぼよよんとおっぱいを披露。他にも興味ある記事として、巨人軍・長嶋茂雄内野手の年俸が球界最高の2400万円になりそうだと伝えている。

その記念すべき年にジャイアント馬場もまた日本プロレスのエースとして王道の第一歩を踏み出したのだ。

前年の65年にインターナショナル・ヘビー級王座を獲得した馬場は、鉄人ルー・テーズ、鉄の爪フリッツ・フォン・エリックと王座を賭けて死闘を展開(防衛)。第8回ワールド・リーグ戦では念願の初優勝を果たした。まさに31年前の馬場は日本プロレス界の至宝として、その恐るべき強さを存分に発揮し始めたのである。

「あんたがね、日本プロレスのエースだったと持ち上げて言うけどね、俺はそんな気取った考えを持ったことないよ。別にな、エースになりたくてエースになったわけじゃないんだから。自分が知らない間に先輩(豊登)が日本プロレスを抜けちゃったんで、自然と俺にチャンスが回ってきただけ。まあ、ラッキーといえばラッキーだったかも知れんよね」

と、馬場さんは馬場さんらしい控えめな発言をなさっておりますですが、エース・馬場が誕生した年に『週刊プレイボーイ』が創刊されたことは、やはり喜ばしい事実ではありませんか。この際、お互いに腹を割って語り合いましょう。

あれから31年。それなりに世間の荒波にもまれながらも踏ん張り続けてきた仲じゃありませんか。

「ああ、かまわんよ。その前にアップルパイを注文したいんだがな。腰を据えてしゃべるには甘いアップルパイがないと(笑)。どうだ? あんたも食べないか。心配せんでもいい。あんたからたかろうなんて思っちゃいないよ(笑)。だから、食え」

まずは、馬場さんが生き抜いてきた60年代初頭の話を聞かせてください。エース・馬場が誕生する以前のアメリカ武者修行時代の話ですね。

「懐かしいね、それは」

当時のアメリカ・マットは黄金時代。輝かしいその時代を渡り歩いた馬場さんのエピソードを聞きたいのです。

「アメリカン・ドリームという言葉があるだろ。そのアメリカン・ドリームを達成した男なんだよ、俺は。だってな、た

かが24、25歳の男が年間で1億、2億の金を稼ぎ出していたんだからな」

それは、当時のお金で⁉

「うん。当時の1億、2億といったら大変な金だよ。最高はいくらだったかな…」

最高というと？

「いや、なに、1試合分のファイトマネーだよ。そのファイトマネーの最高額はいくらだったか思い出しているんだが…。そうそう。確か、当時のNWAチャンピオンのバディ・ロジャースに挑戦した試合じゃなかったかな。あの試合のファイトマネーが、うん、400万円だった。もちろん、当時のお金でね。

だから、まあ、なんちゅうかね、今は野茂や伊良部がメジャーの球団と契約しとるでしょ。億という大金をもらってね。それはそれでたいしたもんですよ。立派ですよ。だけども、俺はすでに30年以上前に、そういうね、アメリカン・ドリームを成し遂げている。それだけのことですよ」

さて、しつこいようですが『週刊プレイボーイ』は今月で創刊31周年。同じく全日本プロレスも創立25周年。この記念すべき日々に脳裏に浮かぶことはなんですか。

「と、あんたに言われてもな。他の人は、そういう質問に対してテキパキ答えるのだろうが、俺は上手にしゃべれんのだよ。俺はよっぽどのバカかも知れん（笑）」

馬場さんがバカだったら、僕なんかクソみたいなもんですよ。

「俺がアップルパイを食べている時にクソの話をしちゃいかん（笑）。だから、そのな、25年間の過程においていろんなことがあった。それをな、ひとつひとつ説明していったら、やっぱり人の悪口を言わなきゃいけなくなるんだ（ニヤリ）」

では、質問の内容を変えます。現役の選手が、いきなり自分の会社を設立する。つまり、オーナー・レスラーとなるわけですよね。その選択は辛くなかったですか。

「辛かった、本当に辛かったよ。当たり前のことだけど、それまで社長業なんて経験してないからね。戸惑うことも多かったし、辛くてイヤだったな」

馬場さんの自伝には〝力のあるうちに引退して、ハワイでのんびり暮らす予定だった〟と書かれてますよね。

「うん。そう思ってたよ」

だったら、なぜ日本プロレスを離脱した時点でハワイに行かなかったのですか。苦労するとわかっているなら、全日本プロレスを創立しなくてもよかったじゃないですか。

「あんたは当時の背景を知ってるかい？」

ええ。表面的な部分でしかわかっていないと思いますが。

「言ってみなさい」

はい。当時の日本プロレスの経営陣たちは、ずさんな乱脈経営を行なっていた。そのでたらめさに怒った馬場さんが日本プロレスを離脱。新たな理想を追い求めるために全日本プロレスを創立した。という流れだと思うんですが…違ってますか？

「その答えでは完全じゃないな。いいかい。俺がなぜ全日本プロレスを作ったかを理解するには、日本のプロレスが作られた過程から考えていかなければいかん。果たして日本にプロレスというものを根付かせて繁栄させたのは誰だったのか」

力道山。

「と、日本テレビの創始者・正力松太郎さん。そして、当時の三菱電機の社長だった大久保さんの3人で日本のプロレスは作られたんだよ」

はい。

「日本プロレスが安定した人気を保っていけたのは、やっぱり日本テレビが中継してくれたお蔭なんだ。その中継をスポンサードしてくれた三菱電機のお蔭なんだよ。でもな、当時の経営陣は、その成り立ちを忘れてしまった」

NET（現・テレビ朝日）の問題ですね。経営陣がNETの要望に応えて日本プロレスの試合中継を実現させてしまった（70年代初頭、金曜日が日テレ、水曜日がNETと週に2回、プロレス中継が放送されていた）。

「そう。NETの要望に応えれば、どちらの局からも放送料が入ってくるからね。こんなホクホクなことはないわけですよ。でも、日本テレビとしたら冗談じゃないとなるよね。俺たちが日本プロレスを支えてきたという自負があるわけだから。

そこで日本テレビは経営陣に、馬場だけはNETの中継には出させないでくれ、もし、馬場を出したら俺たちは中継から降りると言ったわけ。その後、いろんなことが経営陣とNETの間であったんだろうね（笑）。結局、俺の試合がNETから流れたんだよ。

多分、当時の経営陣としたら、プロレスの中継視聴率が相変わらず高いんで、日本テレビも降りれるわけがないと甘く見てたんだろう。だけど、日本テレビは本当に中継をやめてしまったんだ」

馬場さん個人の考えでは、どうだったんですか。やはりNETの中継には自分の試合を流してほしくなかった？

「うん。だって、俺がNETの中継に出るのは筋が通らない話だろ？　当時、俺はみんなを説得したよ。状況的に日本テレビを取るかNETを取るかになっていたから、日本テレビを取りましょうとがんばったわな。日本テレビにも中継を続けてほしいとお願いしたしね。これはね、恩があるとかの問題ではないよ。誰が考えたって、日本テレビの立場を尊重しなければいけないことなんだよ。

で、まあ、そうこうしているうちに経営陣は情勢的にNETを取るような感じになって、逆に日本テレビからは、お前が団体を作ればいいじゃないかという話になってきたんだ」

その流れで全日本プロレスは設立された、と。

「うん。そういうことだな」

その日テレを取るかNETを取るかでゴチャゴチャした時に、NET側からの工作はなかったんですか。裏金が飛び交ったというような。

「そういう話はあった」

そうでしょうね。

「どうか、うちでやってくださいってね」

でも、断った。そこが筋を通す馬場さんですよね。僕なんか裏金を渡されたらクラクラッとしちゃいますけど。

「幸か不幸か、あの時はある程度のね、まあ、なんちゅうか、どんな誘いが持ち込まれようがビクともしないくらいのお金があったということですよ。当時はね、案外と金持ちだったんだよ（笑）」

いい話だな。

「実はな、ここだけの話な。もし金に困ってたらNETの誘いに乗っていたかも知れないよ（ニタリ）。でも、俺には金があった。つまり、あの時代のレスラーは、みんな、けっこういい収入を得ていたんですよ。とはいっても、誰がどのくらい稼いだかまでは知らんよ（笑）」

そういえば、31年前、長嶋茂雄が球界最高の2400万円の年俸になったという話を馬場さんは鼻で笑っていたらしいですね。

「まあね（ニタリ）」

どうでしょう？　馬場さんにとって、日テレを選択したのは25年経った今でも正解だったと思っていますか。

「よかったとか、そんなこと考えてみたことも思ったこともないよ。今は中継も深夜になっている。そんな状況を見てね、無責任な人は言うわけです。〝馬場さん、そんな扱いをされるんだったら、例えばフジテレビとかに中継してくれと話を持っていけばいいじゃないか〞とね。

でも、実際に視聴率が悪かろうと日本テレビは中継を続けてくれているんですよ。それなのに、扱いが悪いからといって、じゃフジテレビに話を持っていこうとか、あっちこっちに動いていたら、今度は世間から俺たちがポイされちゃうよ」

ではでは、馬場さんの過去や全日本プロレスの設立の経緯に軽く触れたところで、約束したとおりスッパリ腹を割って話をしましょうか。

「俺は、さっきから十分に腹を割って話をしているじゃないか（笑）。不満か（笑）」

いえいえ、本番はここからです。この数年、インディー団体の乱立が目立ちますよね。馬場さんは正直、どう思っているのですか。

「どうもこうもないよ。ただ、そのインディーの選手の中でウチのリングに上がって試合をしたいという人には、どうぞ上がりなさい、と。で、その選手の試合とウチの選手の試合をファンのみなさんに比べてほしいわけですよ。ファンのみなさんが、そのインディーの選手とウチの選手を比べて、なにをどう感じるか。それが大切だと思っているし、あんたの質問に対する俺の正直な答えだな」

ええ。

「いろんな団体がある。関節技を売り物にした団体もあれば、空中技を売り物にした団体もある。でも、ウチは〝プロレス〟を売り物にしている団体なんですよ。じゃ、プロレスとはなんですか？　プロレスとは関節技もあり蹴りもあり相撲もあります。それらを全部ひっくるめてプロレスというんです。

例えば、ある選手が関節技が得意だとするよね。でも、ウチは関節技を教えている上にコーナーポストから飛ぶことも教えてます。蹴ることも殴ることも教えています。そんなウチの選手とインディーの選手をどうか比べてみてくださいよ、と言いたいわけ。どれくらい違うかわかってもらえればいい。でもな、俺がこんなこと言うと、〝馬場はなんて生意気なんだ〟と悪者になっちゃうんだよな」

誰もそんなこと思いませんよ、絶対に。

「いやいや。どうしても、ウチの選手だけが強くて正しいことをやっていると思われちゃう。それがイヤなんだ」

それは違いますよ。馬場さん、信じてください。誰もそんなこと思ってません。

「それじゃ、もうちょっと言わせてもらおうか（笑）。あんた、プロレスのルールの中で絶対にやっちゃいけないことってなにかわかるかい？」

電流爆破ですか。

「そういうことじゃない。これはな、たくさん団体はあるけど、そのことを理解しているレスラーは…まあ、1割ぐらいじゃないか」

教えてください。

「それは闘う相手の〝虚〟を突いてはいけないということ。いいかい。レスラーは『殴りなさい』と構えることが大事なんだ。そうすると、相手は殴るわな。で、また殴りなさいと構える、相手が殴る。その〝流れ〟がプロレス。この流れを無視した攻撃などは、絶対にプロレスにおいてやってはいけないんだよ。だからこそな、殴られても痛くない体を作ってからリングに上がりなさいと俺は言うんだ。

俺は、ウチの選手を教える時には、まず相手の攻撃を受けることから教えるわけ。やられてから、どうやって反撃するかを教える。だけども、他の団体では攻撃することだけ教えている。そうなると、相手の〝虚〟を突くような試合しかできなくなるよ。

体も鍛えていない、攻撃だけしか勉強していないレスラーの試合でも、あんたたちから見たら同じプロレスになる。そう見られるのは、俺からしたら、やはりいい気持ちはしない。本当にな、悔しくてしょうがないんだ」

先ほど馬場さんは他団体の選手と全日本プロレスの選手を比べてくださいと言ってましたが、これは新日本プロレスには当てはまらないのですか。

「いや、だから元・新日本の選手だった馳浩がウチのリングに上がって試合をしてるじゃないか。どうぞ馳とウチの選手を見比べてください」

それはそうなんですが、純粋に新日本プロレスとの交流戦は考えられないですか？　例えば〈三沢・川田組〉対〈橋本・武藤組〉の試合は永久に組まれないのかなと。

「交流戦ね。昔からよく言われてるわな。じゃ、あんたに聞くが、集英社と講談社が共同して凄い本を作ろうとしたことがあるかい?」

ないです。

「だろ（笑）。ウチらの業界だけじゃないんだよ。そういうしがらみがあるのは」

悲しいです。

「だけどね、せいぜいお茶を濁す程度のことだったらいいんじゃないか。例えば、どこかが音頭を取って各団体が集まるようなイベントをやるんであればウチだって選手を出してもいいよ」

えっ、本当!?

「ああ、そんなもんは別に不可能じゃないよ」

じゃ、その音頭を全日本が取るのはダメですか。それこそ全日本プロレス創立25周年記念大会として。会場は東京ドームとか。

「そうなってくると、いろんな問題がある。特に新日本とはいろんな問題がありすぎるからね」

そうでしょうね…。

「な、俺がこういうこと言うと、みんな、あんたのような悲しい顔をするんだ（笑）。結局、そんなことをいつまでも言っている馬場は大人げないとか言われちゃうんだ。あんたの質問は俺を悪者にするものばかりだな（笑）」

そんなことないです。

「まあ、今回は佐藤孝行が入閣するかどうか見てみようよ」

孝行さんですか?

「彼は過去にロッキード事件で有罪判決を受けたでしょ。そんな悪いことした人間でも閣僚になれるのだったら、俺も新日本との交流戦をきちっと考えてみるよ」

もっとわかりやすく言ってくれませんか。

「だからな、別に俺は新日本が過去に悪いことをしてたと言ってるわけじゃないよ。ただ、ウチと新日本プロレスが設立されてから25年。その長い年月の間には感情的にも許せないことはあった。もちろん、向こう（新日本）だってそう思っているかも知れんよな（笑）。

で、佐藤孝行だ。彼がもし入閣できるのなら、時代は過去の罪や、いざこざさえも無視しろと言ってるわけだからな。そういう意味で、彼が入閣したら新日本との交流も真剣に考えると言ったんだ」

途中で辞任しても、そう考えてくれますか。

「ああ、いいよ。ちゃんと考えてみるよ」

最後に、引退について聞かせてください。

「引退…したいなとは思う。だけど、本当に引退したら困ると思うんだよ。例えば、ある人がね、こう言ったとするわな。


注＝当時の首相は橋本龍太郎。第2次橋本内閣で総務庁長官に就任したが、世間からの批判が強く12日間で辞任。

〝馬場さん、あなたに大金をあげるから引退してハワイに永住しなさい〟ってね。どうだ、羨ましいか？」

はい。羨ましいです。

「でもな、実際に俺が大金をもらってハワイに住んでみなさい。きっと、虚しいぞ。ハワイというのは、一生懸命に仕事をして、やっと休暇を取って行くから楽しいんだよ。

俺はもう試合はしたくないんですよ。試合をするということは練習しなきゃいかんから。練習するのもイヤなんだ。だけど、自分の体が動かなくなるまで苦労せんとな。イヤだと思っていることをやり続けなきゃな。

あんただって、仕事をしているから休日が楽しいと思えているはずだよ。毎日が休日だったら生きてても楽しくないんだ。最後は説教みたいなことを言ってしまったけども、まあ、そういうことだ」

1998年

三沢光晴

「ヒクソンと闘う前に〝何でお前のギャラは高いんだ？〟と聞きたいよ（笑）」

風の噂では知っていた。三沢光晴が気さくな兄ちゃんであることを。例えば、オフの期間を利用して気心の知れた仲間たちと酒を飲み大騒ぎするらしい。

「でも、最近は上野とか浅草で飲む機会が多いよね。若い頃は、ほら、やっぱり新宿とか六本木に飲みに行ってたけど。そこはさ、みんなと一緒じゃないかな。おネエちゃん目当ての部分ってあるじゃない（笑）。だけど、今はさっぱりだな（笑）」

風の噂は本当だった。このように酒に関する話なども抵抗感なく微笑みながら語ってくれるのだ。

さて、全日本プロレスの三沢光晴といえば、泣く子も拍手する三冠統一ヘビー級王者である。だからというわけではないが、どうも僕らの目に映る三沢光晴は妙にストイックなイメージがある。それは全日本プロレス中継や各プロレス専門誌（紙）の枠の中で表現（報道）される三沢光晴像がパターン化しているせいなのかも知れない。

激闘、熱闘、アスリートの限界を超えた爆闘…。そのようなマスコミが作る表現をなぞるように毎試合、相手選手のキツい技を受け、時には意識が飛ぶようなアクシデントに見舞われ、しかもケガまで背負う三沢光晴。

そこから伝えられる三沢光晴の声は〝しんどいよね〟や〝次につながる何かが見つかればいいけども〟というようなストイックで悲壮感が漂うものが多いように思う。それらは今現在の三沢光晴を真正面から忠実に表現している発言だったりするのだろうけど、僕らは三沢光晴のフッと息を抜いた瞬間の言葉に何かを見つけたいと願っている。

つまり、こういうこと。三冠戦の防衛に成功。肩で息をしながら控室に辿り着き、ドタッと椅子に座る王者。カメラのフラッシュに目をぱちくりさせながら、それでも丁寧に防衛戦を振り返る。会見が終わりシャワーを浴び、愛車に乗り込む。キーを差し込み、ブロロロ～と車が身震いしたところで何気なくつぶやくひと言。できれば、そのような肩の力を抜いた状態のひと言を聞きたい。

もしかしたら、だ。そのひと言の中に今まで表現されることのなかった、または表現されてはいたが、もう一度、掘り返してみるべき〝三沢光晴のプロレス〟があるのではないか。

すまん。説明が長くなったわ。そんなわけで、さっそく三沢光晴との会話に戻ろう。もちろん〝飲み屋のおネエちゃん〟から話はリスタートだ。そして話は、どうしても聞きたかった、今や日本のプロレス業界の天敵となったヒクソン・グレイシーのこと、来年、興行が予定されている東京ドーム大会へと広がります。

「おネエちゃん目当てではないと言っても、男として枯れたわけではないよ（笑）。というか、面倒臭くなったんだよね。昔の飲み屋？　例えば昔のクラブには、ちゃんと接待を心得ているホステスがいたでしょ？　お客には気分よく飲んでいただきたいと誠実に仕事に取り組んでいたプロのおネエちゃんたちが。

でも、最近はどのクラブもキャバクラにいるようなおネエちゃんばかりじゃない。自分たちだけ楽しければいいみたいな。そんなおネエちゃんたちに囲まれて飲んでいるとさ、おい、少しは気を利かせて接待しろよと言いたくなるよね（笑）。うん、それでそんなことを考えたり思ったりすることが疲れてきちゃって…。だから最近は、さっきも言ったけど、知り合いが上野とか浅草で飲み屋を開いてるんでね、そういう場所で仲間たちと静かに楽しくお酒を飲んでますよ（笑）。

アルティメット大会？　ヒクソン？　興味はあるよね。そうだな…アルティメットのルールでヒクソン・グレイシーと闘ってみたいという気持ちは…持ってるよ」

意外ですよね、そういう発言が三沢選手の口から出てくるというのは。

「いや、本当にあのルールで彼と闘うことに抵抗はない。ただ、闘う可能性が低いから今まで口にしなかっただけのことだよ」

アルティメットのルールはさておき、率直にヒクソン・グレイシーという男をどう評価しているのかな。

「彼とは闘うスタイルが違うからね。でもね、ひとつだけはっきりしているのは、僕らは彼のようなスタイルで闘うことはできるけども、彼は僕らのスタイルでは闘えないということ。この差は大きいと思うよ。その差に僕らはプライドを持っているしね。プロレスって、そう簡単にできるもんじゃないんだよ。まあ、彼も殴ったり蹴ったりはできるだろうけど。

それとね。もしだよ、彼が全日本プロレスのリングに上がって三沢というレスラーと闘ってもいいと言ったとしても、闘う前に聞いてみたいよね。〝どうしてお前のギャラはそんなに高いんだ?〟って（笑）。僕らのようなレスラーが高額なギャラをもらうのは当然だけど、なんでお前がそんな高額な金を取らなきゃいけないんだと突っ込みだけは入れておきたいよ（笑）」

確か、1試合で8千万円とか1億円と噂されていますからね。

「その噂も耐え難いよね。いや、本当に彼が1試合で8千万円のファイト・マネーを受け取っているかどうかまでは知らないよ。だけど、そういう噂が流れること自体、我慢できないじゃない。だってそうでしょ? 世間にはヒクソン・グレイシーの試合がそれぐらいのギャラを取るのだから、きっと凄い試合を見せるんだろうと思う人がいないわけじゃない。それがイヤだよね。ファイト・マネーの差だけを取り上げられて彼とプロレスの間に差をつけられたらたまったもんじゃない」

ギャラの差だけで比較されるのは悔しい、と。

「悔しいよね。それに、彼はプロレスのことをフェイクとまで言っているんでしょ? そう言われると悔しくてたまらないよ。じゃあ、やってやろうかと思うよ。彼が日本のレスラー全員と闘って勝ったのならそういうことを言ってもいいけど、でも、実際には闘ってないじゃない。闘ってもいないのにフェイクだとか口にしてはいけないことだと思うよね。いや、とても恥ずかしいことだよ」

んと、最近、こう思うようになってきたんですよ。プロレスファンを浮気癖がある旦那だとする。で、三沢選手が堅実な奥さん。そして、ヒクソンたち、グレイシー柔術の選手やアルティメットに出場する選手たちを愛人だとすると、最近のプロレス&格闘技界の流れはわかりやすくなるのではないか。

「ああ、はいはい」

三沢選手という堅実な奥さんがしっかりプロレスという家庭を守っているからこそファンという名の旦那さんは愛人に走ってしまうのじゃないですかね。その愛人は〝最強を決めましょうよ、うっふ～ん〟と迫ってくるわけですよ。そうなると、旦那さんはフラフラついていってしまうんだな。

「ヌハハハ。それはおもしろい話だね。素晴らしいね」

でね、怖いのは三沢という奥さんがそんな旦那さんに愛想を尽かして家庭を捨てちゃうこと。そうなった場合、旦那は今のようにフラフラと愛人のケツを追いかけられるのかなと思う。

「だけど、ほら、愛人のほうがいい仕事をしたりする時があるからね（笑）。本妻も負けないように仕事をしないといけないよね（笑）。真面目な話をするとね、愛人の部屋ってつまらないと思うんだ。その旦那さんが友人を連れていっても、ちゃんとおもてなしができなかったりさ（笑）。その点、本妻はきちんとおもてなしするから。次も遊びに来たいなと思わせるようにがんばるからね。旦那の顔を立てるように。

僕もたとえ話になっちゃったけど、要するに旦那の友人が初めてプロレスを見る人だとすると、僕らは初めてプロレスを見る人にも楽しんでもらえるように試合（もてなし）をする。だけど、愛人というかヒクソンの試合は、初めて格闘技を見る人にとってあまりおもしろいものではないと思う」

＊

「東京ドームのこと？　やりづらいよね。観戦しているお客さんにはわかりづらい感覚かも知れないけど。あのね、東京ドームのリングはお客さんの声が届かない。だから、試合をしていても意外と感覚が狂ってやりづらいよ」

それでも、全日本プロレスが東京ドーム大会を開催することは意義深いですよ。

「だとは思うけどね。全日本プロレスが東京ドームで大会を開くことにどんな意味があるのかを考えてみることも必要だと思うしね。ただ、ちゃんと観戦できるのはリングサイドの5列目までだから。5列目から後ろのお客さんには悪いよなと思っちゃうよね、やっぱり」

問題はカード。たぶん、メインエベントは三沢選手の三冠戦だとは思いますが。

「そうだったらいいけど」

しかし、ツラいのは東京ドームでは、武道館大会で見られるような例えば三沢対小橋戦のようなカードは逆に組みづらいと思う。

「だろうね。目玉が必要になると思う。そのほうがおもしろいだろうしね。でも、それは現実問題として難しい部分だしね。いや、僕だって思うことはあるよ。あいつと試合ができればドームを満杯にできるだろうなって。だけど、そいつとの試合は絶対に無理なわけだしね」

あいつとの試合とは、新日本の選手？

「うん。まあ、ほら、だから新日本の選手とは無理だろうしね（笑）。いろいろと面倒臭いことも予測されるじゃない（笑）。本当に難しいんだよ、こういう問題は。実際に僕がタッチできる立場でもないしね。そういった意味で、いちばん大変なのは馬場社長じゃないかな」

でしょうね。

「還暦だからね（笑）」

さきほど、全日本プロレスがドーム大会を開くことにどんな意味があるか考えてみたいと言ってましたが、具体的に何を考えてみたいのかな。

「ドームで試合をする。そこで何が残り、どのように自分の名前が残っていくか。さっきヒクソンのギャラが高いとか言ったけど、実は僕がこの世界に入ったのは金を儲けたいからじゃなかったんだ。もちろん人間だからね、お金を儲けたいという欲はあるけども、そんな欲はたいした欲ではないよ。そんなことよりも三沢光晴という名前が残っていくことが大事だと思ってるから」

てことは、三沢選手は『プロレスの市民権』という言葉に敏感に反応するタイプのレスラー？

「敏感だね。今でもレスラーというと、怖いとかあまり頭がよくないだろうとか、そういう先入観を持って接してくる人がたくさんいる。腹が立つよね、そんな先入観を持って話し掛けられたりすると。冗談じゃないよ。レスラーでも普段は温厚な人もいるし、頭だって切れる人もいる。

今、しゃべっていて最初の話を思い出したんだけど、僕がキャバクラに勤めているような女の子がイヤなのは、そういう先入観で接してくるからなんだ。平気で〝プロレスの技って痛いんですか?〟とか聞いてくるんだよ。本当に痛いんじゃ、ボケ!と言いたくなるよね（笑）。彼女らは相手の気持ちを察することができない。だから、平気で失礼なことを聞いてくる。

僕はイヤなんだ、そういうことが。プロレスもそう。お客さんが何を望んでいるのかを察して、満足して家に帰ってもらえるように努力する。その積み重ねが僕のプロレスには必要なことだと思っているんだよね」

三沢光晴

自分もマッチメイクに携わりたかった 誰かが社長の跡を継がないとダメでしょ

「だから、マスコミが〝三沢革命〟と騒いでもねえ、困るだけなんだよね。本当は陰に回ってひっそりと動いていたかった。うん、フィクサーのようにね（笑）」

このように三沢自身が戸惑っていてもだ。すでに〝三沢革命〟という運動体はファンや関係者の間で広く認識されている。だが、その〝三沢革命〟の実体はなんぞや?と問われて満点の答えを用意できる人間は少ないのではないだろうか。それくらい〝三沢革命〟は一見わかりやすく説明がつきそうで、結局は説明しづらい、もどかしい運動体なわけだ。

そのもどかしさを解消するためにも改めて〝三沢革命〟の誕生の瞬間を振り返ってみよう。

まず、きっかけとなったのが5月1日に東京ドーム大会で行なわれた川田利明との三冠ヘビー級選手権。激闘の末に三沢は川田からピンフォールを取られ、三冠王座から転げ落ちる。しかも、懸念されていた膝と肘の故障がついにその試合で爆発。三沢は長期間の戦線離脱を強いられることになる。

そして、9月。復帰を果たした三沢はマスコミに向けての公開練習で〝今後、全日本プロレスをこうしていきたいと思っている〟と、団体を巻き込んでの前向きな姿勢を示した。例えば、次のような具体的な案を語ったのだ。

●変化があまりない団体から常にファンに刺激を与える団体になるように努力したい。

●カードがマンネリ化してきているので、活性化するように持っていきたい。

●がんばっている若手選手や力のあるジュニアの選手をどん

どんメインエベントに起用していきたい。

これらの発言は、ちょっとした〝事件〟であることは間違いなかった。なぜなら、オーナー・レスラーの日本プロレスのジャイアント馬場の方針で、これまで所属選手の「全全日本プロレスをこうしたい」などの団体運営に関する発言は絶対にご法度とされていたからだ。

つまり、三沢はその〝禁〟を破ったのである。この行為を〝革命〟と呼ばずしてどうする?というのがマスコミの統一見解だった。

しかし、そのように〝三沢革命〟と名付けて盛り上げても、前述したように〝革命〟自体がわかりづらかったりするのは、三沢が団体内に留まって〝革命〟を成し遂げようとしている点なのだ。もどかしさの原因はここにある。

というのも、長い日本プロレスの歴史の中で、三沢のように団体に関する不平不満、改革を声高に主張したレスラーは団体の枠から飛び出す傾向にあった。アントニオ猪木がそうだった。もしかしたら、馬場もある意味、そうだったかもしれない。長州力も天龍源一郎もそう。前田日明もそうだったではないか。

自分の主張が通らなければ所属する団体を離脱する。そこで発生する契約問題などは無視してでも、例えば新しい団体を作るような行動を起こす。それらの行動は、是非はともかくとして外部から眺めてみても非常にわかりやすいのだ。

だが、三沢は〝改革〟を叫んでいるにもかかわらず団体を離れない。どうしてなのだろうか。もしかしたら、外部からはわかりづらくても今までにないレスラーの新しい〝主張〟や〝戦略〟が秘められているのではないか。

だからこそ三沢の言葉を聞く必要がある。そして、その〝三沢革命〟の先にある何かを引き出してみよう。そこには〝21世紀のプロレス〟に不可欠な大事な要素が必ず息づいているはずなのだ。

「ま、ああしたい、こうしたいという要求や意見は以前と比べて通りやすくなったよね。俺に発言権ができたというのかな」

例えば具体的にどのような形での発言権を得たのですか。

「具体的というと?」

そうですね。マッチメイク権を得たとか。

「そうね。マッチメイクは、うん、やってるよ」

それは、とてつもなく凄いことじゃないですか。今までマッチメイクを決めていたのは馬場社長でしょ。

「そうだよ」

要するに、マッチメイクというのは馬場社長しか手をつけてはいけない聖域みたいな作業なわけでしょ。

「うん」

よくぞ馬場社長が了承しましたね。

「いや、でもすべての試合のマッチメイクをしているわけじゃないからね。例えば、前座から中盤までの試合カードと武道館クラスの大会のマッチメイクは社長が担当して、それ以外のカードを俺が担当している。

　正直に言うと、ここまでくるのには、そりゃもうスンナリとはいかなかった（笑）。各選手の思惑もあるしね。というか、まず社長がいい気持ちじゃなかったからね（笑）。でも、社長はそれこそ何十年もマッチメイクの作業に取り組んできているじゃない。疲れていると思うんだ。もちろん、マッチメイクに自分も携わりたいと願っていたのは確かだけど、それ以上に誰かが社長の作業の跡を継がないとダメでしょ。今、俺が携わらないと、下の世代の選手も関わっていけなくなるからさ」

　他にも、実は理由があるんじゃないですか。

「まあね。そうだな。世代のズレって確実にあると思うんだよね。会場に足を運んでくださるお客さんの中には若い人たちが多いじゃない。その若いファンが求めるカードというのは俺のような世代の人間が考えたほうがいいわけ。ズレがないからね。

　そういう意味で、会社に意見を通す時もマッチメイクを考える時も、若いスタッフたちや若い選手たちの意見をなるべく取り入れようとはしているよね」

　手応えはどうですか。

「ないね（笑）。だって、まだまだテスト段階だしね。でも一番怖いのは、三沢が〝改革〟だと叫んでも周囲の人間やファンからやっぱり全日本プロレスは変わらねえやと思われることだよ」

　例えば、三沢さんが実行しようとした〝改革〟があまり機能しなかったりマッチメイクが不評だったりしたら、どうなんでしょう？　馬場社長から「そらみたことか」と言われてしまうのかな。

「それはないんじゃない？　誰にでも失敗はある。失敗しないほうが変だよ（笑）。いや、本当に何百回、失敗してもいいと思ってる」

　で、どうですか。ぶっちゃけた話、表立って〝改革〟を叫んでしまった以上、団体内でいろいろと複雑な軋轢や摩擦があるじゃないですか。

「それはもう仕方ないよ。もしかしたら、俺の行動に対して不快感を抱いている人間がいるかもしれない。でも、俺はなにも極端に言えば誰かを蹴落とそうとか会社を乗っ取ろうとか考えて〝改革〟を進めているわけじゃない。そんな気なんかまったくないんだ。俺の気持ちの中にあるのは、本当に純粋に会社をよくしたいという想いしかない。もちろん、社長を裏切ってまで何かをしようとは思ってないしね。

　今だって、あれだよ。社長が〝三沢、死んでこい〟と言えばね、死んでもいいよ。映画の『仁義なき戦い』の世界じゃないけど、それぐらいの恩や義理は社長には感じてるからね。だけど、そのことと会社をよくしたいという行動や考え方は別次元の話だと思うしね。

　だから、社長にはその俺の気持ちをわかってほしい。まあ、理解してくれているとは信じてはいるけどね。うん、社長には全日本に関っているすべての人間のことを信じてほしいと願っているよね」

でね、三沢さんの発言力が強くなった事実を踏まえて考えた場合、どうしても期待してしまうのは新日本との交流戦なんです。

「ああ、なるほどね」

いつまでも交流戦は実現できないものだろうかと考えたり期待してしまうのは、いけないことなのでしょうか。

「そうでもないでしょ」

こういうふうに『プレイボーイ』の誌上を使って交流戦実現かと騒ぐのは、やはり無責任すぎると思いますか。

「いや、いいとこ突いてると思うけどねえ（笑）」

突いてますか？　こりゃ新日本と話はできてるな。

「できてはないけどね」

できてはないけど、話し合いをしようと思えば、すぐにでもテーブルに着く用意はある、と。

「用意があるとかいうよりもね、俺の考えを主張してもいいかな」

どうぞどうぞ。

「さっきの話とリンクしてくるんだけど、このプロレスの世界は裏切ったり裏切られたりしてきた部分があったりするんだよ。例えば、自分の意見を押し通すために団体から離脱していったりね。

社長は、そういう歴史を長く見ているから、どうしても不信感というか猜疑心に凝り固まってしまう傾向にある。でもね、その不信感や猜疑心を俺らの世代が払拭したいんだ。要するに、俺が〝改革〟を推し進めても絶対に全日本から離脱しない。そういう誠実な行動の積み重ねが状況を変えていくと思うんだよね。

で、社長から揺るぎない信頼を得たところで、例えば新日本との交流戦を考えていくのが一番わかりやすい物事の進め方じゃないのかな。今まで何度か交流戦の話が出たりしたけど、やはり最終的には今まで裏切ったり裏切られたりしてきた歴史の積み重ねが話を壊してきたと思う。

だからこそ、着実に社長の信頼を得るような行動を常にとっていきたいんだよ。新日本もそうじゃない？　ｎＷｏだなんだといっても、各選手が新日本を裏切らない実績を積み上げていけば、両団体ともによりよい環境の中で話し合いのテーブルに着けるはずだよ。

もう、いい加減、マスコミを利用しての無意味な挑発合戦で対抗戦を盛り上げるのは時代遅れ。そんな時代は俺たちの世代で終わりにしたい」

なんだか胸が熱くなってしまった。

「俺たちだってわかっているんだ。新日本と交流戦ができれば今以上に注目を浴びることができるし、それがもしかしたら収入の面でも反映されるかもしれない。先日の小橋との三冠戦を見てもらえば理解してもらえるだろうけども、俺たちは死線を超えた試合をしている。そんな凄まじい試合をしているんだから現役でバリバリやれるうちに、いい目に遭ってみたいよ。

そのためには、いくら〝革命〟を叫ぼうとも、誠実な実績を残すことが大事。たとえ時間がかかってもね。それが21世紀のプロレスを豊かにしていくんじゃないかと思っている」

1999年

ジャイアント馬場

1月2日、後楽園ホール そこに馬場さんはいなかった

見慣れている〝風景〟が、そこに存在していなかった。

1月2日、東京・水道橋の後楽園ホール。全日本プロレスは毎年恒例となっている『新春ジャイアント・シリーズ』を開幕させた。この日から全日本の1年間の激闘がスタートするのである。

試合前。会場内のグッズ売場は人であふれ返り、リングアナウンサーがこの日の対戦カードを読み上げる。そう、表面的にはなにも変わらない全日本の新春の穏やかな風景が展開していた。

その、なにも変わらない平穏な風景の中に、ひとつだけファンの心にポツンと墨を落としたような張り紙が会場入口に張り出されていた。

『ジャイアント馬場選手は、体調不良の為、止むを得ず本日の試合を欠場いたします。深くおわびいたしますと共にファンの皆様のご理解よろしくお願いします。全日本プロレス』

昨年の暮、馬場さんが風邪を引いてしまい、体調を崩したことはファンの誰しもが知っていたことだった。だから、その張り紙を見て、なにかひっかかるものはあったにせよ、さほど深刻に受け止めることはなかった。

しかし、試合の休憩時間に行なわれた年頭挨拶のため全選手がリングに上がった時だ。

マイクを握ったのは馬場さんではなく三沢光晴だったのである。欠場するとは試合に出場しないという意味で、恒例の年頭挨拶は今年も馬場さんがするに決まっていると思い込んでいた観客は、この現実をどのように認識すればよいか一様に困った顔をした。

「今年も全日本プロレスは〝明るく楽しく激しいプロレス〟をお見せいたします」

今年は、聞き慣れた落ち着いた声と、はにかんだ表情でペコンと頭を下げる馬場さんの見慣れた風景を見ることができなかったのである。

馬場さんの代わりにマイクを手にした三沢は「5月2日に東京ドーム大会を開催することになりました」と観客に報告することで、馬場さんがいない違和感を再び普遍の風景にと

変えてみせた。

それでも、そこに必ず存在していた風景がなかった不安は徐々に増していった。あたかも濡れた和紙に墨を落としたように、その不安は静かに広がっていったのだ。

そして迎えた1月10日、全日本は馬場さんの病状を次のように正式に発表した。

『欠場しておりますジャイアント馬場選手は1月8日、都内病院にて〝癒着性腸閉塞〟のため手術を行ないました。術後は快方に向かっており、一日も早い復帰を目指しております』

一般的に手術となれば退院まで1ヵ月はかかる。ましてやトレーニングを再開させるとなると約3ヵ月の期間を必要とする。そうなれば、復帰までは約半年以上の時間が必要となってくる。馬場さんの年齢（60歳）を考えれば、一部で引退の声が聞こえてくるのも仕方がない。

「引退は、ないです。術後は快方に向かっておりますし、必ずや馬場社長はリングに戻ってきます」（全日本プロレス広報）

今は、外野の無責任な噂話よりも公式コメントを信じたい。いや、馬場さんが引退するわけがないではないか。そんなことはわかりきっていることじゃないか。

それでも…。どうしてなんだろうか…。

見慣れた風景。馬場さんがリングに立っている風景。それが当たり前だった風景。その風景が存在しない。ただそれだけのことなのに、どうしてこんなにも寂しいのだろう。

＊

寂しさの原因を解く鍵は実は馬場さん自身が握っていた。昨年、本誌がインタビューをした際、馬場さんはインディーの選手と全日本所属の選手の違いを次のように語り、そして、こんな重みのある話をしてくれたのだ。

「あんたに聞きたいことがあるんだよ。プロレスのルールの中でこれだけは絶対にやっちゃいけないことってなにかわかるかい？」

電流爆破ですか。

「そういうことじゃない。これはな、たくさん団体はあるけど、そのことを理解しているレスラーは…まあ、1割ぐらいじゃないか」

教えてください。

「それは、闘う相手の〝虚〟を突いてはいけないということ。いいかい。レスラーはな、『殴りなさい』と構えることが大事なんだ。そうすると、相手は殴るわな。で、また殴りなさいと構える。相手が殴る。その〝流れ〟がプロレスなんだ。この流れを無視した攻撃などはプロレスにおいて絶対にやってはいけないんだよ。だからこそ、殴られても痛くない体を作ってからリングに上がりなさい、と俺は言うんだ。

俺は、ウチの選手を教える時には、まず相手の攻撃を受けることから教えるわけ。やられてから、どうやって攻撃するのかを教える。だけど、他の団体では攻撃することだけ教えている。そうなると、相手の〝虚〟を突くような試合しかできなくなる。

体も鍛えてない、攻撃だけしか勉強していないレスラーの試合でも、あんたたちから見たら同じプロレスになる。そう見られるのは、俺からしたら、やはり、いい気持ちはしない。本当に悔しくてしょうがないんだ」

馬場さんの悔しい気持ち、理解できますよ。

「あんた、本当にわかってくれてるの（笑）。あのな、いい機会だから、最近、俺が考えていることを話してやろう」

ええ。お願いします。

「さっきな、ウチの選手と、体も鍛えず攻撃だけしかできない選手を一緒に見てほしくないと言ったけどな」

はい。

「逆に考えれば、そんな選手たちはかわいそうなんだよ」

かわいそう…ですか？

「ああ、かわいそうだと思うな。だって、そういう選手が例えば引退してだ。リングから去った時に、ファンの心になにも残らないからね」

残らないということは、つまり、どういうことですか。

「いいかい。引退した選手は、もうリングでは見られない。となると、ファンはその選手の残像というか記憶を心の中に刻もうとする。だけどな、インディーの選手が引退しても観客やファンの心の中に残るのは、凶器で血だるまにされた姿とか、わけのわからないギミックを使って相手をKOした姿くらいしか残らないだろ。それは、いくらインディーの選手だとしても寂しいことだろうよ。

レスラーだったというのに、人々の記憶に残るのは強さや鍛えた肉体ではなく、レスラーの本質とは遠くかけ離れた凶器やギミックの奇抜さだけしかない。

でも、俺は違う。これはあくまでも仮定の話、今のところあり得ない話として聞いてほしいのだけど、もし、俺の体の自由がとうとうきかずに引退してもだ。そういう選手とは違った、ジャイアント馬場というひとりのレスラーの残像を人々の心に刻みつけることはできていると思うんだ」

どんな残像ですか。

「必死になって闘っている姿ちゅうのかな。それは、いろんな世代のファンによって異なるだろうけども、例えば古くからのファンには、俺がディック・ザ・ブルーザーやジン・キニスキー、ブルーノ・サンマルチノ、ドリー・ファンク・ジュニアらと命を賭けて闘った姿を刻みつけることはできているんじゃないかと思う。

若いファンには、こんな年になっても歯を食いしばって三沢や川田の蹴り、小橋のラリアットを叩き込まれても倒れない俺の精神力の強さを感じ取ってもらえているんじゃないかな。

そういう俺の姿を、みんなは大事に胸の中にしまってくれていると思うんだよ。で、なにかある時に、例えば挫けそうになった時とかに、その残像を心の拠りどころにしてくれたらうれしいよな。それがつまりレスラーの大いなる財産のひとつでもあると俺は信じているんだ」

いい話ですね。

「普段は、こんなこと偉そうに言わんけどな。でも、あれだな。今、レスラーを職業にしている連中、また、レスラーになろうとしている連中は考えたほうがいい。自分がリングから去った時に何を残せるか。何を残すために闘っているのか。

ウチの選手は、その点、立派だ。三沢や川田、小橋や田上や秋山が万が一、リングから去っても俺と同じような残像をファンに残せるからね。三沢たちは三冠選手権を賭けた激しい闘いを十分にファンの心の中に刻み込んでいる。

三沢たちも、そのことに関しては胸を張っていいと思うがな。チャンピオン・ベルトとは違った意味での立派な勲章なんだから」

そうですね。立派な勲章だと思います。

「その勲章を手にするためにもだ。レスラーちゅうのは、必死に練習して、必死に技を覚えて、必死にプロレスとはなんたるかを考えて、お客さんを満足させる闘いを見せていかなければいかんのだ」

各世代に刻まれているジャイアント馬場の残像。世代を超えて結ばれているジャイアント馬場というレスラーの残像。

その残像が、馬場さんがリングに立っている〝見慣れた風景〟に組み込まれていたからこそ俺たちは常に安心してプロレスを楽しめたわけだ。ひとつの一体感をともなって熱くプロレスを、レスラーを応援できたのだ。

そういう意味も含めてだ。やはり、馬場さんはリングに立ち続けなければいけない。一日も早く復帰を果たしてリングに戻ってこなければいけない。見慣れた風景を取り戻さなければいけない。俺たちはまだ残像を心の拠りどころにしたくはないのだ。

さて、馬場さんのいない全日本プロレスの風景を預かっている三沢は次のように語ってくれた。

「社長が手術したことは選手の中では自分だけが知っていました。社長からは〝大丈夫だ。心配するんじゃない〟というメッセージが届きましたしね。選手はみんな社長の復活を信じています。

社長はレスラーですから。一般人とは違う体力を持っていますから。きっと、ファンのみなさんが驚くほどのスピードで回復すると思いますよ。

できれば5月2日の東京ドーム大会には間に合ってほしいと思っているんですけどね。とにかく、社長が復帰するまで頑張ります。社長にいらぬ心配をかけぬよう俺が中心となって全日本プロレスを守っていきます」

馬場さんの親友でもある松山千春も次のようなメッセージを寄せてくれた。

「なにやってるんだよ、馬場ちゃん。あんたの安住の地は病院のベッドじゃないだろ。リングの上だろ。

馬場ちゃん、あんたは今までリングの上で数々の奇跡を起こしてくれたじゃないか。その年で手術。再びリングに上がることは難しいことかもしれないけど。今度もまた奇跡を見せてくれよ。

でもな、馬場ちゃんのことだから、すでに病院のベッドの上でトレーニングを開始しているかもしれないぞ。馬場ちゃんは人を驚かすのが好きだからね。

とにかく、もう一度、リングに上がってくれ。その時は俺が馬場ちゃんの松葉杖の代わりをしてもいいからさ」

実は、昨年の暮、本誌は馬場さんのインタビューを企画していた。本人も「それじゃハワイでやろうか」と乗り気だった。しかし、精密検査の結果がはっきりしないという理由で延期になってしまったのである。

その時の約束を守れなかったことを気にしてくれていたのか、馬場さんは病床から次のような力強いメッセージを送ってくれた。

「ハワイでのインタビュー、すまなかった。俺の話を読みたいと期待している『プレイボーイ』の読者のためにも一日も早く復帰するよ。できれば東京ドーム大会で復帰できるように頑張っている最中だ。たとえドーム大会に間に合わなくても、復帰できるその日まで、みんな俺のことを待っていてくれ」

待っているよ、馬場さん。俺たちは見慣れている風景、馬場さんがリングの上に立っている風景を永遠に大切にしたいのだから。

追悼―ジャイアント馬場
「俺は誰も恨んじゃいないんだ。みんなが幸せにプロレスができればいい」

1月31日。ジャイアント馬場、永眠。悲報が世界中を稲妻のように走り抜けた。

親友でもありライバルでもあった〝人間発電所〟ブルーノ・サンマルチノ（元WWWF世界王者）が、その報を耳にしたのは現地時間の2月2日。ペンシルバニア州ピッツバーグ郊外の自宅でだった（以降、アメリカ現地取材＝ジミー鈴木）。

「あまりのショックで、ひどく気分が悪い…。いや、風邪で入院したらしいと聞いてはいたが、癌だったとは…。

知らせを受けてから今までババの写真を眺めていた。私は彼を心の底から尊敬していた。また、彼も私のことを尊敬してくれていた。私は心の友を失った」

日本プロレス時代はNWA世界王座を賭けて争い、全日本プロレス旗揚げ以後はブッカーとして馬場を支えたドリー・ファンク・ジュニア。彼は旅先のコネチカット州スタンフォードのホテルの一室で悲報を聞いた。

「とにかく驚いた。偉大なるミスター・ババの死は、これはもうレスリング・ビジネスにとって大変な損失だ。

ババはプロモーティングやブッキング、そしてマーケティング、どれをとっても天才的な才能を見せた。例えば、ブッチャー、テリー、マスカラス、ハンセン…もちろん私を含めた多くのビッグ・レスラーたちの特性を見抜いてリング上でプロデュースしてくれたのだ。お蔭で、多くのアメリカン・レスラーたちが豊かな生活を送ることができた。

ビジネス以外のプライベートな思い出は…すまない。多すぎて、すぐには言葉にできない。ただ、今、口にできる言葉があるとすれば、多くのアメリカ人がババの死を惜しんでいるということだ」

ドリーの弟テリー・ファンクはテキサス州キャニオンの自宅のベッドの中で一報を聞いた。明け方近くに電話連絡が入ったのだ。

「残念だよ。なんと言えばいいのか…。願わくばババともう一度、話がしたいよ。今の自分があるのも、大袈裟じゃなくババのお蔭だからね。

ババはこの世界での成功者だ。多くの財産を築いた。もしババにその気があれば、フレンチ・リビエラ（フランスの南部にある最高級リゾート地）で優雅に隠居生活を送ることもできた。しかし、ババはそれを拒否した。なぜなら、ババはレスリングを心から愛し、自分が育てたボーイズ（レスラー）たちと窮屈な巡業バスに乗って旅をすることが大好きだったからだ。

ババは世界中のプロレスファンに誇れる最高のプロレスラーたちを育てた。これはお世辞なんかじゃない。事実なんだ。ミサワ、コバシ、カワダ、タウエ、アキヤマ…。みんな最高のレスラーだ。そして、ババが作り上げた全日本プロレスは、プロレスの伝統を乗せた最後の列車なんだ」

先月まで日本に滞在していた〝鉄人〟ルー・テーズもまたバージニア州ノーフォークの自宅でその報を聞いた。

「ババとは特に親しい友人ではなかったが、とても正直な男だったという印象がある。素晴らしい戦歴を持ったレスラーだったと同時に、人間としての生き方の模範となるような人物でもあった。それにしても残念なことだ」

馬場が初めてNWA世界王座を手中にしたのは74年12月のことだ。馬場に王座を奪われたジャック・ブリスコは、フロリダ州タンパにある彼の経営する自動車ボディ修理工場のデスクで、その一報を聞いた。

「なんと言ったらいいか。ワイフである元子さん、そして全日本のファミリーの心中を察すると心が痛みます。

ババは、私から栄光のNWA世界王座を奪った男。今でもババの強さは私の心の中に刻まれています。私はNWA王座戦で刻み込まれたミスター・ババの強さを、これからも大事に守っていきたいと思っています」

馬場のNWA世界戦といえば、ハーリー・レイスとの一連の抗争も忘れられない。馬場とレイスは、お互いにNWA王座を奪ったり奪られたりしながら試合のグレードを高めていった。そのレイスに悲報が届いたのは現地時間の2月2日の午後9時過ぎ。本誌の連絡で初めてその事実を知ったという。

「本当か…」

と絶句したレイスは、そのまま放心状態になってしまったらしい。翌日、再度連絡を入れてみると重く沈んだ口調で次のように語ってくれた。

「ガッデーム！　神さまはなんてひどいことをするんだ。ババはいくつだったんだ？　61歳か…まだまだ若いじゃないか。ババと俺は兄弟みたいなもんだった。俺たちはリングの上で闘いながら、俺たちにしかわからない会話を交わし続けたんだ。今から考えると、ババとそんな肉体の会話を激しく交わしていた頃が一番幸せだったのかもしれない。

他に思い出といっても…。すまないが今日はこのくらいで勘弁してくれ」

NFLの大イベント『スーパー・ボウル』視察のためにアメリカへ出張中だった輪島大士（学生援護会アメフト部監督）はロサンゼルスのホテルで悲報を知らされた。輪島がレスラーに転向した時、プロレスの基礎を叩き込んだのは馬場だった。

「ロス在住の知人が、インターネットに〝ジャイアント馬場さんが死んだ〟と書かれていると教えてくれたんだ。驚いたというより、本当なのかと疑ったよ。

馬場さんとの思い出といえば、これはもうプロレスのことになる。特にデビュー戦に備えて馬場さんと全米を回りながら練習したことが一番の思い出だよ。

当時の俺は相撲から追われて心まで腐っていたんだ。それでも再起に賭けようともがき苦しんだ時期だった。だから、もう死ぬほど練習したよ。朝から晩まで馬場さんから基礎を徹底的に教え込まれた。そんな姿勢を馬場さんはちゃんと見てくれていたんだよね。ある日、こんなことを言ってくれた。

『輪島、お前は一生懸命だよなあ』

そう言われたのがうれしくてね。でも、俺のレスラー生活はたった1年半で終わってしまったけど。

最後にお会いしたのは確か一昨年だったかな。新大阪駅でバッタリ。その時、こんな言葉をかけてもらった。

『お前、ピップエレキバンのCMで頑張っているじゃないか。いい評判を聞いてるよ。アメフトのほうも頑張ってるんだろ。いいぞ』

結局、俺が馬場さんの元で学んだのはプロレスだけじゃなく、もう一度、人生をやり直す闘志を燃やすことだったような気がする。今の俺があるのは馬場さんのお蔭だよ」

かつての馬場との師弟関係といえば大仁田厚。2月1日の夕刻、マスコミ関係者から〝馬場さんが…〟との一報が入る。

「俺が最後にお会いしたのは3ヵ月前だ。仕事の話でお会いしたのだけど、10分ほどで仕事の話は終わりだった。あとは、ずーっと昔話。俺は全日本プロレス第1号の新弟子で、ずーっと馬場さんの付き人だったから、いまだにあの人の前では〝小僧〟なんだ。呼ばれれば直立不動になる。でも、最後までそんな関係でいられたことが、なんだかうれしいんだよね」

永遠のライバルだったアントニオ猪木は、その時、第2の故郷でもあるブラジルに滞在していた。そして、次のようなメッセージを各マスコミ宛てに送った。

「馬場さんの突然の訃報に接し、力道山先生の門下生として友情とともに数多くのことを学んだ友人として、ここに謹んで哀悼の意を表しますとともにご冥福をお祈り申し上げます」

馬場と猪木。

実は昨年の秋から本誌は本格的に「馬場・猪木対談」の実現に向けて動き出していた。きっかけは、昨年の5月に行なわれた全日本の東京ドーム大会。あの日、我々は国歌を斉唱する松山千春の付き添いとしてドームに足を運んでいた。

馬場さんは松山を満面の笑顔で出迎え、自身専用の特別室に招き入れた。幸運なことに、松山は我々も同行するようにと言ってくれた。特別室に入れたのはもちろん、馬場夫妻と側近の関係者がひとり。そして松山と我々だけだった。

そこで馬場さんと松山は、こんな会話を交わし始めたのだ。

松山「どうよ、馬場ちゃん。せっかくドームでやるんだから、天龍とかリングに上げてやればよかったのに」

馬場「うふふふふ」

松山「やっぱり、団体を抜けていった人間は許せない？　天龍が土下座すれば許すというのなら俺が天龍を説得してもいいよ」

馬場「いや、そうじゃないんだ。別にな、天龍にしろさ、上がりたいんだったら上がればいい。だけどな、それを許してしまうと、天龍が離脱していった時に悲しい想いや辛い想いをした人間たちの気持ちを逆撫ですることになる。それだけはできないさ。テレビ局だって、そんな筋の通らない話は許しちゃくれないよ」

松山「なるほどね」

馬場「俺は誰も恨んじゃいないんだ。みんなが幸せにプロレスができればいいと思っている。ただ、筋が通らないことが嫌いなだけ」

松山「わかった。でも、どうすんの、来年は。またドームでやるの」

馬場「そうだな。来年は俺の引退試合をドームでやるとするか（笑）」

その日から我々の頭の隅に馬場さんの〝俺は誰も恨んじゃいない。みんなが幸せにプロレスができればいいと思ってる〟という言葉が深く刻まれてしまったのである。

ドームで耳にした馬場さんのその言葉は我々の心を激しく揺さぶったのだ。

揺さぶられた原因はわかっていた。なにせ、今まで馬場さんには次のようなイメージが浸透していたからだ。

――自分を裏切った人間は許さない。どんなことがあっても許さない――

それは半分は本当だったかもしれないが、半分は嘘だったのだ。業界の秩序として、契約を反故にするような人間は許せない。しかし、その人間を本当に許せないかといえば、そうではない。裏切る人間にも、それなりの正義がある。その歪な正義をも認めてあげたい…。

つまり、だ。今まで塗り固められたイメージの奥に潜んでいた大海のような心の広さに心を奪われてしまったわけだ。

だったら、これまで深い因縁関係で結ばれていた猪木さんとの対談も可能なのではないか。猪木さんが引退を果たした今こそ、ふたりでとことんプロレスの現在、過去、未来を語ってもらいたいと願ったのだ。

そこで我々は側近の関係者に連絡をとり、感触として対談が可能かどうか打診を開始した。しかし、結果は「そんなこと無理に決まっている」だった。だが、我々は諦めなかった。次のような言葉で、関係者と再度、話を詰めたのである。

「戦後、焼け野原の日本に生きる勇気を与えたのが力道山でした。今、日本は未曾有の不況にあります。リストラなどで人々は絶望を感じています。だからこそ、馬場さんと猪木が対談したという事実が重要になってくるのではないでしょうか。力道山は実際に闘うことで人々に勇気を与えましたが、ふたりは闘わなくても、話し合ったという事実だけで人々に夢と勇気を与えるのです。力道山の門下生として、これはやり遂げなければいけない仕事です」

我々の言葉を聞いた関係者は深く考え込み、そして、こう言ったのだ。

「わかりました。その言葉を馬場さんに伝えましょう。いや、あれなんですよ。実は私たちのほうが馬場さんに猪木さんと関係を持つなと言ってきたんです。このメッセージを伝えたら、逆に、今さらなにを言ってるんだと馬場さんから怒られちゃうな（笑）」

その後、次のような返事が関係者を通じて届いた。

「馬場さんは〝対談の件は考えてもいいよ〟と言ってました。〝いいんじゃないのかな〟とも言ってましたね。話を振った私のほうが驚いてしまいましたよ（笑）。あなた方、年末（98年12月）にハワイで馬場さんにインタビューするんでしょ。詳しいことは、その時に詰めましょうとのことでした」

だが、運命はなんて残酷なのだろう。ご存知のように馬場さんは昨年末に入院。ハワイでのインタビューは幻となってしまった。そして、猪木さんとの対談について話し合う機会も永遠に失われてしまったのだ。

馬場さん亡き今、もう一度考えてみた。今後のプロレスはどうあるべきか——。

ジャイアント馬場のプロレス人生の大半は、昭和という時代が描き出した〝対立概念〟に支えられていた。それは対外国人レスラーだったり、対新日本プロレスとアントニオ猪木だった。

だが、どうだろう。馬場さんは自ら望んで、その〝対立概念〟に身を投じたのか。いや、違う。馬場さんは対立しながらも、どこかで〝プロレスに関わるすべての人間が幸せになってほしい〟と祈り続けていたのだ。それは、リング上で対立の立場をとっていた外国人レスラーが馬場さんの死を知った時の慟哭でもわかる。また、ドームでの言葉も理解できる。

時代はすでに平成だ。そして、馬場さんは逝ってしまった。だから、今こそ平成のプロレス界は馬場さんの祈りを叶えなければいけないのではないだろうか。

各団体が筋を通しながら交流を図り、プロレスに関わる人間たちが幸せになる。これこそ馬場さんが描いていた日本プロレス界の〝理想郷〟ではないのか。

交流といえば、79年に一度だけオールスター戦が行なわれている。当時の状況に詳しい元新日本プロレス営業本部長の新聞寿は次のような興味深い話をしてくれた。

「1回目のオールスター戦に気を良くした主催者側の東京スポーツは、当然、2回目の開催を望んでいました。だから、また私が水面下で動くことになったんです。その時、私は東スポ側にこう提案したんですよ。

〝開催の手付金として、全日本と新日本に300万円の小切手を出してくれ〟

とね。当時の猪木の懐具合が厳しいのを私は知っていましたから(笑)、金欠を潤すための提案だったのです。

東スポも提案を飲んでくれまして、実現に向けて動き出したんです。でもね、マッチメイクの問題に時間がかかってしまったんですね。

そうしたらですよ。ある東スポの幹部が〝なにをやってるんだ。こっちは金まで払ってるんだ！〟と言っちゃったんですね。この一件を馬場さんは人伝てに聞いてね、こう言って小切手を叩き返したんだ。

『俺たちは金で動いているんじゃない。気持ちでやっているんだ！』

これで開催はご破算。残念だったけど、馬場さんの気持ちを考えれば当然だよね。

この話の裏を返せば、馬場さんはいつでも交流戦に応じたということの証明だと思う。いい加減な口約束ではなく、建設的な話を信頼できる人間が持っていけば交流戦は可能だったんです。そういう人なんですよ、馬場さんは」

全日本の事実上の後継者である三沢光晴は以前、本誌のインタビューに次のように答えている。

「もちろん、交流戦はやりたい。新日本ともお互いに誠実な交渉を続けていけば可能だと思う。交流を図り、自分たちもいい目に遭いたい」

一部では、5月2日に予定されている全日本主催のドーム大会に新日本参戦かと報じられている。全日本の関係者も

「新日本さんの参戦も含めて5月2日の大会は空前絶後の追悼大会となります」と否定しない。

――プロレスに関わるすべての人間が幸せになればいい――

この馬場さんが残した〝大いなる遺産〟は着実に三沢たちに受け継がれている。だが、本当の意味で遺産を受け継ぐことになるのは、馬場さんの祈りを叶えた時からなのは言うまでもない。

三沢光晴
四十九日を過ぎて今、初めて明かされる師弟の絆

「いやもう、プロレスをやめようと考えてた。なんだか面倒臭えなあと思ってね」

三沢光晴は、恐ろしく疲れ切った表情と自虐的な笑みをないまぜにしながら語り始めようとしていた。

例えば、ジャイアント馬場亡き後の先シリーズの最終戦。控室でマスコミに囲まれた三沢光晴は、笑顔を漂わせながら力強く次のように語っていたものだ。

「社長（馬場）はいませんが大丈夫です。まあ、マッチメイクの問題とかありますけど、以前から携わっていましたからね。戸惑うことはありません。リング外の業務も、さして懸念することはないですから」

だが、現実は違っていた。三沢は思わず〝プロレスをやめたい〟と呟くほど追いつめられているのだ。では、なぜそこまで心情的にせっぱ詰まった状況に追い込まれているのか。

最大の理由は『全日本プロレス』というひとつの株式会社の社内体制が整っていないからである。要するに、オーナー・レスラーであったジャイアント馬場が急逝したため、誰が今後、代表取締役社長を担うのかが決まっていない状態なのだ。

いや、三沢も含め社員も所属レスラーも次のような意思統一はとれている。

〝馬場社長が逝ってしまった現在、次の社長には三沢光晴が就任すべき。そして、三沢を先頭に馬場社長が遺したプロレスの王道を継承する〟

しかし、会社組織というものは複雑怪奇なもので、社員やレスラーがそう信じて願っていても、すぐに三沢が社長にはなれない。

こんな表現は不謹慎かもしれないが、多くのファンや関係者は馬場さんが亡くなった事実にまだ戸惑いを感じているのかもしれない。今後の全日本の行く末よりも、いかに馬場さんを見送るかに興味が注がれているように思える。

例えば、4月17日に日本武道館で行なわれる『ジャイアント馬場お別れの会　ありがとう』と、5月2日に東京ドームで行なわれる『ジャイアント馬場・引退興行』。このふたつの大会が終わるまでは、ややこしい問題は棚上げにしておいて、できるだけ静かに馬場さんを送りたいと思っているのではないか。

しかし、だ。三沢はそうもいかないのだ。全日本のレス

ラーの契約更改は春に行なわれる。周囲の人間たちは、一日も早く三沢に社長になってもらってスッキリと契約を済ませたいと願っている。でも、しつこいようだけども、複雑な事情が絡み合って、すぐに就任とはいかない。

このように三沢は今、周囲の人間たちの期待と会社組織の現実の板挟みの中で、ひとりもがき苦しんでいるのだ。

「俺だけの問題ならね、簡単なんだよ。誰が社長になろうとね。その社長に媚びをうってうまくやりさえすれば、それなりのギャラはもらえるだろうしね。自分さえよければ、こんなにジタバタすることもないんだ。だって、俺は野心なんかないんだよ。俺は一度も自分が社長になりたいと言ったことはない。もし野心があるとすれば、社長が築き上げたプロレスの本道を、これからも自分たちの手で守っていきたいということだけ」

ええ。

「俺は、ほら、面倒臭いことは嫌いだしね。面倒臭くなると、冗談じゃねえやって投げ出してしまうタイプの人間でもあるしさ（笑）。だけど、もう俺の立場は俺個人の意志では動けなくなってきているんだよ」

それは、社員もレスラーたちも三沢さんに今後の全日本を託しているからなんですよね。

「うん。いつの間にか自然とね。やはり会社組織にいると、いろんな不満や意見が出てくるじゃない。これは、どんな企業にでも言えることだと思うけどね。だから、そういう下の人間の不満や意見をね、自然と俺が聞いてあげる役になってしまったんだ。

で、俺も不満や意見を聞いているうちに、その意見とかを尊重して育ててみようと思うようになってね。育てるということは、その意見を会社の上のほうに提言として検討してもらうことだからさ。その積み重ねの結果、まあ、自然と俺が社員やレスラーたちのリーダーのような役割になってしまったんだよ」

そうなると、周囲の人間たちが次期社長は三沢さんと考えるのも、これまた自然な流れじゃないですか。

「でも、それがうまくいかない。今、うまくいってないから本当に神経的に疲れてしまう。会社内部の調整に時間を食われて、納得できる練習もできないしね。古傷の治療にも行けない。かなりしんどいよ。そうはいうものの、やっぱり投げ出せないよね。投げ出したい性格の人間なのに投げ出せない（笑）。あ、そうそう、こんな話があるんだ。聞いてくれるかな」

はい。

「3年前の春だよ。契約更改の時期に誰も契約しなかったことがあるんだ。社長が驚いてね。〝どうしてお前たちは契約しないんだ〟と言いだしたんだ。そうしたら、みんな、三沢が契約すればする、と」

なるほど。

「当時、下の人間のギャラはあまり高くなかったしね。そういう不満を俺は聞いてあげてたからさ。そうなれば、なんとか俺の力で少しでもギャラをアップさせてあげたいと思うじゃない。だから社長には〝上げてやってくれませんか〟と自分の契約更改の席で頼んだわけ。そうしたら、社長は〝わかった〟と言ってくれてね。その帰り際だよ。社長はこう言ったんだ。『あとは、お前がわかりやすくみんなをまとめて、ちゃんと会社をやっていけるようにしろよ』…とね」

それって〝遺言〟みたいなもんじゃないですか。

「いや、遺言でもなんでもないよ。社長と俺の立ち話みたいなものだから（笑）。だけど、その言葉がきちんと文章とかで残っていれば、こんな大変なことにはなっていないはずだよね（笑）」

そんな状況だと、東京ドーム大会のカードも決めづらいですか。

「ねえ（笑）。本当は景気よくカードを発表したいんだけど、交渉の窓口になる代表が決まってないからね。正直なところ、うまく進んでいない。だから、うん、俺が今ね、何を一番訴えたいかというとね」

はい、思う存分、主張してください。

「ドーム大会のチケットは普段の大会のチケットよりも料金が高いでしょ。そう考えるとね、チケットを買ってくれたお客さんには、ぜひとも満足してもらえる試合を提供したいんだよ。いや、テーマはあるよ。社長の引退試合というね。それは、なにがなんでもきっちりと作り上げなければいけない。でも、多くのお客さんは試合を見たいと思っているはずなんだよ。ワクワクするような試合をね。それも、その後の全日本のステップになるような試合を見たいと願っているんだ。つまり俺が言いたいのは、ドーム大会が全日本のゴールじゃないんだということ。逆に新しいスタートを切る大会なんだ。そういう意味も含めて、カードが決まらないのは精神的にまいるよ」

これは仮定の話になりますが、今現在、三沢さんが社長だったらドーム大会への新日本プロレスの参戦はあるのでしょうか。

「うん。あるね。いや、あるとは言い切れないけど、可能性としてはかなり高いと思うよ（笑）」

そう、そこなんですよね、三沢さんに期待してしまうのは。

「昔からこのプロレス業界に携わっている人は、全日本と新日本の交流話になると、すぐ共倒れになると主張するけど、それは違うと思う。交流戦といっても、2年に1回とか期間を定めて行なえば共倒れなんてあり得ないじゃない。これから、そういう話し合いを新日本とできるようにしなきゃいけないけどね。

全日本を応援してくれているファンの中には他団体の選手と交わらないでほしいと思っている人も少なくないけど、その姿勢を守るだけではプロレス業界は良くならない。人間は競い合うことで成長していく生き物だしね」

本当に早く社長になってください。

「そう言われてもね（笑）。頑張るよ、としか言えないんだよね。それでも全日本が全日本であるために頑張るよ。ドーム大会をゴールにしないためにも俺は頑張るから」

2000年

三沢光晴
俺が全日本プロレス社長を辞任した理由「穏便にすませるつもりだったのに（笑）」

さあて、どこから話をしようか（笑）。そうだな。ま、この話から始めないと、自分の言いたいことがうまく伝わらないかもしれない。

本心を言えばだ、全日本プロレスをやめたくなかった。真剣に、全日本をやめる時はレスラーをやめる時だと考えていた。社長に就任した約1年前までは本当にそう思っていたよ。だって、冷静に考えてもやめるほうがデメリットが多いんだから。

なにせ全日本プロレスといえば老舗でしょ。そこの社長でござい、と偉そうに踏ん反り返っていれば……ねえ、ある程度のギャラは保証されるしさ。ちょっとはさ、威張れるじゃないか（笑）。逆に、俺がそういう部分で満足してしまう人間ならね、今回のようなことは起こらなかったと思う。

それじゃ、なぜに全日本を去り、新団体を作ろうと決意したのか。細かいことを言い出すとキリがなくなってしまうから、ふたつに絞ろうか。なんにせよ、そのふたつとも根底に流れている想いは同じなんだけどね。

まず、ひとつ。時期はよく覚えていないのだけど、ある若手が俺に言ってきたんだ。「自分は試合でこういうことをやりたいんです。やってもいいですか」とね。

その時、俺は〝おう、好きなようにやれよ〟と言ったわけ。で、ふとこうも思った。同じような意見を、こいつはオーナー側にも言えるのかなって。というのも、もし自分の身に何かが起きたら会社のアレコレはオーナー側に任せないといけないわけだからね。

そういう意味で心配になってきたから〝どうなんだ？　言えるか〟と聞いたら〝言えません。ダメです〟と言うのね。そのダメという言葉の奥には、言っても聞いてもらえないという諦めがあると思ったんだ。自分の思ったことや考えたことが風通しよく反映されないのであれば、それはもう理想の会社とは言えないでしょ。

だからね、さっきも言ったけども俺が老舗の社長という立場に満足する人間であるなら、そんな若手の意見なんて平気で握りつぶすよね。わざわざ波風を立たす必要はないものね。でも、それでは若手が伸びてこない。だったら、そういう部分を誰かが改革していかなければいけないというのなら、俺しかいないだろう、と。好きで社長になった俺じゃないけど、もっと言えばさ、すっげえ面倒臭がり屋な俺だけどさ（笑）。周囲を見渡してみればね、やっぱりどうしても俺が動き出すしかないだろう、と。

それでまあ、改革に乗り出してみたものの、結局はなにも変わらなかった。そうなるともう、その変わらない場所から抜け出てね、新しい場所で一からスタートしなければいけないじゃないか。

ふたつめ。これはねえ、レスラーじゃないと理解しづらい感覚かもね。あのさ、俺はしつこいくらいに興行自体の演出を変えましょうと提案してきた。例えば、選手の入場パターンね。リングアナウンサーが選手をコール、各選手が自分のテーマ曲に乗ってリングに上がる。こんなのは古臭いでしょ（笑）。

だから、斬新な今風の演出を専門家に頼んだりして、レスラーも観客もオッと驚くものに変えたかったのね。なぜ、そんな演出にこだわるのか。それは、そういう演出を行なうことで試合前に観客を盛り上げたかったからなんだよ。観客がいわゆる出来上がった状態だと、俺たちレスラーは本当に気分よく試合に突入できる。

そうだなあ。こう言えばわかりやすいかな。自分の力が10とするよね。で、すでに観客が盛り上がっている状態だと、その時点で自分の力は3～4に跳ね上がっているわけ。で、試合が進むにつれ最終的には自分の力が予想もしない12～13に伸びていることがある。俺たちレスラーはせっかく会場に足を運んでくれたお客さんに10の力はもちろんのこと、常にプラスアルファの2～3の力も楽しんで欲しいと願っているんだ。

その2～3の力を引き出すひとつの方法として演出を変えましょうとオーナー側と根気よく話し合ってきたのだけど、すべて〝ダメです。伝統にそぐわない〟と突っぱねられる。妥協の余地がまったくない。話が通じない。まったくねえ、これじゃ、なんのために自分が社長になったのかわからないでしょ（笑）。

世間は、たかだか演出上のことで騒ぐなと言うかもしれない。リング上で魅せればいいじゃないかと正論を言うかもしれない。

でも、そういう小さなこだわりが俺たちレスラーにとっては本当に大事なんだよね。とってもとっても大切なんだよ。そのちっちゃな、でも俺たちにすれば大きな大きなこだわりを守るために俺は社長をやめて全日本を抜けたんだ。このことは、プロレスファンにも『プレイボーイ』の読者にも理解してもらえるとうれしい。

そういうことを踏まえて、これから自分たちのプロレスはどうなるか。とにかく自分たちが楽しめるプロレスをしたい。レスラーはさ、自分の思ったように好きなように試合をするのが基本だから。うん、わかってるよ。例えば技術も経験も浅い若手選手が好きなように試合をしちゃいけないということは。先輩レスラーから試合を通して勉強していかなきゃいけない。

でもね、レスラーなんだからリング上で悔いを残してはいけないんだよ。怒られるかな、と内心は思っていても、〝えぇい、やっちゃえ〟という気構えでいない…と。ほらさ、人間は〝やっちゃった〟という言葉を呟くことがあるじゃない。重要なのは、この言葉を暗く〝やっちゃった〟と言うのではなくて、不敵にそれでいて満足気にボソっと〝やっちゃった〟と呟くプロレスをやらなきゃ。

俺だってそうだよ。たぶんね、今まで以上に頭から落とされるプロレス、死線を超えるようなプロレスをやり続けていくと思うんだ。そのためにも、自分が投げるほうでも投げられるほうでも不敵に〝やっちゃった〟と言えるようなプロレスをやりたいよ。上から、ああしちゃダメ、これしちゃダメと言われることなくね（笑）。

そういうプロレスをやれればね、たとえ垂直に脳天から落とされても納得できるもん（笑）。また、そうなればそんな技を食らっても立ち上がれる自分を楽しいと思えるもんね（笑）。いや、本当に自分が楽しいと思えるプロレスをやらないとどうしようもないよね。

正直な話、このようなプロレスを見る側が再び『王道プロレス』とか『明るく楽しく激しいプロレス』と呼ぶかどうかは全然、気にしてない。そんなことより、いかに自由に、いかに堂々と満足な表情を浮かべて〝やっちゃった〟と試合後に叫べるかどうかじゃないか。うん、試合後に個々の選手がココロの中で小さいガッツポーズを作れるかが鍵だね（笑）。それがつまり俺たちが目指して育てていく〝プロレス〟となる。

いや、でも、こんなに大騒ぎになるとは思わなかった。他人事みたいだけど（笑）。穏便にすませるつもりだったのにねぇ（笑）。オーナー側がマスコミを使って背任行為だと言ってるけども、本当にそう思ってるのならマスコミじゃなく裁判所に訴えてくださいって。俺は後ろ指を差されることはなにひとつしていない。すべて筋を通している。

今回の件で、馬場さんの顔に泥を塗ったとか、恩知らずと言われているみたいだけども、まあ、どうでもいいや、そんなこと。俺は別にねえ、うん、泥を塗ったと思ってないしね。馬場さんにはプロレスのイロハから教えてもらってね、人間としても大切なことを教わった。だからといって、その感謝の気持ちを常にさ、アピールするのはどうかな。感謝の気持ちは人それぞれにその胸の中で感じていればいいわけだしね。表立って、自分は馬場さんに感謝している、だから全日本を守るなんて公言するほうがおかしいと俺は思う。

あのね、誤解されちゃうかもしれないけど、全日本プロレスというのはとどのつまり馬場さん個人のものなんだよ。生前、馬場さんが和田京平さん（レフェリー）にポツリとこう言ったらしいんだ。

「もし、俺が現役を退く時がきたら、全日本はそこで終わりにする。三沢たちがそのまま団体を引き継ぐにしろ、別の団体名を名乗らせる」

だから、なんだろうな。こうなったことで〝全日本らしさ〟が失われたと非難されてるけど、逆に聞きたいよね。〝全日本らしさ〟ってなんなの？ それは幻想なんじゃないのって。そんな幻想に振り回されるのは嫌だよね。そんな幻想を一日も早く自分たちが積み重ねていくプロレスの内容で吹き飛ばしたい。その自分たちの興行の積み重ねを大事にするという意味で、ファンからすると残念なことかもしれないけど、すぐには他団体と交流しない。これから1年間は交流しない。断言してもいい。ま、1年後はどうなるかわからないけどさ（笑）。

それと、みんなが気にしてくれているであろう旗揚げの日程は、早くて8月下旬頃かな。これは神に誓って言うけども、旗揚げの準備をしながら全日本をやめたわけじゃないよ。なんにも決まってない状態でのスタートだから、いろいろとやらなきゃいけないことだらけで大変なんだ。

ほら、小橋がヒザを手術したでしょ。回復の具合を考えるとね、8月末かなあ、と。旗揚げは全員揃って試合をしてもらいたいから。そうそう、それと団体名。今のところ『ノア』にしようと思っている。年配の方には不評だけどさ（笑）。ねえ、今さら『なんとかプロレス』と名乗りたくないじゃない（笑）。

三沢光晴
遂にプロレスリング・ノアが旗揚げ「俺の個人的な目標は世界征服（笑）」

おかしい。なにか見落としている。旗揚げ戦を終えたばかりのノアのことだ。旗揚げ2連戦は秋山準が一気に飛び出した。初日のタッグ戦で三沢光晴を戦慄のフロント・ネックロックで失神させた秋山。2日目もメインのシングルで今度は小橋建太を同じくフロント・ネックロックで締め上げ勝利を手にしたのである。

ノアは全日本プロレスとどこが違うのか？ そのやたら面倒臭い答えを秋山はフロント・ネックロック一発で示してみせたのだ。要するに、全日本の売りだった大技連発。でも、しつこくフォールを返すという試合スタイルを地味な、それでいて緊張感あふれる絞め技ひとつでガラリと変えてみせたわけだ。結果、現時点でのノアは秋山一色に塗りつぶされたような雰囲気さえ漂い始めた。

事実、秋山は試合後にこんなコメントを残している。

「自分がトップを取らなきゃノアを立ち上げた意味がないでしょ」

それでも、だ。この状況はどこかおかしい。やっぱり、なにか見落としている。こういう場合は、何事も一から考えてみるとよいかもしれぬ。とにかく初日の旗揚げ戦。メインは三沢・田上組対秋山・小橋組の60分3本勝負だった。1本目、いきなり2分ジャストで三沢失神！　あ、そうかそうか。ここだ。この三沢失神がおかしかったのだ。

なぜに三沢は秒殺に近い形で敗北したのか。これがどうもよくわからない。試合の流れで偶然にそうなったのは理解できるけども、結果的にこれでは秋山をエースに仕立てるべく三沢が捨て石になったようなものではないか。

三沢はほぼ絶頂期を迎えているレスラーである。十分にトップとしての欲というか、色気はあるはず。きれい事ではなく、まずは自分がいい目に遭いたいからノアを立ち上げたのは間違いない。そういうトップレスラーの底意地の悪さみたいなものがまったく伝わってこなかった。

たぶん、見落としているのじゃなかろうか、と気になるのはコレ。

だいたい、辞任騒動からノアの設立まで、三沢は代表としての責任ある発言を求められすぎている。だから、語られる内容も〝ノアでは、みんな自由にやればいいさ〟というような曖昧な答えになってしまうのだ。

そうではなく、改めて三沢個人の〝したたかさ〟と〝底意地の悪さ〟を明らかにすることが重要ではないのか。それがきっと、ノアの進む具体的な方向性を示すことにも繋がるはずだ。

「秋山？　よかったんじゃないの。でも、秋山が勝てたのはたまたまだよ。これでね、秋山のスタイルがノアのリングで浸透するかといったら、そんなことはあり得ない」

でも、このままいくと〝秋山のノア〟になるでしょ。

「ズルズルといくと思う？」

ええ。

「いくわきゃないでしょ。それほど甘いもんじゃないよ、プロレスの世界は（笑）」

ヤだなあ、その言い方。偉そうで。だって、結果的に負けたんですよ、三沢選手は。

「グフフフ。負けは負けだけどさ、今は様子を見ている段階なんだよ。いつ勝負をかけようかなと時期をうかがっているんだ。旗揚げ戦は秋山クンに花を持たせただけ。それで浮かれているようじゃ、ヤツもまだ若い（笑）」

今はまだ個人的には出撃態勢前である、と。

「正直なところ、この1年間は試合に集中できなかったもんね。そりゃ、リングに上がればね、自分なりに精一杯闘ったよ。でも、リング以外の部分で神経をすり減らしていると、どうしても最後に踏ん張る力が足りなくなる」

だから、全日本を去る前はシングル戦で小橋や秋山にコロコロ負けてたのか。

「グフフフフ。いいよ。そう言ってろよ。仕方ないよ。本当にこの1年間は納得できる練習ができなかったからね。でも、最近はようやく練習にも身が入りだしたから。もうすぐなんじゃないの、俺が完全復活するのも（笑）」

そうなれば、すべてこっちのもんである、と。

「当たり前じゃないか。いいか？　秋山とか小橋とか若い連中がトップを争ってガンガン闘っているスキを突いて最後に俺がグッとおいしいとこを取っちゃうんだよ。それを今、狙っているわけなんだ（笑）」

ひどい。

「別にひどくはないでしょ。最後は力のあるヤツが勝つ。それが勝負の世界だろ。肉体的にも精神的にも元に戻れば誰も俺には勝てないよ。グフフフフフ」

いつ頃、戻りますか。

「それはもう遠い話じゃないよね。というのも、これまた正直な話、今までは社長業というものが足枷になっていたけど、最近はちょっとね、解放されてきたからさ。ある程度はノアの基盤も整ってきた。俺が社長としてあれこれと動かなくても社員らがフォローしてくれる状況になったから。もうすぐ自由になれそう。そうなれば、あとは好き勝手にできる。あ、そうそう。旗揚げ前に地盤がキチッと固まるまでは交流戦のような仕掛けはしないよと言ったじゃない？」

とりあえず、1年間は派手なことはしないと断言してましたよね。

「それさあ、前言撤回するわ（笑）。基盤が整いつつあるんだもん。ジッとしていることもないしさ。秋からどんどん仕掛けようかなと思っているよね」

交流戦を実現させる？

「うん、その可能性は高いよね。ヨソからねえ、うちのリングに上がってくるヤツと闘うことになれば、それはそれでおもしろいと思うしね。今の俺はさ、ライバルっていないじゃない？　秋山や小橋はライバルというよりも、俺がヤツらにとっての高い壁的な存在でしょ。そういう意味で、今、ノア内部で俺のライバルを見つけるのは難しそうだしさ、他のリングで闘っているヤツと闘えばね、また違った展開を見せられるだろうしね。せっかくねえ、ノアを作ったんだよ。外に目を向けつつ、刺激的なことをやりたいよ」

ちょっと待って。とんでもないこと言い出したから頭がクラクラしてきた。

「なんでよ（笑）。でさ、こういう図式を作るわけ。ヨソから来たヤツは、まずは秋山や小橋と抗争してもらう。もう、目玉が飛び出るくらいの激しい闘いをしてもらって、その後に俺がイェーイと叫びながら（笑）、ひょこっと勝ち上がってきたヤツをひねり潰す、と（笑）。違うな、そうじゃないな。イェーイじゃなくて、『ちょっと失礼』と言いながら、そいつから勝ちを拾うわけさ（笑）」

それって、すんごくひどいと思う。

「ひどくないよ（笑）。いや、待てよ。冷静に考えると、かなりひどいか（笑）。うん、いやらしいよね、それは。嫌なヤツだわ（笑）」

そうなると、問題はどこと交流するかだけど、ぶっちゃけた話、新日本はどう？

「難しいだろうね」

ちっ、つまらん。

「どうもねえ、向こう側には腹を割って話せそうな人がいないんだよね。こういう問題は、とにかくお互いの会社の信頼関係がすべてのポイントになってくるから」

個人的には、どうなのかなあ。長州さんのことをいかように思っているわけですか。やはり、対新日本となると前面に出てくるのは長州さんになるでしょ。

「ま、アレだよね。う〜ん、ちょっとねえ」

長州さんとは交渉が進めづらい？

「いや、別にそういうわけではないけども、新日本に関してはやっぱり上の世代の人よりも同世代の人たちと交流の話を展開させていきたいんだよね。それはまあ、俺の個人的な願いなんだけど。そういう状況が整わないと、なかなか新日本とは前向きな話はできないよ」

それでは、どこと交わっていくのですか。

「グフフフフ。さあて、どこだろうね。さっきも言ったけど、ようやく社長業の負担が軽くなってきてる段階だからね。これからだよ。どいつがいいかなあ、と品定めするのは（笑）」

逆にノアの選手が他のリングに上がるのはどーですか。例えば秋山選手がＰＲＩＤＥのリングに上がる、とか。

「いいんじゃないの」

いいの？

「うん。いいよ。だからさ、大事なことはお互いの会社の信頼関係なんだってば。ＰＲＩＤＥを仕切る会社が信用できる状況にあって、秋山が上がりたいと言うのなら問題はないでしょ」

それじゃあ、ＰＲＩＤＥのリングで秋山選手と新日本のケンドー・カシン、石沢選手の対戦がマッチメイクされてもＯＫである、と。

「ＯＫだよ」

いやもう、すごい展開になりそうじゃないですか。

「だって、俺の個人的な目標は世界征服だもん（笑）。いろいろと仕掛けていかないとさ、その目標は達成しないでしょ（笑）」

「よかったよ、あんたに奢ってもらわんで」……馬場さんの記憶力に驚愕！

私が週刊プレイボーイの音楽担当だったこともあり、何度かプロレス界と音楽界を結びつける橋渡し役になったことがあった。

まず、ザ・グレート・サスケとハウンドドッグ。

サスケの取材に関しては、私のほうから岩手に足を運んだ。取材場所は、みちのくプロレスの事務所近くの喫茶店。サスケは私を見つけると「わざわざ、こんな遠いところまで本当にすみません」と何度も頭を下げた。でも、大変じゃなかったんだよねえ。逆に、岩手までの新幹線移動の時間が息抜きになっていたりして。当時は編集部にこもりっきりの状態が続いていたから、日帰りでも岩手への移動は気分転換にもなり、実にありがたかったのだ。

その頃、1995年の春先だったか、ハウンドドッグの事務所から、ある相談を受けた。当時、ドッグは夏になると『夢の島』と名づけた野外ライブイベントを全国各地で開催していた。その年、通算6回目となる開催地は宮城県・みちのく杜の湖畔公園。そこでドッグのスタッフから「宮城県の仙台はハウンドドッグ結成の地でもあるし、何か特別なことをしたい。何かアイデアはないかな？」と言われた時、瞬発的に〝みちのく杜の湖畔公園〟＝〝みちのくプロレス〟が浮かび、単なるみちのく繋がりだけだったが、コンサート前に彼らの試合を提供してみるのはどうだろうか、と提案してみたのだ。

したらば、ドッグ側はあっさりOK。「いいじゃないですか、やりましょう」とノリノリ。みちのく側も「いいじゃないですか、やらせてください」とあっさり了承。

会場となる、みちのく杜の湖畔公園の舞台設定はオールスタンディング。つまり、客席とかは気にせずに、会場のど真ん中にリングを設営できるのも決め手だった。

問題は、みちのくプロレスへのギャラ。

予算的に捻出できるのは、きっちり100万円。これでみちのくプロレスの全選手を出場させて、リングの設営費用も含め2～3試合くらい行なうのに高いのか安いのか、まったくわからなかった。でも、決して満足できる金額じゃないだろうな、とサスケに確認してみると、「いいですよ、ピッタリ100万円で。その金額以上の広報・宣伝的なことも考えているので」との答え。

そして、迎えた8月19日。みちのく杜の湖畔公園。

天気は快晴。試合開始は午後2時からとなっていたが、すでに午後1時過ぎにはドッグのファン、2万人がリングの周りに集まってきていた。もちろん、コンサート同様に試合もオールスタンディングというか、ファンは好き勝手に好きな場所で楽しむという形式になる。

その日、実施された試合はタッグマッチと6人タッグマッチの合わせて2試合。1試合目から場外乱闘が繰り広げられ、しっちゃかめっちゃかの展開に。それでもファンは、なぜか笑顔で逃げ回っていた。まあ、カニのマスクや龍のマスクをかぶったガタイの大きい選手らがお化け屋敷の幽霊のように追いかけてきたら、そりゃ怖いという感情が次第に楽しいという気分になってしまうのもうなずけた。

その中でも一番はしゃいでいたのは、2試合目の6人タッグマッチに出場したスペル・デルフィンだった。いきなり場外に飛び出すとファンが持参していたクーラーボックスをぶん取ってぶちまけ、中に入っていた飲料水のボトルを対戦相手に思いっきり投げつけて大暴れ。

大変だったのはドッグのスタッフで、試合後にファンに謝り、クーラーボックスの中に入っていた飲料水を確認し、急いで補充していた。

そんな大乱闘の試合も無事終了。いたるところで選手とファンがニコニコと記念撮影。とりあえず成功だったんじゃないかと事務所の社長と顔を見合わせ、ホッとひと安心。

野外コンサート開始時間になると、控え室のテントから何人かの選手がマスクを取り、本番のドッグのライブを楽しんでいたようだった。

——翌日。

帰りの新幹線で東スポを開いた時、思わず声を上げて笑ってしまった。プロレス記事の下、試合結果の欄に、このように記されていたからだ。

「みちのくプロレス／8月19日／宮城県・みちのく杜の湖畔公園／観客2万人」

事情を知らずに、東スポが報じた2万人の数字を見たプロレスファンは驚いたのではないか。いつもは東北の古びた体育館で50人、100人の観客を集めて興行を打っているみちのくプロレスがいきなり野外で2万人の動員！　まっ、みちのくプロレスが2万人の前でプロレスを行なったのは間違いではないけど。

そうか、サスケが言っていた広報・宣伝的なことって、これだったのか。やるなあ、サスケ。やっぱりタダじゃ転ばねえよな。

私は流れる広々とした田園風景を見ながら、心の中でパチパチと拍手を送ったのでした。

大友康平さんに〝山崎一夫のローキック〟をレクチャー

次に、そのハウンドドッグの大友康平と山崎一夫。

そういえば、90年代で最も多く週刊プレイボーイの誌面を飾ったアーティストは誰かといえば、大友康平になる。当時、ハウンドドッグの所属事務所のスタッフと週プレ編集部のTさんがツーカーだったのだ。なにせ、同じ事務所だった尾崎豊が覚醒剤取締法違反で逮捕された時も、その復帰第一発目の肉声を独占という形で読者に届けたのがTさん。どのメディアも尾崎のそばに近寄れなかった時期での取材成功。そういう人脈の流れで、何かにつけ大友さんは誌面に登場したのだった。

さらに大友さんの連載『大きな友だち』も長期にわたり掲載。他にも春になれば大友さんを巨人のキャンプ地に飛ばし、野球記者そっちのけの取材をやらせ、オフになれば松井秀喜との対談を定期的に行なった。

そして、極めつけは大友さんを引き連れてのニューオーリンズとメンフィスでのライブ。実際に日本で実績も知名度もある大友康平をアメリカに行かせ、その地で地元の音楽ファンの前でドッグのナンバーを歌わせたのだから（私はチーフ・プロデューサーとして参加）、いやはや、当時の週刊プレイボーイの勢いはエグかった。というか、バブル期だったからこそ、そういう無謀なことを仕掛けることができた側面もあるが——。

そんな大友さんから連絡が入ったのは2000年元日のこと。

「あ、トンちゃん、俺だよ、俺、大友。明けましておめでとう」

「あ、ダブルでおめでとうございます（元日は大友さんの誕生日）」

「すまんな、元日なのに。いやね、テレ朝からお願いされちゃったんだよ。3日後の1月4日、東京ドームで山ちゃんに花束を渡してくれって」

「ああ、山ちゃん、永田裕志と引退試合を行なうんですよね」

「そうそう。ま、花束くらいナンボでも渡すけどさ、問題はその引退試合を解説してくれっていうんだよ」

「つまり、実況席に座れ、と」

「そうそう」

「いいじゃないですか、間近で試合が観られて」

「いやいや、俺って別にプロレスに詳しいわけじゃないから。うちの事務所の会長がUWF好きというだけでさ。いやいや、もちろん山ちゃんはいいレスラーだと思っているよ。でも、それぐらいの知識で何かを語るのはちょっとな」

「全国放送で恥をかきたくない、と」

「そうそう」

「で、私に何を?」

「だからさ、レクチャーしてくれよ、俺に。プロレスのあんなことやそんなこと、山ちゃんに関するあれやこれや。これさえ実況席で言っておけば、〝大友、わかってんじゃん〟とプロレスファンがうなるやつ」

「今から?」

「そうそう」

「元日なのに」

「そうそう」

それから電話口で1時間、プロレス、とくにUWFに関するレクチャーを行なった（あくまでも私の乏しい知識の範囲内で）。大友さんはロッカーということもあり、世間的にはワイルドなイメージを持たれがちだが、本当はとても生真面目な人。私のしゃべる内容をカリカリとメモしている音が電話口から聞こえた。そのメモを当日まで何度も読み返すに違いない。

「とにかく、これだけは言っておいたほうがいいのは?」

大友さんが急かすように問う。

「そうですねえ。ほぼ100%、永田との試合で山ちゃん、ローキックを出すと思うんですよ。その時に山ちゃんのローキックは腰のキレがポイントで、巻きつくような、しなるローキックは初代タイガーマスクの佐山聡仕込み。山ちゃんは若い頃、佐山さんのタイガー・ジムにいた時期があり、その時に佐山さんから教わったローキックを今でも繰り出している。山ちゃんは基本をとても大事にしているレスラーなんです……とでも言っておけば、なんとかまあ、格好はつくんじゃないですか」

「そうかそうか、サンキュー」

そして、迎えた1月4日。

テレビ観戦している私の目に、山ちゃんの引退試合に花束を持ってリングに上がった大友さんが映った。リングアナが「花束を持って、ハウンドドッグの大友康平さんがいらっしゃっています」と観客に説明した際、ドーム全体が「おおおおお～」とどよめいたので、少しホッとした。これで一応、大友さんの自尊心も保たれたはず。

肝心の実況席での大友さんの解説だが、山ちゃんのローキックのくだりをまんましゃべっていた。したらば、実況のアナウンサーが「さすがですね、大友さん！　そこまでお詳しいとは」と感嘆の声を上げ、大友さんは大友さんで「いやいや、なんのなんの、ヌハハハ」と照れていた。

3か月後――。

都内の某レコーディング・スタジオで大友さんとバッタリ。

「あの時は、ありがとね」

「テレビ中継、観ましたよ」

「いやもう、あれから大変だったんだぜ」

「何がです？」

「いやさあ、事務所のほうにプロレス関係の仕事のオファーがどっと来ちゃって（笑）。どうも、あの中継で俺がかなりのプロレス通だと勘違いされたみたいで。引き受けても、どうせボロが出てしまうし、そういう依頼はすべて丁重にお断りしているんだ」

「なるほど」

「ま、引き受けてもいいけど、トンちゃんは付き合ってくれないよな?」

「元日以外なら。いや、やっぱ面倒臭いですよ」

「だよな(笑)。また飲みに行こうよ、連絡待ってる」

そう言うと、大友さんは軽やかにスタジオを後にし、桜吹雪の中に消えていったのでありました。

馬場元子さんからの電話――「今回は……ペケにしてちょうだい」

プロレスの実況席での解説といえば、松山千春さんも体験している。98年5月1日に開催された全日本プロレス初の東京ドーム大会で実況席に座っているのだ。

と、書いてもいきなりなので順序立てて説明すると、こうなる。

96年頃から、馬場さんのインタビューを行ないたいがために、ちょくちょく全日本プロレスに連絡を入れていた。しかし、これがどうにもうまくいかない。

最大の原因は夫人の馬場元子さん。

それまでは広報を担当していたベテランの社員さんがいらして対応してくれていたのだけど、退社されてしまったようで、後釜に入った社員も辞めていくという状態が続き、その結果、とくに馬場さんに関する取材依頼は元子さんにお願いしなければいけない状況になっていた。

だから、それがうまくいかない元凶で、馬場さんへの取材申請の企画書をFAXで送ると元子さんから電話がかかってくる。そこでのやり取りは詳しく書かないが、要するに〝あなたはどれほどプロレスのことを知っているか?〟という電話面接のようなものだったのだ。

「ふ~ん、あなた、けっこうプロレスのこと、知っているようね。……う~ん、どうしようかなあ。今回は……ペケにしてちょうだい」

ペケとはつまり、取材を受けませんよ、ということ。

後年、元子さんと軽口を叩ける間柄になってから教えてもらったのだが、96年当時の私は元子さんからすると要注意人物だったらしい。

元子さん曰く電話で取材申請をしてきた相手に、いくつかプロレスに関する質問をするのは、その人がまったくのプロレス素人だと取材現場でトンチンカンな質問をしてきても困るだけだから。また、馬場さんに余計な気遣いをさせながらのインタビューはさせたくないため、とのことだった。

私の場合は、逆にわかりすぎていることがペケ。

プロレス専門誌ではない一般誌のライターが妙にプロレスのことに詳しいと、あえてプロレスの暗部を馬場さんに質問してくるのではないかと警戒していたそうだ。

プロレス素人はペケ、プロレスに詳しくてもペケ。

元子さん、実に厄介なお人でありました。

こりゃ馬場さん、いや、全日本プロレスの取材は当分、無理かなと諦めていたところに、運悪く副編集長のMさん（私の口の中に牙を埋め込んだショッカーのような編集者のひとり）が「あのさ、今度の創刊記念月間の目玉のひとつに、ジャイアント馬場のロング・インタビューを載せたいんだよ。ちょっくら、馬場を引っ張り出してくれ」と軽く言うから、私は丁寧に全日本プロレスに関する事情を説明した。

「ふ〜ん、そうなんだ。まあ、そんなのはどうでもいい。とにかく馬場のインタビューを実現させてよ」

Mさん、人の話を聞いちゃいない。馬場元子さんというベルリンの壁より頑丈なハードルをクリアしない限り、馬場さんを引っ張り出せませんよと説明しているのに、「そんなのはどうでもいい」と切り捨てやがった。

困り果てた私は、最後の手段に打って出た。

それは松山千春という切り札、いや、ジョーカーの札を切ること。

当時、私は週刊プレイボーイで連載されていた松山さんの人生相談『天下無敵』を担当していて、月に1回は札幌に飛び、取材という形でいろんな話をしていた。その取材の中で、たまに馬場さんの話が出ることもあり（例えば、馬場さんとは麻雀仲間でもあることなど）、これはもう松山さんに頼るしかないと思ったのだ。

つまり、たびたび音楽界とプロレス界の橋渡し役を担ってきた私のように、今度は松山さんに馬場さんと週刊プレイボーイを繋ぐブリッジになっていただこうと考えたわけだ。

でも、快く引き受けてくれるかどうか。

私は定例の『天下無敵』の取材を終えると、恐る恐る松山さんに話しかけた。

「松山さん、ええっと、実はですね」

「なんだ？」

「松山さんのお力を借りたいことがあって」

「どの力だ？」

松山千春に「どの力が欲しいのだ？」と問われると、オロオロ戸惑うしかない。いや、別に、ヤバい力が必要なのではなく……と口ごもったのち、馬場さんの話を切り出した。

「なんだ、そんなことか。いいよ。今から電話する」

そう言うと松山さんはその場で馬場さんに電話をし、あっさり取材の了承を取り付けてくれた。

持つべきものはやはり、友人と松山千春である。

そうして実現したのが97年10月に掲載され、第1章の冒頭に収録されている馬場さんのロング・インタビュー。取材場所はキャピトル東急ホテルのラウンジ。振り返ってみれば、私の人生において初のインタビュー相手が馬場さんであり、場所もこのラウンジで、なんとも感慨深いものがあった（プロローグ参照）。

驚いたのは、馬場さんがその時のことを覚えていたことだ。私がラウンジに着くと、先に到着していた馬場さんがニヤっと笑い、こう言ったのだ。

「よかったよ、あんたに奢ってもらわんで。その日は、ぐっすり眠れたからな」

10年近くも時が流れているのに、それもあの日に一回しか会っていないのに、なんというズバ抜けた記憶力！

この対人関係における記憶力の確かさが、アメリカで最も信頼されたプロモーターのひとりという評価に繋がっているのかもしれない。

馬場さんが東京ドーム大会で松山千春さんをレフェリーに起用!?

そうこうしているうちに、98年が明けて間もなくのことである。全日本プロレスのほうから、編集部に馬場さんと松山千春さんの対談を組んでくれないかとのお願いが舞い込んできた。

全日本プロレスの要望を要約すると、5月1日に全日本が初の東京ドーム大会を開催するので、その前宣伝をしてほしい。できれば馬場と親交の深い松山千春さんの対談を実現させたい。週刊プレイボーイでは松山さんの人生相談『天下無敵』を連載中でもあり、ぜひともひとつ——ということであった。

そのような過程を経て馬場さんと松山さんの対談が実現。

松山さんはしきりに「せっかくの東京ドームだから、他団体からスター選手を呼べばいい」とけしかけたが、馬場さんは「選手たちの力量を信じているんだ。純血路線でも十分にお客さんは満足してくれる」と答えていたのが印象的だった。

さらに対談の最後に、ふたりはこんな会話を交わした。

馬場　それはそうと、今回のドーム大会。あんたさ、レフェリーをやってくんないか。
松山　やだよ、レフェリーは。目立たないもん（笑）。やるんだったら小橋（健太）と組んでタッグ戦に出るよ。タッグだったら、小橋ひとりが闘えばいいんだろう？　俺はコーナーに控えて相手選手を口で攻撃するよ（笑）。
馬場　あんたの毒舌攻撃には、どんなレスラーでも勝てんよな（笑）。

このやり取りが、面倒なことを引き起こす。

対談から3日後、元子さんから編集部にいた私宛に電話がかかってきたのである。

「お元気？」

「はい、なんとか」

「この間の馬場さんと松山さんの対談だけど」

「何かマズいことでも？」

「ううん、そうじゃなくて」

「はい」

「あの対談で馬場さんが松山さんにお願いしていたでしょ。天下無敵の松山千春にレフェリーをお願いしたいって」

「言ってましたね」

「あれね、馬場さん、本気なのよ」

「ん？」

「だからね、あなたのほうで松山さんにお願いできないかしら、レフェリーを引き受けてくれないかって」

「無理ですよ、そんなの」

「なんで？」

「松山千春に物事を頼めるのは松山千春本人だけですから」

「そうなの？」

「そうです。それにフォークシンガーがプロレスのリングに上がってレフェリーをするなんてあり得ませんから。そもそも格闘技経験のない松山さんにレフェリーなんかできるわけがない」

「そんなことないでしょ。できるわよ、松山さんなら」

「できません！」

「あなたのお願いを松山さんは聞いてくれないの？」

「聞いてくれません！」

「頼りにならないわね」

「はい、僕は頼りになりません！」

「フフフ、わかったわ。こっちでも何か考えてみる」

なぜに元子さんは最後に笑ったのか謎だったけど、何か考えてみる——というのが松山さんを実況席に座らせることであったようだ。

それも大友さんのように1試合だけではなくて、ドーム大会の第1試合からメインの試合まで完全実況解説。よくぞまあ、松山さん側も受け入れたと思うが、私にも松山さんのマネージャーから「当日、本人のそばにいてほしい」との依頼が来た。席までは用意されないけども、とにかく試合中は本人のそばにぴったりくっつき、プロレスのことでわからないことがあれば、その場でレクチャーしてほしいとの依頼だった。

　正直、ラッキーと心が浮き立った。

　それまで例えば東京ドームで試合を観戦する場合はグラウンドの奥の席か、1階の観覧席の奥ばかりで、まさかリング下でプロレスを観られるなんてありがたいと素直に思ってしまったのだ。

　そして、当日。

　日本テレビのスタッフに誘導され、松山さんと私は実況席に。事前に通達されていたように私には席が用意されていなかったが、松山さんの後ろに控え体育座りで待機することを許可され、いざ、試合開始——。

　第1試合からソツなく解説をこなす松山さん。それこそ松山さんが後ろを振り向き、体育座りの私に確認してきたことはセミファイナルで行なわれた小橋健太&ジョニー・エースvsスタン・ハンセン&ベイダーのタッグマッチの際に、「おい、ベイダーって前は新日本プロレスのリングに上がっていたんだっけ?」と訊いてきた程度だった。あとは個人的に、間近で繰り広げられたプロレス絵巻を十分に堪能した。

　試合後、控え室に戻る際に元子さんと出くわし、軽く挨拶。それ以来、全日本の会場に足を運ぶと、にこやかに元子さんのほうから話しかけてくるようになった。たぶん、その東京ドーム大会を境に私に貼られていた要注意人物のレッテルは元子さんの中でポロッと剥がれ落ちたのでありましょう。

　ところで、週刊プレイボーイで連載を担当していた女性アーティスト(谷村有美さんや永井真理子さん)以外に、親しかったのは渡辺美里さんだった。彼女とは新譜が出るたびにインタビューをさせてもらっていたのだが、あるアルバムの取材の際、こんな話になった。

「今回のアルバムね、けっこう時間がかかっちゃって。ディレクターはいい加減、早く終わらせたかったみたいだけど、ねっちりじっくり作り上げたのよね」

　なんかグレイシー柔術みたいなアルバムだね。

「グレイシー柔術? なにそれ」

　説明すると長くなる。でも、これから取材を受ける時に〝今回のアルバムはグレイシー柔術みたいなもの〟って言っとけば、わりと簡単に真意が伝わるはず。しかも、確実にウケるよ。

「そうなの! じゃあ取材で言うようにする。なんだっけ? ああ、グレイシー柔術ね。うん、わかった」

美里さん、グレイシーのことなんか、これっぽっちもわかっていないのに、私の言葉を鵜呑みにし、取材の際にいたるところで「グレイシー柔術のようなアルバムです」と言いまくっていたらしい。ちょっと強引に渡辺美里とグレイシー柔術にブリッジをかけてしまった。

後日、スポーツ紙の芸能欄に「渡辺美里、ニューアルバムはグレイシー柔術の魂を注入！」という見出しを発見した時、ヤベぇ、ヤリすぎちまったかな……と深く反省したのでした。

三沢光晴が橋本真也との対談を断った時の言葉

このように音楽界とプロレス界の橋渡し役は何かとスリリングに満ち、刺激的で楽しいものばかりであったけども、これがレスラー同士のブリッジ役となると、かなりしんどい。

2001年4月のことだ。

突然、橋本真也から連絡が入った。

「頼みたいことがある。ノアの三沢との対談を組んでくれ」

「対談ですか？」

「おたくらの雑誌は前田さんの対談をよくやってただろ？　蝶野も三沢と対談していたじゃないか。その要領で、俺と三沢の対談も実現してほしい」

「対談の目的は？」

「目的？」

「いや、何か考えがあって、三沢さんと対談したいんですよね。でも、すでに1回、リングで肌を合わせているし、何か話をしたいことがあるのなら、直接話せばいいと思うのですが」

01年3月2日、両国国技館で行なわれたゼロワンの旗揚げ戦。そのメインで橋本真也&永田裕志vs三沢光晴&秋山準のタッグマッチが実現し、橋本と三沢は壮絶な打撃戦を繰り広げていた。

「そりゃそうなんだが、レスラー同士ちゅうのは、なかなかナーバスなところがあってさ、第三者が間に入ってくれると、意外と話がスムーズに進むことがある」

「はあ」

「だから、頼む」

「わかりました。一応、ノアに聞いてみます」

早速、企画書を作りノアに送ると、先方から「三沢が話をしたいそうです。有明まで、ご足労願いませんか」との返答。

翌日、ディファ有明にあったノアの事務所を訊ねると、すぐさま社長室に——。

三沢は英単語の辞典と、にらめっこをしていた。

「すまんね、わざわざ。そこのソファに座って」

「はい」

「今度、うちでもヘビー級のタイトルを新設するんだけど」

「ええ」

「今のところ、GHCヘビーにしようと思ってて」

「はい」

「でも、本当にGHCでいいのかなと迷い始めちゃって、また辞典を眺め始めちゃったんだ」

「はい」

「企画書、読んだよ」

「はい」

「これ、週プレ発信じゃないだろ。おデブちゃん（橋本のこと）から頼まれた？」

「実は、そうです」

「だろうな。おデブちゃん、旗揚げ戦の熱狂に味をしめちゃっているんだろうな。だから、もう一度、俺をゼロワンのリングに上げたいんだよ。でも、俺に直接頼んでも、素直にYESと返事するかわからんから、あんたに頼んだのだろうな」

「僕も、なんとなくわかっていました」

「ああ見えて、おデブちゃん、気がちいせぇから（笑）。その対談で最初は旗揚げ戦を振り返るような話をして、最後はもう一度、自分たちのリングに上がれと強要してくる寸法だろう。そのやり取りを一般誌に載せることで、既成事実を作ろうとしているんじゃないの？」

「でしょうね」

「バレバレだよな（笑）。ま、答えはＮＯだ。とにかく対談には応じない。おデブちゃんに、そう伝えて」

「わかりました」

「悪いな、パシリみたいなことをさせて（笑）」

「いえ」

「わかるんだよ、おデブちゃんの苦しみも。あの旗揚げ戦の熱狂を持続させようとしているみたいだけど、うまくいっていないみたいだし。でも、ここでまた俺があちらのリングに上がったら、結局はおデブちゃんのためにならないと思うんだ」

「ええ」

「旗揚げ戦はね、同世代のレスラーだし、ご祝儀の意味で出場したけど、二度目はきちんと筋を通してくれなきゃ」

「はい」

「うまくいかなくて金に困って、それでも泥水すってでも自分が作ったリングを守って、そこから徐々にファンの支持を集めて、自分たちの力だけで大きな会場を満杯にする。それを持続できた時に、俺のほうから、おデブちゃんに頭を下げてでも〝リングに上がらせてくれ〟、〝闘おう〟とお願いするよ」

私はこの言葉に、三沢の中で生き続けている馬場イズムを垣間見たような気がした。

「俺の力を借りる、そんな安易な道を選ぶ橋本真也を見たくない」

社長室に入ってから、何か違和感を抱いていたのだが、その正体がわかった。三沢はさきほどから1回も私を見ていなかった。辞典に目を落としたまま語り続けている。それまで何度か三沢をインタビューし、雑談もしてきたが、どんなに答えづらい質問をした時でも三沢は目をそらすことはなかった。

その三沢が、私と目を合わせないのだ。

本当は橋本を助けたいのかもしれない。しかし、再び手を差し伸べたら最後、橋本は甘え続け、進むべき道を見失ってしまうかもしれない。

三沢も辛いのだな。

その足で編集部に戻り、橋本に連絡を入れた。

「そうか。そうだよな、わかった。俺の力でゼロワンを盛り上げてみせるよ。それこそ三沢のほうから〝リングに上がらせてくれ〟って土下座するぐらいの団体に成長させてみせるから！」

橋本の憎めないところは、この素直さだ。いくら破天荒な行動をしていても「橋本なら、しゃーないか」と周囲が許してしまうのは、潔い素直さを滲ませた人間力が魅力的に映るからだろう。

だが、橋本の夢はあえなく潰え、自身も05年7月に逝去。

三沢も09年6月に旅立った。

今ごろ、2人は雲の上で激しい乱打戦を繰り広げているのかも。水面蹴りにブチ切れた三沢が、橋本のアゴめがけて強烈なエルボーを叩き込んでいるはずだ。

いや、違うな。

あの2人のことだから――。

大酒をかっくらって、あけすけな超ド級のスケベ話に花を咲かせ、バカ笑いしているに違いない。

第2章

週刊プレイボーイの第2次UWF

プロレス真相追究特集

分裂の文字が躍った午後

「UWF分裂」の謎に迫った!!

分裂報道は真実なのか? 社長とレスラーたちの証言で明らかになったUWFの行方

1989年

安生洋二

チャンピア・デヴィーと激突「打倒ムエタイはオレの夢だ」

9月30日。東京のホテルグランドパレスに於いて、(株)メガネスーパーが後援するUWFvs世界格闘王のスーパーイベント『U-COSMOS』の記者会見が行なわれた。席上、UWFの神社長から参加する6人の格闘王のプロフィールなどが発表された。

11月29日に向けてすべてのものが、徐々にではあるが動き始めたことになる。

さて、問題の対戦カードだが、まだ正式決定されていない。これは格闘技戦に出場するUWF側の代表選手が決まっていないためだ。選手にすれば、東京ドームという大舞台で格闘技戦に出たいのは当然。そのために懸命に道場で汗を流してるんだから。

船木なんて張り切りすぎて、練習中、右腕にヒビ入れちゃったしさ。

前田も頭が痛いだろうな。参加する格闘王たちもワガママだ。ドールマンなどは、「藤原じゃなきゃイヤだ」とオランダでダダをこねてるらしい。年をとると人間、素直じゃなくなるからな。

しかし、だ。さすがはドーム決戦を熱烈応援するWPB。強引に1試合だけ正式決定されているカードをUWFから聞き出した。みんな準備はいいか。よし、発表するぞっ。

安生洋二vsチャンピア・デヴィー(注)。

UWFvsタイ式ボクシング(ムエタイ)が東京ドームの第1試合を飾ることになったのだ。

チャンピアはタイのブリラム出身の23歳。175センチ、75キロ。60戦48勝(6KO)10敗2分。

ちなみに言っとくけど、この戦績は本人が覚えてる範囲のものだ。タイという国はあまり公式記録を重視しない国だから、彼の正式な対戦記録は残っていない。

タイの子供たちの夢はムエタイのチャンピオンになること。それが自分の生活を豊かにするいちばんの近道なのだ。そのために彼らは5歳ぐらいから見よう見真似でムエタイの練習をし、技を磨く。街角のあちらこちらでタイの少年たちは友達同士、ガン飛ばし合った同士がムエタイの野外試合をして実戦経験を積む。

日本の子供たちが、よく遊びで相撲を取ったりするのに近いものがあるが、彼らのほうが生活がかかっている分、真剣だ。その少年たちが運よくプロのムエタイ選手になると、今

注＝カード発表時のリングネーム。東京ドーム大会には、チャンプア・ゲッソンリットとして出場。

度は毎日のように試合をする。1試合でも多くこなして、そのファイト・マネーで家族に楽をさせたいからだ。

だからチャンピアの場合も500戦以上をこなしているかも知れない。彼が持っている底なしのハングリー精神。そして、少年時代から培われた戦闘のキャリアと技術。しかし、なによりも国技であるムエタイの代表として闘うことの名誉を重んじる気迫が11月29日、安生に襲いかかる。

迎え撃つ安生も絶好調！

今年に入ってからの対藤原、前田、山崎戦など上位選手との闘いで思い切った攻撃を仕掛け、敗れはしたものの確実に実力がアップしていることを示した。その点が代表に選ばれたポイントのようだ。

9月30日に後楽園ホールで行なわれた対田村戦でも、ビシッビシッとミドルキックが決まり、最後は変形足固めで余裕のギブアップ勝ち。ドームに向けての調整は順調そうである。

＊

対戦相手がムエタイの選手に決まりましたね。

「うん。嬉しいよね。プロレスに入ってから蹴りを覚えたでしょ、オレ」

そうなんですか!?

「そうなんだよ。でさ、蹴りの完成された形がムエタイなんだ。蹴りを習いだしたオレにとって一歩でもムエタイに近づくことが目標だったし、憧れといってもいいかな」

あのね、素人考えなんだけど、同じくらいの体重同士が闘ったらムエタイが最強の格闘技だと思うんですけど？

「プロレスよりも？」

うん。だって、あのムチのような蹴りがバコッと後頭部に入ったら死んじゃうよ。

「でもさ、寝かせちゃえばムエタイはムエタイでなくなるよ」

そうかも知れないけど、寝かせるまでが大変でしょ。じゃあ、チャンピアとどう闘うか聞こうじゃないですか。

「聞かせてやろうじゃないか。蹴りには蹴りで対抗するよ、オレは」

ダメだよ、それは。あっちは蹴りのスペシャリストだよ。鼻たらしてる小僧の頃から蹴りの練習してるんだから。

「あのね、オレが蹴りを出さずにプロレスのファイティング・スタイルで間合いを詰めたら、そうだな、タックルでもいいや、飛び込むでしょ。待ってるのはヤツの膝だよ。カウンターでガンッといかれてそれで終わり。だからこっちも蹴りを出して、向こうの蹴りをガードしながら間合いを詰めて一気に体重を乗せてマットに押し潰す」

うーん。でもなあ、それは危ないと思う。ヤツの蹴りを安生さんの蹴りでガードしきれますか？

「お前な、ひどいぞその言い方。オレは必死になって蹴りの練習をしてきたんだ。UWFの蹴りは遊び程度かと言われるのが嫌で必死にやってきたんだぞ。29日はオレの蹴りが十分ムエタイの蹴りに負けないことを見せてやる」

うーん、でもなあ…。

「そうだ、ヤツのビデオがあるんだ。観る?」

観たい、観たい。

そのビデオはチャンピアがアメリカでマーシャルアーツの選手と闘った時のもので、彼の強さだけが浮き彫りにされていた。ゴング開始直後に放たれた彼の左ミドルキック。この1発で試合が決まってしまったといっても言い過ぎじゃない。相手の選手は打たれた右足を引きずりながらの闘い、というより逃げるのに精いっぱい。

追い掛けるチャンピア。これでもかこれでもかとミドルキックを打ち込む。このキックのスピードが速い。そして衝撃的なのが何度目かのダウンの時。相手がマットの上でゼェーゼェー荒い息を吐いてるのにもかかわらず、上からグシャッと踏みつけたのだ。ヒィエーッ。

なんと残忍な!! ヤツは試合中、頭がプッツンしたらなにをしでかすか分からないのがよ〜く分かった。

試合後、相手の選手の右足は折れていたそうな……。

やめよう、ね。やめようよ。あんなバケモノ相手にしたら死んじゃうよ。

「大丈夫。負けない!」

蹴りのスピードだってハンパじゃないよ。それにヤツは国技の名誉を守るために、負けそうになったらアントニオ猪木化して妙な手を使うかもしんないよ。

「ハハハ。負けないって」

タイ人って修羅場に強いんだよ。ハングリーだし。故郷に20人くらい弟や妹がいるかも知れないんだよ。タイの左門豊作と呼ばれてるかも知れないよ。兄弟に勝利をプレゼントするために、いままで見たことのない蹴りのバリエーションを出すかも知れないよ、怖いからやめよう。

「そりゃないよ。蹴りの種類ってそんなにないもん。オレだって毎日、道場でスパーリングやってるんだから、どんな蹴りがこようと対抗できる」

分かりました。安生さんを信じます。でも、当日までにヤツ以外のムエタイの選手とスパーリングしたほうがいいと思うんですけど。

「うん。それは考えてるんだ。できれば試合までにタイに行ってこようと思ってる。向こうは街のバーやクラブにリングがあるんだって。そこで毎日、試合をやってるらしいんだ。もちろん飛び入りでも試合をさせてくれるらしい。だから、ヒョイッと飛び入りして実戦スパーリングをこなしてみようかな、と」

ランボーIIIの世界ですね。

「アメリカ兵が出てきたら困っちゃうけどね(笑)。さっきのビデオでマーシャルアーツの選手は前蹴りを出さなかったでしょ。出さないというより知らなかったのかも知れないけど。前蹴りを出さないから、いいように間合いを詰められて蹴りを食っちゃうんだ。たぶん、前蹴りを出していけばヤツのスピードも半減すると思うし。その点の確認のためにもタイに行きたいんだよね」

とにかく死なないでくださいね。

「ヤツをキッチリ寝かして、レスリングで片をつける。オレはUWFの代表として絶対に負けられない！」

最後にタイからのチャンピアのメッセージを紹介する。

「勝つ。そして生きる。それしか考えてない」

果たして安生は憧れの地を蹴り倒す夢を達成できるのであろうか⁉

藤原喜明
藤原の負けはプロレスの負け　格闘技戦は……苦手なんですか？

10月17日、朝8時30分。ボクはUWFの道場で藤原さんを待っていた。

この日から、UWFはドーム決戦に向けて山中湖で合宿を張ることになっている。

その山中湖に出発する前に藤原さんをつかまえて話を聞こうと思ったのだ。だって、全然連絡がつかないんだもん。

道場にも顔を出さず、埼玉の自宅で黙々と練習をこなす藤原さんに話を聞けるチャンスは今日、それも出発前の30分しかないらしいのだ。

8時40分。まだ藤原さんは来ない。トホホ、気分が重いなあ。昨日の夜、UWFの山口マネージャーがあんなこと言うんだもんな。

「出発前にしか話を聞けませんね。でも、心配だなあ。このインタビューは自殺行為に近いかも知れないですよ。朝の早い時間って、確実に藤原さんは機嫌が悪いですからね。いやー、まいった」

オイオイ、山口君。そりゃないよ。怖いなあ……グスン。はあ～あ、ボーッと待ってても仕方ないから対戦相手のキック野郎のおさらいでもしとこ。

クレン〝ザ・マシーン〟ベルグ(注)。180センチ、100キロ。オランダ出身。オランダ・キックボクシング・スーパーヘビー級チャンピオン。戦績は21戦21勝（17KO）無敗だ。一応、14歳でオランダ・ジュニア柔道チャンピオンになってるらしい。ということは関節技の知識もそれなりに備えてる、ということか。

藤原さん、勝てるかなあ。なにせ格闘技戦2連敗中だし（いずれも新日本プロレス時代）。

正確には、初戦の対キックボクサーとの試合は引き分けなんだけどね。でも、プロレスの場合、特に格闘技戦での引き分けは「負け」と同じ。

2戦目のマーシャルアーツの雄、ドン・ナカヤ・ニールセンにもKO負け。このニールセンという男、前田日明との格

注＝この後、ベルグの負傷欠場が決まり、ディック・レオン・フライが東京ドーム大会に代打参戦。

闘技戦で大激闘を繰り広げ、一気に人気爆発した選手で、こいつに負けた時は心の底から悲しかった。

藤原さんはプロのレスラーそのものなのだ。平然とした顔で相手の技を食い、平然とした顔で相手の急所を関節技でとらえ、ギブアップを奪う。

アメリカのガス灯時代、ヘッドロックを1時間も2時間も掛け続け相手を病院送りにした、当時の凄味あるレスラーの匂いを引きずっている最後のレスラーが藤原さんなのだ。

ボクらは、そんな強烈な匂いをリングから放つ藤原さんに心奪われ応援してきた。だから藤原さんが他の格闘技者に負けるということは、すなわち「プロレス」そのものの負けを意味しているのだ。

猪木や前田、いや世界中のレスラーが負けるより、藤原さんの負けのほうがショックが大きい。

格闘技戦が苦手なのかもしれないなあ。

あっ、来た、来た。藤原さんがやって来た。

「朝早くから大変だね。さっさとやっちゃおうよ」

よかったあ～。機嫌は悪くないみたいだ。

「合宿したってしょうがないよな。みんなで酒飲んで、ハイ、おしまい！になるんじゃないの」

ハハハ。そんなことはないでしょうけど。

「さあ、やろう。どんどんやっちまおう」

ではでは。対戦相手がベルグに決定しましたね。その、意気込みというか、なんというか、ハハハハ。

「写真とビデオでしか観たことないんだよ。ビデオもなあ、対戦相手が弱すぎて、奴の本当の実力がわかんないんだよ。ボディビルダーだったらしいから破壊力はあると思うけど、スピードはないな」

じゃ、問題なしですね。

「いや、奴も必死に練習してるだろうから、怖いことは怖いな」

格闘技戦は2連敗してますよね。苦手なんですか。

「苦手じゃないよ」

でも負けちゃったから…。

「初めの格闘技戦は、ありゃ、レフェリーがしょうもなかったんだよ。これからって時にすぐブレイクさせるし、セコンドもチャチャ入れてくるしよう。ニールセンの時は……あれはしょうがない。いろいろあったんだ。負けてないよ、俺は。心配しないでよ」

でも……。

「大丈夫だって。27歳ぐらいから道場で格闘技戦やってんだから」

いまから10年ほど前。新日本プロレスの道場に、よく腕試しとばかりに空手家やキックボクサーなどの格闘技者が道場破りにやって来た。新日本が、プロレスは最強の格闘技であると謳い始めた頃だ。

そんな来訪者に率先して手厚い、いや手痛い歓迎をしていたのが藤原さんだった。プロレスの凄さをとことん相手に教えてあげた。

藤原さんはファンもいない暗い道場で、誰に誇ることなく静かにプロレスの看板を守り続けていたのだ。

ドーム決戦に向けて、秘策があったら聞かせてください。

「ないよ」

そんなことはないでしょ。意地悪しないで教えてくださいよ。

「ない」

じゃあ、んと、こういう技でギブアップを奪おうとか。

「ない。考えたとおりに体が動いたら苦労しないよ」

そうですね。ハハハ。でも、相手はキックボクサーなんだから、キックをどう防ぐか、みたいなことは考えてますよね。当然ですよね、ハハハ。

「防御はね、攻撃が最大の防御なんだからね。俺は毎日、お母ちゃんに攻撃ばっかりされてるから防御は完璧だ」

アハハハ。困ったなあ。噂によると、キックボクシングのジムに通ってるとか。

「通ってないよ（笑）。近所の原っぱでお母ちゃんと一緒にサッカーの練習と、ゲートボールやってるよ」

ゲートボールじゃ、スタミナがつかないでしょ。

「つかないねえ（笑）」

ハハハハ、まいったなあ。

「あのな、自分がどういう特訓をしてるかなんて、人に言うもんじゃないんだ。誰かさんが2ヵ月の特訓でプロレスをマスターしたとか言ってんだろ」

ああ、元横綱だった人のことですね。

「3日で必殺技もマスターしたとかさ。まったく、ふざけるんじゃないよ。俺はこういうことやって、何日間ぐらいで技をマスターしましたなんて言う奴はだいっきれえなんだ。たかが2、3か月でプロレスをマスターしたり、必殺技を開発できるわけないいんだよ。全部ウソっぱちさ。冗談じゃねえ。2、3か月でマスターできんのは道場の掃除ぐれえなもんだ」

はい。よくわかります。あの、ドームに関してはなにか特別な感情はないですか。

「ないよ。俺は1度も東京ドームに行ったことがないんだ。隣の後楽園ホールには用があってちょくちょく行くけどな（笑）」

あの、ドームで試合をした新日本の選手は、とても名誉なことだって言ってましたけど。

「東京ドームのリングも、後楽園ホールのリングも、山形県立体育館のリングも、大阪のリングも、宮崎のリングもな……。リングとしての大きさや広さは、変わらないんだよ」

渋いっ！　渋すぎる。キャー、たまんない。

当日も、無表情でリングに上がり、何気ない顔してベルグのキックを食い、何気ない顔して奴を寝かせ、キッチリ押さえて、絞めて勝つだろう。そして、軽く右手を上げ、深々とファンにおじぎをし、リングから降りる時、ニヤッと藤原は笑うに違いない。

今度こそ、明るく華やかな場所で、堂々とプロレスの看板を守る藤原さんが見られそうだ。

ボクは、そう確信している。

前田日明
ウィリー・ウィルヘルムと対決「俺の内面的な顔はいつでもゴンタ目」

連載4週目で、いきなりメインエベントのカードを発表することになってしまった。

まいったよなあ。実は、格闘技戦出場が確定していた船木選手なんだけど、山中湖の合宿で負傷していた右腕を再度痛めてしまい、全治1か月の診断が下されてしまったのだ。これでドーム出場はシオシオのパ〜。

UWFとしては、船木vsモーリス・スミスのカードを予定していたのだが、船木絶望ということで、初めからカードを組み替えなきゃいけなくなってしまった。

「そうなんですよ。WPBの誌上で順調にカードを発表してきたのに……。読者の皆さんにはご迷惑をおかけしてしまって。ただ、安生vsデビィーと、メインのカードは変更なしです。それに高田、藤原さんのカードも変更しないかも知れないですしね。本当にごめんなさい」(UWF社長・神新二氏)

起こってしまった事故はしょうがないもんね。とにかく、神さん、あやまろう。ボクも一緒にあやまるから。

ペコペコペコペコ。

というわけで、第4戦目は誰と誰が闘うか決まっていません。予想カードを出してみてもつまんないし、今週はやはり決定されてるメインのカードでいかせていただきます。

いざっ、発表！　パチパチ。

前田日明vsウィリー・ウィルヘルム(柔道)。

では、柔道着を着たスタン・ハンセンことウィリーの紹介。198センチ、135キロ。オランダ出身の31歳。主な戦績は、83年にモスクワで行なわれた世界選手権で日本の山下に破れ銀メダル。85年、オランダ選手権優勝、そして世界選手権銅メダル。86年にはヨーロッパ選手権で優勝している。

こりゃ強そうだ。プロレスvs柔道といえば、思い出すのが、今年4月に新日本プロレスがドーム大会で行なった猪木vsチョチョシビリ。

なにか簡単に負けちゃったものなあ、猪木。秘技裏投げでカウントアウト。柔道なんて、ただ投げるしかない格闘技だと思ってたのは大間違いだった。

2度目の対決でやっと猪木は勝って、なんとかケリはつけたけど、柔道の強さや怖さはドーム戦で十分伝わった。

ましてウィリーは、チョチョシビリよりはるかに現役に近い柔道家。話によると、現在オランダでドーム戦に向けて、赤鬼ルスカ(懐かしい！)や今年8月大阪で前田と闘ったサンボ王クリス・ドールマンと特訓中というから、いくら前田がバカ強いからといっても決してあなどれない。

さて、前田はこの巨漢柔道家・ウィリーといかにして闘うのだろうか。

正直に言ってくださいね。メインにウィリーをもってきたのは、新日本のドーム大会の猪木vsチョチョシビリに対抗する意味が含まれてるんですか？

「もちろんそうだよ」

あ、やっぱり。そうか、そうか。あの試合を、前田さんが解説するとどうなります？

「猪木さんは組んじゃったよね。かきまわせなかったのが失敗だった。俺の場合も、ウィリーは体重あるから、中央でガッと組み合ったらヤバイかもな。だから、キック攻撃を有効に使ってかきまわせたらおもしろい展開になると思うよ」

組み合うと相当ヤバイもんがありますか？

「というより、絞め技。俺、新人の頃、ルスカのスパーリングの相手をよくさせられていたんだ。よく絞められたよ。怖さはわかっているからね。奴は重いから、へんに上に乗っかられて絞められると……ヤバイよ」

なにか久し振りに前田の試合でドキドキワクワクしている。新生UWFが出来た時から前田はトップで、とにかく負けない強いイメージがある。

実際負けたのは去年、名古屋で高田に5ノックアウト負けしただけだ。しかしそれも今年1月の武道館で高田を片エビ固めに捕え、ギブアップ勝ちを収めている。

連戦連勝。だからか、最近ファンの間では、昔の前田はよかった。どこかに誰にも負けないナメられてたまるかみたいな部分をいつも持っていて、ヒリヒリしていた。それが、いまでは自分より強い相手がいないからなのか、試合ではいつも余裕の受け身が感じられる。やはり前田は、危なっかしいゴンタ目でいてほしい。という強い願望というか思い入れの声が多い。

ボクもそう感じる。ヒリヒリしたゴンタ目をするのは、ゴルドーやドールマンなどの格闘技戦だけなのは、やはり物足りなさを感じてしまうのだ。プロレスファンとすれば、プロレスの試合で、もしかして前田が負けるんじゃないかと思わせて、ギリギリのところでゴンタ目をひきつらせて、メチャクチャ相手を潰す、そんな前田が見たいのだ。

「内面的には余裕なんかないよ。今後のUWFのビジョン的な問題だとか、内部統制の問題とか考えると、精神的には追い詰められている。俺の内面的な顔はいつでもゴンタ目になってるんだ。だから、いまの状況じゃ、前田個人を出せないんだよ。俺はとっても我が強いから、我を出してしまったらUWFが空中分解することは自分でよく分かってるからね」

1度UWFを潰してしまった前田にとって、2度とUWFを潰すことは許されない。だからといって、内面的な部分に引っぱられすぎてリング上で孤独になってはいけないと思う。

前田はまだ30歳。いまでも十分強いけど、強烈なライバルを探してくれれば、もっともっと強くなる。

「本当は、ひとりの選手として強さを追い続けたいんだ。No.2か、No.3がいいよ。上を見てがむしゃらに闘っていく。ホントね、最近試合以外のUWFの確立みたいな部分ばっかりやっていて、いいんかいな、という気になる時があるんだよね。周りの状況に押し上げられて、とんでもない方向に歩かされてるんじゃないかという危機感があるんだ。でもさ、自分の役割を考えた場合、プロレスの市民権を勝ちとるという意味では、俺がプロレスを代表して、いつでも生贄になる覚悟はできてる」

UWFは、来年格闘王国オランダとの交流戦を始めとして、ドイツ、アメリカをサーキットする予定だ。

ドーム決戦は世界戦略の第1段階でしかない。

「はっきり言って、UWFの本当の勝負は来年だよ。ドームに格闘技戦を6試合も入れたのもそのため。どれだけUWFルールを前提として外国の格闘技者と交流戦ができるかをアピールしたいんだ」

また、現時点でのUWFの方向性（格闘技色を強めたプロレス）が正しいか正しくないかをトップとして見極めたい、とも前田は言った。

「日本だけで試合をしてたら、必ず行き詰まるのは間違いないからね。目を世界に向けなきゃいけないんだ。

来年は俺自身、どんどん世界に出ていくよ。選手を発掘してスカウトするんだ。まだまだ世界にはとんでもない奴がいるからね。中国の山奥にいそうじゃない!?　果てしなく強そうな奴が（笑）」

世界は広いもんな。まだ日本に知られてない、強いレスラーがいるかも知れない。

前田が来年、世界各国を飛び回って、とんでもなく強いレスラーを自分の手で探し当てた時、彼の手足を縛っている見えない鎖がとれるに違いない。もうすぐ、内面的な顔のゴンタ目ではないリング上でやってやろうやないけ、とすごむゴンタ目の前田を見られそうな気がする。

早く見たいよー。

「29日のドーム決戦で、イヤってほどゴンタ目を見せてやるよ」

ワァーイ、嬉しいな。でも、来年は必ず対レスラーでゴンタ目を見せてね。

約束だよ。ジロッ。ウェーン、怖いよ。いま、ゴンタ目になんなくてもいいよ〜。

鈴木みのる
モーリス・スミスとの対戦が決定「ものすごーく腹が立ってるんです」

まさに秋晴れの午後3時。鈴木はスズキ・シュートに乗って待ち合わせ場所にやって来た。

「お願いだからさ、このバイクに乗ってる写真だけは撮らないで。ほら、見てよ。ボロボロなんだもん。船木さんから1万円で譲ってもらったんだけど、こんなのに乗ってるのわかったら恥ずかしいでしょ」

わかった、わかった。じゃあ、新品を買えばいいのに。

「あっ、それはダメ。貯金なし。人にばっかおごってるから金なんかないもん。あ〜あ、早く1試合で500万ぐらいのファイトマネーがもらえる選手になりたいよなあ……」

秋晴れの空にガオーと吠えてる鈴木をしばらくほっといて、第5戦のカードを発表しときます。

鈴木みのる対モーリス・スミス（マーシャルアーツ）。史上最年少の格闘技戦が決定したわけだ。

鈴木は21歳。プロデビューして1年半しか経っていない。高校時代はアマレス81キロ級で関東大会や国体に出場した経験をもっている。

デビュー後、約9か月ぐらいで新日本プロレスからUWFに移籍したわけだけど、とにかくデビュー当時から物怖じしない強気な発言を連発している選手なのだ。

自分の信念を曲げない、この姿勢を一途に守り通してるため、鈴木はとかく大人たちに誤解されやすい。

UWFに移籍した頃も、彼はただ「UWFに行けば、理想のプロレスができる」と自分の信念に従っただけだが、「たかが1年のキャリアしかない奴が偉そうなこと言うな」などと、鈴木バッシングがプロレス関係者の間で相当吹き荒れていた。

まあ、そんな強い風当たりも関係なくマイペースで生きてる鈴木は、単なるバカなのか超大物なのかよくわかんないけど、21歳の男が周囲に潰されることなく、ちゃんとがんばってプロレスやってるんだから偉いことは偉い。

いいんだと思うよ。サラリーマンじゃないんだから。どんどん自分の思ったことを言えば。レスラーは自分の肉体ひとつでのし上がっていかなきゃいけないんだからさ。

リングでは誰も助けてくれないし。ボクが21歳の時は、ただなにも考えずボーッと鼻をほじくってただけだから、それに比べれば鈴木は立派だと思う。

「ねえ、まだインタビューやんないんですか？」

すまん、すまん。鈴木くんがいたことコロッと忘れてた。ごめんね。

「俺、とにかく言いたいことあるんですよ。ものすごーく腹立ってるんです」

ごめん、対戦相手の紹介を先にしていい？　それからだったら、後はなんでも言っていいからさ。

「うん」

では、モーリス・スミスの紹介をします。185センチ、95キロ。アメリカはシアトル出身の28歳。WKA世界ヘビー級チャンピオン。戦績は37戦31勝（4KO）3敗3分け。

前評判は今回来日する格闘者の中でこいつがいちばん高

い。やたら強いらしい。キック関係者の話によると、「左右のローキックは凄いよ。かなりの破壊力がある。パワーもあるし、史上最強のマーシャルアーツのチャンピオンと言ってもいいかもね」

アメリカではキックの人気は低下している。そのため、あまり試合が組まれていない。スミスはキャリア10年にしてわずか37戦しか消化していないのだ。今年に入ってからもたった2戦だけだ。

そのため、スミスは生活のために夜中にアメリカ空軍の整備工場で働いている。

なんて貧乏なんだ。タイの左門豊作ことC・デヴィーに負けないくらい貧乏だ。キックの世界チャンピオンが夜中にバイトしてるなんて、わびしすぎて涙が出てくるじゃないか。スミスくん、こりゃ、ドームでは必死になってキックの嵐攻撃に出るな。勝てば人気が上がって、ファイトマネーがっぽがっぽだけど、負ければ元のアルバイトの日々に逆戻り。

29日は、スミスにとって「生きる」ことを賭けた闘いになるに違いない。

はい、終わりました。鈴木くん、どうぞ、思う存分言ってください。

「今回の格闘技戦出場に対してさ、船木さんがケガしたから俺が出られるみたいなことを言われたり書かれたりしてるけど、冗談じゃない。選手全員の話し合いで俺が出ると決まったわけだし、最近のコンディションのよさもポイントになってるわけだからね。決して俺は船木さんの代わりに出るんじゃないぞ」

夏頃から、出たい、やりたいって言ってたもんね。

「うん。前田さんや社長に出させろって言い続けたもん。前田さんも、今回のドーム戦は若手にもチャンスをやるから、やりたい奴はどんどん俺に言ってこいと言ってくれたしね。俺はまだ新人かも知れないけど、やっぱ、スターになりたいもの」

最初は、デュアン・カズラスキーとやりたかったんだって？

「うん。アマレスやってたし、ソウル五輪出場という経歴は闘志が湧くしさ。だから、出場選手を決める最終会議で高田さんに言ったの、俺。カズラスキーを譲ってくださいって。でも〝ダメ〟って言われちゃった。高田さんも、カズラスキーのUWFのレスリング・テクニックは高校生レベルだっていう発言に相当頭にきてるみたいだし。自分でケリつけたいんだろうなあ」

あのさ、格闘技戦に出られるのにあんまり嬉しそうじゃないね。

「喜んでるけどね。カズラスキーとやりたい気持ちを曲げてしまった自分が悔しいっ」

アハハハ。でもスミスは当たりクジだと思うよ。前評判は高いし、勝ったら一夜にしてヒーローだよ。

「そうかも知れないけど」

スミスについては、どんな印象を持ってます?

「WKA世界チャンピオンといってもピンとこないしね。マクドナルドのハンバーガー食ってて強いわけないじゃないですか、と先に言っときます。言っとかないと自分がビビっちゃうからね(笑)」

そうか。じゃあ、もっとビビらそう。スミスって史上最強のチャンピオンなんだって。

「でもさ、もしかしたら俺も史上最強のプロレスラーかも知れないじゃないですか」

アハハハ。いいなあ、その超強気な発言。

「キックの選手は闘いやすいんですよ。ローキックを使うといっても、俺と藤原さん以外はうちの選手、みんなキックを多用する戦法をとりますからね。毎試合、キックを打たせて、捕まえて倒す試合やってるわけだから。慣れてるんです。倒しちゃえば相手はグラウンド知らないわけだしね。至近距離でいくらキックやパンチを打っても効かないよ。俺が低く構えて倒す方法をとるから、向こうは闘いづらくて困るんじゃないですか。でも、俺の想像を超えるなにかが相手にストックとして備わってたら、どうなるかわかんないけどね」

史上最年少で格闘技戦に出場することになるわけだけど。

「あ〜、そうなんですか。新日本から数えても4回しか試合に勝ってないからね。そうだな、4勝66敗10分けぐらいだもん。キャリア的にみても練習生と変わんないけど、自分が下っ端だと思って試合してないし、強いんだ、俺は強いんだと思ってプロレスやってるしね。いま体調いいし、スタミナもバッチリ。当日はめいっぱいやりますよ」

がんばってよね。

「3日前に後楽園遊園地に遊びに行ったんだ。でさ、ふと見たドームになんか感動したんだよね。あ〜あ、こんなでかい所で試合するのかあって思ったらさ(笑)」

最後にスミスのコメント。

「ビジネスのためにUWFのリングに上がる。奴らのビデオなんて見る必要はない。勝つのは俺だからだ」

鈴木vsスミス。この1戦がいちばんスリリングな勝負になりそうだなあ。ワクワクッ。

1990年

船木誠勝 UWF脱退の噂に初めて答える「縛られるのってたまんないですよ」

船木誠勝がイギリス遠征中に行なった試合だから、2年ほど前のことだ。

相手はスティーブ・ライト。ヨーロッパ・マットのテクニシャンとして何度か日本マットにも上がったことがある選手だ。試合形式はヨーロッパ方式のラウンド制だった。

「いい試合でしたよ。グラウンド技の攻防ばかりでね。俺が意地になって関節をキメにいったから、ライトもこの野郎！みたいな感じで関節をキメにきた。試合してて楽しかったですよ。お客さんも興奮して試合を見てくれましたしね。

でも結局、11ラウンドで俺が負けてしまったんです。11ラウンド闘ったから40分以上ですよね。スタミナが切れてしまったんですよ。最後はダブルアーム・スープレックス1発でしたね。それまで1回もスープレックスを出さなかったのに、最後の最後でその技を食らってしまってフォール負けです。彼とはもう一度闘いたいです」

僕らはもしかしたら船木誠勝というレスラーに対して相当な思い違いをしているのかも知れない。

でなければ、21歳のレスラーに対して僕らは凝り固まったあるイメージをすでに押しつけているのだと思う。

骨法（掌底）の船木。蹴りの船木。UWFの他の選手とは異質な匂いがする船木。数年後には化け物のように強くなるはずの船木。

「どうしてなんでしょうね。みんな自分の理想に俺をはめたがっている。UWFの中で窮屈にしているとか。そんなことはないです。俺は自由にやっているんです」

そんな船木の想いは、どうしてもファンにうまく伝わらない。昨年の暮れ、手首を故障する前はリング上で骨法の技など積極的に出していたのに、復帰戦となった今年4月の博多大会で行なわれた対鈴木みのる戦では、一切蹴りなどの打撃攻撃をせずグラウンド技で終始した。このことは、5月に武道館で行なわれた対前田戦にもいえる。

蹴るだろう、掌底をみせてくれるだろうと思っていたファンは困惑するしかなかった。

「もちろん、蹴りやパンチの練習はしています。ただもう一度レスリングを見つめ直したいと思ったんです。蹴りばかり出していたらレスリングがおろそかになると思ったし。でも今後、蹴りを出さないというわけじゃない。みんな教育ママゴンみたいですよ。ああしなきゃいけない、こうしなきゃいけないみたいな。俺、人からとやかく言われるのって大嫌いなんです。昔からですよ。学校の先生とも言い争ってばかりいたしね。人から縛られるのってたまんないですよ」

今回のメガネスーパーにまつわる船木の移籍騒動（そういえば今年初めにも藤波独立騒動の時、行動を共にすると噂された選手の中に船木の名前があった）も、すべてプロレスファン、プロレスマスコミが勝手に作り上げた船木のイメージ。

例えば、船木はUWFのリングに興味を失っているはずだ、怪我をして試合を休んでいるのもきっと船木がUWFに不満を抱いているからなんだ、といった空想がいつの間にか巨大になって船木を苦しめている。

「俺を移籍男にしたいんですよ。俺がこの件に関して何も言わないから平気だと思ってるんです。いくら書かれても噂されても別にどうでもいいですけどね。俺は毎日練習して試合するだけですから」

考えてみれば、そんなイメージが先行する選手というのは、それだけその選手に無尽蔵の実力と限りないスター性が秘められているからなんだろう。だから期待もするしファンが理想とする闘い方をしないと一斉に非難したり、ばかげたとんでもない移籍の噂が飛び交ったりするのだ。

しかし、船木にとってはたまらないことだ。

「知ってますか? 俺、一度真剣に引退を考えたことがあるんです。新日本プロレスからUWFに移籍しようと思った時ですよ。あの時、猪木さんが俺をひきとめてこのままじゃ理想のプロレスができなくなると思いましたよ。泣きそうだった。そんな思いをしてUWFに来たのに」

船木にとってプロレスは生きるすべてなのだ。子供の頃からプロレスが好きで15歳からリングに上がり、リングの上で生きてきた。だから、ことプロレスに関しては果てしなく純粋なのだ。

「俺が毎試合、闘い方を変えているのは、試しているんです。蹴りだったら蹴り、グラウンド技だったらグラウンド技でUWFというリングの中で自分のレスリングに合うか試しているんですよ。だから俺が理想とするプロレスは、俺が今までやってきた試合の中で出した要素が全部入っている試合なんです。そして、そのひとつひとつの要素をもっとエスカレートさせた形で昇華させていって、ファンの人にも支持される試合ができたら最高に嬉しいことなんですけどね」

そうなんだ。船木はまだ21歳なんだ。この時点から僕らが、船木とはこういう闘い方をしてこういった技を出す選手なんだと決めつけてはいけない。

「本気でね、5月の前田戦の前に記者会見を開いて、負けたら引退しますと言おうと思いました。それは、俺が蹴りを出したり自分が持ってるすべての技術を駆使しても負けた場合ですけどね。

あの試合で蹴りを出さなかったのは足首を怪我していて蹴れなかったというのもありますけど、前田戦は1回きりじゃないですからね。これからが始まりですから。今度闘う時は別の戦法でいきますよ。それでまた負けたら今度はまた別の戦法でやるし、蹴りを入れたりして、いつか倒します」

そんな船木だが、現時点でUWFのエースになることについてはどう考えているのだろうか。

「エースにはなりたいんです。もう自分の中で線は引いてあるんです。何歳までにはエースになるんだって。

この場では何歳までにって言えないですけどね。で、もし自分が考えている何歳という年齢になってもエースになれなかったら、ある日突然レスラーを辞めてしまうかも知れない」

UWFの場合、エースという規定が難しい。チャンピオン・ベルトがあるわけではない。ランキング制もない。

「選手は誰もがエースと思っているでしょうけど、俺は違うと思うんですよ。現時点でエースの人、今のUWFの場合、前田さんだけど、そのエースの人が次にエースのバトンを渡す人がエースだと思うんです。

エースがエースを決める、ということだと思うんですけどね。それがもし嫌だったら自分で会社を作ってエースになるしかないんです。猪木さんがそうだったし、前田さんだってそうしてきたわけですからね。でも忘れてはいけないのは、周りの人間が常に支えてくれるからエースの人間はエースとしていられるんです」

エースになる年齢を教えてくれない船木だが、果たして何歳までレスラーを続けるつもりなんだろう。

「35歳までですね。40歳になったら体自体が変わってきてしまうでしょ。俺はカッコよくあり続けたいんです。そしてファンの間で、伝説のレスラーとして生き続けたいです」

船木なら、本当にある日突然マット上から姿を消してしまって、それこそ伝説のレスラーになってしまうかも知れない。

「レスラーを辞めてからの夢はふたつあるんです。ひとつは海外で暮らすこと。海外に定住してボーッとしながら暮らしたいです。ときたまレフェリーとして日本に戻ってくるのもいいかも知れませんね。あともうひとつは、自分の手でプロレスラーを育てたいんです。それこそマンツーマンで強いレスラーを育てたい。素質のある若い奴を育てることができたら嬉しいだろうなあ。

あっ、そうそう、それ以外にもありました。最近、文章を書くことに興味を持ちだしたんです。暇な時はワープロを叩いたりしてるんですよ。だから自伝でも書こうかなって(笑)。プロレスのイベントをプロデュースしてみるのもいいな。でもこればっかりはね、夢は夢ですから神様に会ってみないと先のことはわからないから」

じゃ、先のことはわからないだろうけど、今日、これからの目標を聞かせてよ。

「買い物します。いつも寝る前に明日何をするか決めて寝ることにしてるんです。毎日を無駄なく生きたいんです。明日、交通事故に遭って死んでしまうかも知れないですから。1日1日、無駄にしたくないんです」

分裂報道は真実なのか？
社長とレスラーたちの証言で明らかになったUWFの行方

10月1日。UWFオフィスの柱時計が午後2時を指し、フロント数名が昼食でも食べようかと出前のメニューを見比べていた時、備え付けられている9台の電話のベルがけたたましく鳴り出した。

「スポーツ新聞に、UWF分裂と書かれてあるんですが、本当ですか?」

「嘘でしょ、嘘ですよね。お願いですから嘘と言ってください」

次から次へ掛かってくる電話はファンからの問い合わせだった。電話を受けたフロントは、ファンがいったい何を言っているのかよくわからなかった。

「とにかくキオスクに行ってTスポーツを買ってこい！」

電話に応答しながらUWF専務取締役の鈴木浩充はそう叫んだ。

フロントのひとりが駆け足で、用賀駅のキオスクで買ってきたその日のTスポーツにはデカデカと1面で「UWF分裂」という見出しが躍っていた。

見出しに続いて書かれていた内容は、UWFの社長である神新二が藤原喜明、船木誠勝、鈴木みのるなどの各選手を引き連れて、メガネスーパーが母体の新団体SWSに移籍、UWFに残るのは前田日明、高田延彦、山崎一夫の3選手だけというものだった。

ファンが驚いて問い合わせの電話を掛けてくるのも仕方ないほどの報道。

しかも見出しの「UWF分裂」は、「分裂か？」といったあやふやな表現ではなく、はっきりと「分裂」と断言していたのである。

翌週のプロレス週刊誌（紙）も一斉にTスポーツのスクープを追うかのように分裂に関する情報を書きたてた。

10月に入ってから現在まで、プロレス界の話題はこの分裂騒動で占められていたといってもいい。

これまで各プロレス誌（紙）によって明らかにされた分裂に関する情報を要約すると次のようになる。どれも分裂を肯定するには十分の説得力があった。
★メガネスーパーはUWFに対しアリーナ大会、ドーム大会など多大な援助を行なってきた関係からフロント同士は仲が良く、SWSとUWFの合体は時間の問題。
★しかし、UWFのポリシーを守るという立場から前田はSWS合体、及び参戦を完全否定。
★SWS側から旗揚げ戦における藤原参戦が決定事項かのようなコメントが出される。
★藤原参戦に関して、前田、神社長のコメントが微妙な食い違いを見せる。
★10月25日の大阪大会以降の試合スケジュールが発表されていない。これは分裂が決定的だから発表できないのだ。
この前田、神の両者の意見の食い違いが表面化された時点で、分裂という報道は一層信憑性を増していった。

旗揚げ戦から3年。フロントと選手が一枚岩となって順調に大きくなってきたUWFにとって初めて迎えた危機だ。

いくらUWFが分裂報道は事実無根と躍起になって否定しても、問題はそう簡単に鎮静できないほど大きくなっていた。

10月18日現在、UWFオフィスにはまだ、「UWFは大丈夫か」などの問い合わせが多く、また某スポーツ新聞などは前田、神不仲説を全面に押し出して、「やっぱりUWFは分裂する」と報道している。

1日のTスポーツの報道から2週間前。神のもとに1本の電話が掛かった。相手はSWSのオーナー田中八郎。内容は正式に藤原喜明選手を旗揚げ戦に参加させてもらえないか、だった。

神は、選手と相談してみますと言って電話を切った。

「僕らはプロレス界にいまだ根づいている古い体質を変えたかったんです。簡単に言ってしまえば、ごっつぁん主義ですね。援助や協力などの恩を受けるのは当たり前で、逆に恩を受けた感謝の気持ちを返さない。

僕らはそんな体質の中で生きていたくないんですよ。メガネスーパーさんにはUWFが苦しかった時に言葉で言い表せないほどの援助をしていただきました。その恩を今回の旗揚げ戦で少しでも返せたらと思ったんです。

例えば先日、横浜アリーナで行なわれた猪木さんの30周年記念大会にも、本当だったら前田選手や高田選手がリング上で猪木さんに花束を渡したりするのが正しい姿勢だと思うんですよ」

神はすぐに藤原の自宅に電話を入れた。

「ええ、もちろん藤原選手の相手が平気で試合中に椅子を持ったり、毒霧を吐くような選手だったら、相談するまでもなく僕個人で断ってましたよ。しかし相手が佐野選手だった――藤原道場の門下生だったということもありますし、逆にこれがUWFのスタイルだと強烈にアピールできる試合が行なわれると思ったんです」

神のSWS参戦の打診に藤原は電話口で、「私でよかったら出させてもらいます」とOKの返事を出した。

藤原にしてみれば、プロレスマスコミがことあるごとにUWFを引き合いに出してSWS批判をしているのが我慢できなかったのだ。

「私は、申し訳なくて仕方なかったんですよ。援助をしていただいていたメガネスーパーさんのことを、不用意にもとやかく言う人がいましてね。

だから、私はUWFを代表してですね、大変申し訳ございませんでした、と謝りながらSWSのマットに上がろうと思ったんですよ。あの時、神さんにはそういった理由で、私で役目が果たせるなら喜んでリングに上がらせてもらいますよ、と言ったんです」

と藤原は語る。

考えてみれば、UWFのスタイルを守りつつ他のマットに適応できるのは藤原しかいない。

「私はプロ。プロなんですよ。どこのマットだって仕事をします。ぐだぐだ文句を言わずキチッと仕事をするのがプロなんです。そしてマットの上だけで自己表現できるのがプロのレスラーなんです」

SWS側の藤原参戦決定発言はこのような背景から出てきたのだ。

ただ、藤原参戦はSWSの選手会が拒否したことで実現には至らなかった。

また、前田がプロレス誌を通して語った藤原参戦の件は聞いていないとの発言が分裂騒動に拍車をかけ、藤原のSWS登場は暗礁に乗り上げた。というより、これほど問題が大きくなると白紙に戻すしかなかった。

神は、前田のインタビュー記事を読みながら自分の話し方がまずかったのかも知れないと思っていた。

「藤原さんの問題に関しては、前田選手に話したつもりだったんですが……。お互い忙しかったということもありますけど、僕の言い方が悪かったんだと思います。あの時前田選手にもっとしっかりと話しておけば……」

藤原参戦決定の報道でより激しくなった分裂騒動に前田日明は苛立っていた。毎日、知人が「どうなんだ」と電話を掛けてくる。

「いい加減うんざりだよ。UWFに憲法があるとしたならば、その憲法の前文には次の言葉、〝UWFはどんなことが起きようと分裂はしない〟というのが入るんだ。今回の俺と神の意見の食い違いにしても、他の会社にだってある問題なんだ。そんな問題、内部で調整してよりよい方向にもっていくのが当たり前なんだよ。たいしたことじゃないよ。それを第三者がガタガタ言うから勝手に問題が大きくなるんだ」

高田延彦も1日のTスポーツを読みながら前田と同じことを考えていた。

「なんで僕らの足を引っ張ることを書くんだろうと思いましたよ。内部の意見が食い違うから分裂だ、なんてありっこないですよ。試合をする選手と試合を企画するフロントの意見が合わないことは当たり前のことじゃないですか。

両者の意見の衝突なんて旗揚げの頃からありましたよ。でもそれは、それぞれがUWFを良くしようと思っているから意見がぶつかり合うんです。今回たまたま、そのぶつかり合いの部分がポロッと外部に出てしまっただけなんですよ。それで分裂なんて言われたらたまんないですよ」

今回の騒動でやはり一番かわいそうだったのは船木かも知れない。こういった騒動が起きるたびに中心人物として名前が出てくるのは決まって彼だからだ。

「僕は一度、新日本プロレスを辞めた人間だから、今度もまた移籍するに違いないと思われているんでしょう。でもこれだけはわかってほしいんです。僕は、UWFという団体とUWFの試合スタイルが好きなんです。本当に大好きなんです」

分裂騒動の問題を抱えつつUWFは10月25日、大阪大会を開催。その試合の前に、12月1日、長野県松本市総合体育館でイベントを行なうことを発表した。

分裂騒動から新しい理想へ

フロント、各選手は本誌だけにこう語った！

10月25日、大阪城ホール大会当日。午前9時に新横浜駅から青コーナーの選手、藤原喜明、船木誠勝などが新幹線に乗り込み、赤コーナーの選手である前田日明、高田延彦などは午前10時、同じく新横浜から大阪に向かった。

1万4千人のキャパシティを誇る大阪城ホールのチケットはすでに9割方、売れていた。

メインエベント。前田日明対船木誠勝。山崎一夫、高田延彦、そして藤原喜明を破った船木が、UWFの象徴である前田を破るかどうかの大一番。

旗揚げ戦以来、UWFを引っ張ってきたのは自分であるというプライドを保ってきた前田にとって、船木に負けるのは許されないことなのだ。

分裂騒ぎに付き合っているほど前田は、いや、各選手とも暇ではない。

大阪大会を前日に控えた4日の午後5時。船木は全身から吹き出した汗をタオルで拭いながらこう言った。

「最近は午前中に練習して、午後2時頃からまた練習して、夜は夜でもう1回道場に来て練習するんです。僕は練習が生き甲斐ですからね。ただ、9月に入ってから夜の練習は控えているんです。理由は、夜になったら前田さんが練習に来るからです。リング上でしか対戦相手とは顔を合わせたくないですからね」

午後6時。船木が愛車フェアレディZに乗って道場を後にするとほぼ同時に、前田が白いポルシェを駆って道場入りする。

トレーニングウェアに着替えた前田は、リングに上がってストレッチを繰り返す。すぐに大粒の汗が吹き出す。

前田、藤原、高田、山崎と上位の選手たちが世田谷の道場に顔を出さなくなり、各々スポーツ・ジムで練習するようになって久しい。理由は、船木も語っていたが、試合当日まで対戦相手に調整具合などを知られたくないからだ。もちろんファンに対しても、各選手が日常顔を合わせないことで馴れ合いの要素を感じさせない狙いもある。

しかし、前田はあえて道場に帰ってきた。

「分裂だなんだと、こんなくだらない騒ぎでUWFの周辺が浮き足立っている時期だからこそ原点に戻らなくてはいけないと思ったんだ。旗揚げ戦を目前に控えた88年の春だよ、ひたすら汗を流しながら俺たちの未来、そう、輝かしい未来を夢見ていたあの頃に戻らなくてはいけないと思ったんだよ」

スパーリングに汗を流す前田。彼のハッ、ハッ、ハッという荒い息づかいが狭い道場に響いている。

「船木にはどうしても負けるわけにはいかないからね」

汗を拭きながらそう語る前田だった。

今回の無責任な分裂報道は、前田にとって逆に旗揚げ戦当時の想いを再び呼び起こさせるいい機会になったのかも知れない。

10月18、19日。横浜アリーナにおいてSWSの旗揚げ戦が行なわれた。19日のメインエベント、天龍源一郎対ジョージ高野の一戦は、天龍が高野をパワーボムからエビ固めで下した。

今年の春から、プロレス界をいい意味でも悪い意味でも大騒動に巻き込んだSWSの全貌が、一端ではあるが明らかにされた。

問題は今後だ。藤原参戦は先週号で書いたとおり諸事情により中止になったが、11月に予定されている浜松大会以降はどうなのか。

もしUWFに、11月以降にSWS参戦の予定があるなら、いくら選手、フロントが声を合わせて分裂はしないと叫んでみても分裂疑惑はいつまでたっても消えることはない。

神新二社長は19日の夜、自宅でSWS旗揚げ戦のテレビ中継を見ていた。

「これで、UWFがSWSに参戦することはなくなりましたね。やはり、僕らが目指す試合とSWSが目指す試合は微妙に違うことを感じました。恩を受けたお礼は、SWS側からの要請を受けて、旗揚げ戦に藤原さんを出しましょうかと申し入れをしたことで、ある程度は返したことになるのではないでしょうか。僕らはそう判断します。今後、UWFの選手がSWSのマットに上がることはありません」

これで分裂騒動は永遠にピリオドを打つことになった。UWFは、今回の騒動を新たなステップボードとして、より高く飛び上がらなくてはならない。以前、あるプロレス誌が報じたように、12月29日に東京ドーム大会が予定されている。すでに夏前からドームの事務局にはUWFの名前で仮押さえが完了している。

大阪大会を終え、12月1日の松本大会、そして29日のドーム大会に向けてUWFは選手、フロントが一体となって突き進まなければならないのだ。ドーム大会をまず成功させなければ、UWFが旗揚げ戦から理想としている自分たちの試合に近づけない。来年以降のUWFの未来が見えなくなるのだ。

道場での練習を終えた前田がこんなことを言った。

「大仁田くんのFMWは、あの人数でよくやってると思うよ。試合内容に関しても俺がとやかく非難するべきもんじゃないと思う。ただ世間が、プロレスというものに対して、俺たちのUWFとFMWを同じ枠で括ろうとするのが我慢できないんだよ。

プロレスという言葉だけで同じように見られる。これはたまんないよ。だから真剣にね、今後、UWFに関してはプロレスという言葉を外そうと思っているんだ。すぐにでもプロレスに代わる新しい適切な言葉が見つかればいいんだけどね」

ポルシェに乗り込みながら前田は言葉を続ける。

「俺たちは、世間にも認められるプロ・スポーツとしてUWFを確立させたいんだ。この理想は旗揚げの頃から変わっていないし、今年後半、そして来年以降、この理想を現実のものにするためにもっとがんばらなくてはいけないんだ。練習で築き上げた技術をリング上で駆使しながらスポーツライクな試合を行なう。もう俺たちの試合はプロレスという言葉では括れないんだよ」

前田より先に練習を切り上げた船木も、前田と同じようなことを語っていた。

「凄いですよね、最近のUWFの試合。攻撃に対するディフェンスの技術なんて、以前より数段進歩している。みんな簡単に蹴りなんか食らわなくなった。みんな必死でどう攻撃するか、防ぐかだけにすべてを賭けてる。ゾクゾクしますよ。少しでも強くなりたい、攻撃の一手を相手にぶち込みたいと思っているUWFはたまんないですよ。ほんと、UWFで試合できてこんな幸福なことはないです。もうイヤですよ、相手の攻撃を受けなきゃいけないプロレスなんて。チョップなんて受けたら痛いんだから（笑）」

青コーナーの選手を乗せた新幹線が新大阪駅に到着した。

出迎えたファンにもみくちゃにされながら藤原喜明はこう語ってくれた。

「まったくつまんない騒動だったね。UWFは今、大きな目標に向かって進んでいる最中なんですよ。ただし、それは選手、フロントが一体にならないと実現できない目標なんです。そうですね、ではUWFをレーシングカーにたとえてみましょうか。レーシングカーのタイヤが前田で、プラグが高田、ハンドルがフロントの神さん、私なんぞはネジのひとつですけど、その部品がひとつでも欠けたり、どっかに飛んでいってしまったら車は走らないんです。スピードを出してゴールに向かっていけないんです。

私は、選手、フロント全員が揃っているUWFという車が好きなんですよ。この車以外、私は乗る気はありません。この車で私たちの目標、ゴールを目指して走り続けますよ」

神は、ホームでもみくちゃにされている選手たちを見つめながら、最後にこう言った。

「今回の騒動はいい勉強になりました。選手とフロントの話し合いをもっと密にしなければいけない、とかね。ただ、前田選手が目標としている、UWFを世間から認められるプロスポーツとして確立させることは僕らフロントもまったく同じなんです。お互いの夢を果たすために、これからも選手とともに一生懸命がんばります」

UWFというレーシングカーは、ゴールに向けて今、トップギヤに入り、最高のスピードで走り抜け出している。

藤原喜明

突然吹き出した内紛劇――「前田出場停止」問題を語る

読者のみんなも驚いただろうが、本誌で2週にわたって「UWF分裂騒動追究」記事を書いた本人はもっと驚いている。

26日のスポーツ新聞の見出しを飾った「前田日明、出場停止5ヵ月」。

先週号に掲載した「『UWF』分裂騒動から新しい理想へ」は嘘ではない。正しくは嘘ではなかった、だけど。

25日。大阪大会当日の午前中までは、フロント、各選手とも輝かしい笑顔で自分たちの黄金郷であるUWFの理想を語っていたのだ。

では、なぜにUWFが「前田日明、出場停止5ヵ月」という重いペナルティを発表してしまったのかというと、25日の午後、その日のメインエベントである対船木戦を終えた前田が控え室で記者のインタビューに答えて発言した内容が問題になったのだ。

簡単にインタビュー内容を要約する。

「UWFに対して妨害を加えようとするものは、内外関係なく叩き潰す」

そして、続けて次の発言。

「会社の資金運用に不明瞭な点がある。会計士を入れて徹底的に会社運営の根本を洗い直す」

つまり、フロントに対して信用できなくなった。だからもし疑惑が見つかったらその時点でフロントに退陣を要求し、新しい体制でやっていく。こういうことだ。

フロントは公の場で、前田日明に経営者として失格の落印を押されてしまったのだ。

その発言内容は翌日のスポーツ紙に掲載された。こうなるとフロントも黙っていられない。UWFは、来年4月から民間衛星放送での中継が決定しているなど一般企業とのビジネスが多い。このまま沈黙をしていると、UWFという組織自体が対外的に信用を落としてしまう。

28日の日曜日に異例の緊急記者会見を開き、前田発言に対するペナルティを発表したのも、日曜の午後までがプロレス週刊誌の最終入稿であり、この発言が巻き起こすであろう大騒動に一応の歯止めをしておくためだったのだ。

素早い対処をしておかなければ、1日が過ぎるごとにあの発言内容が大きくなり、取り返しがつかなくなる。UWFが旗揚げ以来築き上げた信用がとことん落ちるところまで落ちてしまうのだ。

だから、今回の前田に対するペナルティは、SWS参戦問題から発生した分裂騒動とは別次元なのである。

さて。フロントがペナルティの記者会見を開いてから現在まで、UWFを取り巻く状況は最悪だ。

各スポーツ紙は両者の言い分を掲載し、対立は深まるばかりだ。ファンにとっては見たくもない泥仕合が展開されてしまっている。

今回の前田に対するペナルティ処分も、選手とフロントが一枚岩でがんばってきたというUWFのイメージを壊すものだ。これ以上のマイナス・イメージはない。

UWFは前田を始めとする12選手が揃い、フロントは神社長を始めとする8人のスタッフがいてこそUWFなのだ。どちらかがひとりでも欠ければUWFではない。

この最悪な状況を救えるのはもう藤原喜明しかいないのだ。UWFの象徴が前田なら、UWFの神様は藤原なのだ。誰も神様に歯向かうことなんかできはしない。

神様、どうぞ私たちファンのために明るい希望の光を与えてください。

「この度は、ファンの皆様に対して申し訳ない気持ちでいっぱいでございます」

と、藤原はインタビュー・テープが回る前にそう切り出した。

「こんなね、つまらない争いを公にしてしまってファンの皆様になんと言ったらいいか。絶対にファンの目には見せてはいけないんですよ、こんな争いは。私は、できることならばファンの皆様ひとりひとりに土下座して謝りたい気持ちですよ」

そう語る藤原だが、フロントから今回のペナルティ会見について了承を求められた時は仕方なく応じてしまったのだ。

「仕方ないですよ。やってはいけないことだけど、仕方ないです。フロントだって家族がいるんです。今回の件は公の場で泥棒呼ばわりされたと同じことですからね。彼らの家族が周りから泥棒家族と評判になったらどうするんですか。家族を守るという意味でも仕方なかったんだと思いますよ」

ただ、ここまでフロントを追い詰めてしまう発言をしてしまった前田の気持ちもわからないではない。SWSが誕生して以来、ことあるごとにUWFフロントがSWSと密約を交わしているとの報道に苛立っていたのは前田だったからだ。

前田は、自分たちの理想を実現できるマットを作り上げるのに実に7年もの歳月を費やしている。少しでも不明な点があれば、UWFのポリシーを守るという一点にすべてを奪われ、そして行動してしまうのだ。

「お金に関する不明な点についてですがね、確かに前田から相談は受けていましたよ。その時は、やるんだったら慎重にやれよと言っておいたんですけどね。ただ、そのあと調べたらしいんだけど、どこにも不明な点はなかったんですよ」

前田は純粋な男だ。子供がそのまま大人になってしまったような感じの男だ。ある一点に心が奪われるとそればかりを気にしてしまう男なのだ。不器用な生き方しかできない。

その前田の生き方が、こと格闘技に関しては、ひたすら強くなるために必要な頑固さとしていい意味で発揮されるが、こういった政治的問題になってしまうと周りが見えなくなってしまうのだ。

いい例が、あの発言をしてしまった試合終了後のインタビューだ。

船木と、これぞUWFスタイルのベストバウトだといえる試合を行なった前田にとって、船木との試合が一連の騒動に対する答えだとの気持ちが強かったはずだ。ただ気分が高揚したまま質問を受けてしまい、UWFは今後も自分たちのポリシーを守っていくとの真意が少し過激な発言になってしまっただけなのだ。

そのポロッと出てしまった過激な内容がその後、どんどん大きく成長してしまった。

「前田には、本当の意味で人の上に立つ男になってもらいたいんですよ。人の上に立つことができる男というのはハートのでかい男でなければいけないんです。細かいことに気をとらわれないで、ドーンといろんなものを受け止める男。そんな男に前田はなってほしい。それができる男なんだから。ハートのでかい男は、まず周りの人間を信じます。相手を信じなければ自分も信じてもらえないとわかっているからです」

藤原に言わせれば、今回の問題は両者の考え方や意見が微妙に食い違ってるだけで、ちょっとこんがらがっている紐を直せば元どおりになる、ということなのだ。

「前田、いやUWFは今回の問題を乗り越えれば、もっとでかい存在になれるんですよ。前田にしたって、もう一段階、上の男になれるんです」

そうなのだ。UWFは今まで以上に前に進むために、今回の問題を早急にクリアしなければならない。

「フロントもね、私に相談する前に、もっと前田と話し合わなければならないですよ。前田は何事に対しても一直線な男だと認識してるんであれば、その点を踏まえて腹を割って話し合わなければね」

そして藤原は、しばらく考え込みながらこう言った。

「他の会社のことはわかりませんけどね、UWFに関して言えば、UWFという会社の財産はお金じゃないんです。お金じゃない。前田にはその点をわかってほしい。UWFの財産は人材なんです。毎日、夜の12時過ぎても事務所で仕事しているフロントなんかどこ探してもいませんよ。

今日もね、このインタビューのためにフロントのひとりが家に迎えに来てくれたんです。でも奴は30分遅れてしまってね。そしたら奴は玄関で土下座して謝ったんです。みっともないからやめろと言ったんですけど（笑）。みんな自分の仕事に対して一生懸命ですよ。

UWFは素晴らしい会社です。レスラーを大切にしてくれるフロントと、試合に向けて汗を流す選手。みんなが財産ですよ。だから、こんな少し食い違った意見の衝突なんかで財産を放り出してはいけないんです」

だからこそ、神様・藤原が両者の間に入ってこんがらがった紐をほどいてやらなければいけないのだ。何度でも書くが、それができるのは藤原しかいないのだから。

新聞報道にもあったように、前田が新団体を起こすなんて冗談じゃない。今月の中旬に正式に東京ドーム開催の記者会見を開くUWFにとっても、前田がいないドーム大会など本当のUWFではない。

「わかってます。ファンのためにも私はできるだけのことをします。私は神様じゃありませんけど、なんとか元に戻るように根気よくやってみますよ。前に私がUWFのことをレーシングカーにたとえましたよね。あの時、前田をタイヤと言いましたけども、今はそのタイヤがパンクしている状態なだけなんです。そのうち必ず、そのパンクしたタイヤはもっと強靱なタイヤになって帰ってきますよ。それこそ、どんなに走ってもパンクしないタイヤにね」

UWFの真実を求めて
一連の大騒動は誰も悪くない「僕らの夢が実現できる場所」

SWS誕生から表面化してしまったUWFの内紛。まず藤原選手のSWS貸し出し問題で、選手の前田日明とフロントとの確執が新聞や雑誌を騒がせ、その問題が鎮静化したと思ったら、今度はフロントに不正があると前田選手が新聞紙上でコメント。

その発言を受けてフロントは前田選手に対し「試合出場5か月停止」の処分を発表した。

その後、両者とも弁護士を立て、以後の展開は予断を許さない状況となっている。もう何がなんだかわからないゴチャゴチャした状況だ。

さて、この一連の大騒動というか内紛というか、「いやはや参ったな問題」を、ある時はこの騒動を追ってきたひとりの取材記者として、またある時はレスラーのファンとして、はたまたある時はフロントの友人として、それこそ寝てる時も電車で仕事場に向かう時も、トイレでがんばっている時もずーっと考えてきた。

で、だ。考えに考えて出た答えがこれだ。

「誰も悪くない」

もう一度書く。

「誰も悪くない」

今回の事件で誰ひとりとして悪人は登場してこないのである。みんながひとりひとり自分の仕事をまっとうしただけの話なのだ。ただ自分の仕事を押し進めていくうちに歪みが生まれただけなのだと思う。

考えてみてほしい。まず事の発端であるSWS参戦問題。旗揚げ以来のメガネスーパーの応援を考えた場合、資金援助の面である程度の協力を考えるのはフロントとして当たり前なのだ。

神社長は以前、僕の取材に対してこう答えている。

「プロレス界に根強くはびこっている『ごっちゃん主義』（恩を受けたら返さない）から僕たちだけでも脱皮したかった」

フロントの考えは正しい。

次に前田選手。彼は理想のリングを作り上げるのに実に７年という長き月日を費やしている。それを、ポッと出の新団体に振り回されたくないと思うのは当たり前。自分たちのポリシーを作るのに、それこそ毎日、自分の肉体に悲鳴を上げさせてきたのだ。理想がはっきりしていない団体に選手を上げることは我慢できない。

前田選手の考えは正しい。

両者とも正しい。そうした場合、あとは話し合いでどちらかが譲歩すればよい。

で、問題がややこしくなるのはこれからだ。話し合いをする寸前に、前田選手のフロント疑惑発言が飛び出てしまった。

では、改めて考えてみてほしい。前田選手からだ。ＳＷＳ問題で一番苛立っていたのは前田選手だ。ことあるごとにＵＷＦがＳＷＳ問題に顔を出してくる。ＵＷＦは独自の道を歩いている。今さらＳＷＳなんて関係ない。それなのに、聞こえてくるのはフロントとＳＷＳの仲の良さだ。

冗談じゃない！と思うのが当たり前。自分が大切にしてる宝物に横からちょっかいを出されれば誰だって怒る。

それに、前田日明は何事に対しても一直線な男だ。こうだ！と思ったらひたすら突き進む。それが彼の大いなる魅力であるし、万人から愛される理由だ。

で、ＳＷＳ問題で釈然としない気持ちをフロントに対して持ち続けた前田は、大阪大会の終了後、記者団のインタビューに答えてフロント批判をしてしまった。船木とのベストバウトの後だ。気持ちも高揚していただろう。昨年から抱いていた金銭面でのフロントの不透明さがつい口に出てしまった。

仕方ない。前田はレスラーだ。気分が高まっている時に質問を受ければ、言わなくてもいいことまで言ってしまう。それに前田とすれば、資金がどう流れているか知っておきたいと思うのも当たり前だ。前田は選手間のリーダーだ。後輩たちのことを思う時、少しでも資金面でわからない部分が出てきたらはっきりさせようと思うのは当然なのだ。

前田の行動は正しい。（感情にまかせてしゃべってしまうのは良くないけど）

次にフロント。前田選手に対して処分を発表してしまったのも仕方がない。前田発言は会社組織を会社組織として見ていない発言だ。ＵＷＦは一般企業とのビジネスが多い。前田選手の発言でＵＷＦの信用は地に落ち、これからの自分たちが理想とする展開に少しでも遅れが出てしまったら大変なことになる。

最後に。みんなどうしちゃったんだい、ＵＷＦもマスコミもファンも。どうして物事をそんなに早く決着させようとするんだ。どうして答えを早く出してしまうんだろう。

今回の問題が起きてすぐ、マスコミは分裂すると結論を出し、ファンは夢を壊されたと嘆く。

まだ何もはっきりしていないじゃないか。ゴタゴタを見せられたからファンとしては哀しい、許せないと言う。

おかしいじゃないか。

僕も含めてファンは、UWFが旗揚げして以来、多くの夢をもらった。その夢や希望は、今回のゴタゴタぐらいで吹っ飛ぶようなちゃちな夢だったのか。そんなあやふやな夢ではなかったじゃないか。僕がUWFにもらった夢や希望は強靭で、こんな問題が起きたくらいではビクともしない。だから、これからもUWFは分裂しないと信じているし、きっと自分たちの夢を達成してくれると信じている。

東京ドームで見せてくれた藤原の笑顔、前田の鋭いキャプチュードの感動、船木の若さに見ることができる明日への希望。それらは今回の問題ぐらいで決して色褪せることはないのだ。

マスコミも含めてファンのみんな、早く結論を出すのはやめようよ。自分がUWFを見て勝ち取った夢や希望をもっと信じようよ。

高田選手が最終的にUWF参加を決意した六本木の『スタッフ』というスナックでこう語っていたことがある。

「UWFに参加して良かったです。不安もあったけど、参加して本当に良かった。これからはUWFが潰れないように、あと何100年も存在できるようにがんばります」

高田のイベントが11月23日に紀伊国屋ホールで行なわれる。暇な方はぜひ遊びに来てほしい。

彼はきっと自分の言葉で今回の騒動に対するケリをつけてくれるだろう。あとは彼とともに笑いながら明るいUWFの未来を語り合おうではないか。

そうなんだ。UWFはあと何1000年も続いていくのだ。長い歴史を振り返った時、今回の問題はよりスケールアップするためのジャンピング・ボードだったと考えればいいじゃないか。

僕らにはまだ同じ夢を共有できる場所が存在している。UWFと再び新しい夢を見続けたいと思う。

なぜ週刊プレイボーイは第2次UWFを応援したのか？

私が週刊プレイボーイで常勤として働き始めた頃、何が一番驚いたかといえば、それはあらゆる分野の人たちが編集部にたむろしていたことである。

今ではもはや考えられないが、当時の集英社はいわゆるセキュリティチェックという意識が低かった。だから、誰でもノーチェックで社内に入ることができ、自由に編集部を出入りできた。

1986年にビートたけしが講談社のフライデー編集部に殴り込みをかけた事件が勃発し、徐々に各出版社ともセキュリティに力を入れ始めていたが、集英社の場合は90年代の中頃までは緩かった。今は通館証を所持していないと、社員でも警備員がストップをかける。部外者が編集部に用事がある場合は受付にて氏名・電話番号・所属先を明記の上、受付のお姉さんがいちいち編集部に、この人物を通してもよいか、とお伺いを立てて許可が下りないと社内に入れない。そのやり方は正しいとは思うのだけども、少し寂しいような気もする。なにせ、いろんな人間が自由に編集部に出入りできていた時代は、何かこう猥雑なエネルギーが編集部に満ちていたからだ。

例えば、月曜日の朝に編集部に行くと、奥のソファの下に見知らぬ人間が酔っ払って寝ていたり（今でも、その人が誰だったか判明せず）。間違いなく危なそうな世界の住人だろうな、と思われる人物もウロウロ。そういう雰囲気を漂わせた人間以外にも、フリーのカメラマン、スタイリスト、ヘアメイク、芸能事務所＆音楽事務所＆モデル事務所のマネージャー、レコード会社＆映画会社のプロモーター連中がウヨウヨ。代理店の名刺があっちゃこっちゃで飛び交い、カメラマンの控え室にはルーペを持ち、自分のヌード写真を覗き込んでいる飯島愛がいたり、デビュー間もない仲間由紀恵がぽつねんと編集部の隅にたたずんでいたりもした。若手芸人も愛想を振りまいていたし、シンガーの永井真理子や黒夢の清春がマネージャーを伴わずフラッと編集部を訪れ、私の入稿作業の邪魔ばかりしていた。

そんな雑多な空気は、記事作りにおいて有利に働くこともある。企画のアイデアをひねり出す時も、名前も知らない業界筋の人が打ち合わせに突如乱入し、なかなか鋭い意見を述べ、風のように去って行くこともしばしば。この事件に関するコメントをあの人から欲しいなと思った時も、そこらへんにいる見知らぬ業界人が連絡先を知っていたり。すぐにわからなくても、編集部に遊びに来ていた人たちを数珠つながりに辿っていけば、何かしらの手掛かりはつかめたものだ。

このように、あらゆる業界の怪しい人たちが集結し、何やら常にモゾモゾ動き回り、それらが入稿日ともなると、一気にスパークして編集部はカルマ渦巻く不夜城と化す。

そんな当時の編集部に遊びに来ていたのが新生UWFの社長、神新二さんだった。

神さんのお目当てはTさん。UWFの社長という激務から逃れ、何かと時間を見つけては編集部を訪れ、Tさんとバカ話をするのが楽しみだったらしい。

「素敵」と「無敵」――宮沢りえとUWFの街頭巨大宣伝ポスター

そんなこんなで、89年9月のことだ。

神さんがふらりと編集部を訪れ、別に気負いもなく淡々とTさんと私に「11月にですね、東京ドームで興行をやるんです。全カードを異種格闘技戦にしようと思っています」と報告した。

その時、ちょうど当時の副編集長だったRさんが3人の前を横切った。すかさずTさんはRさんを呼び止め、神さんを紹介。ついでに、短めにドーム大会開催の件にも触れた。2人が名刺交換をし、軽く頭を下げたところで、事態は急転直下――。

頭を下げ終え、我々3人を見渡したRさんは歌うように言ったのだ。

「Uもやろう♪」

3人とも「ん?」と顔を見合わせた。

つまり、こういうことだった。

集英社では毎月、漫画誌、文庫、ファッション誌、情報誌の大掛かりな宣伝展開を行なっていた。その目玉は首都圏にいくつも設置されている巨大広告看板で、毎月各編集部が趣向をこらし、巨大宣伝ポスターを作り上げる。今でもそうだが、毎年10月は創刊月間ということもあり、週刊プレイボーイが巨大広告を担当することになっていた。

Rさんは、その打ち合わせを終えたところで、私たちの前を横切ったのである。ちなみに、その時点において89年10月の巨大宣伝ポスターの主役は宮沢りえ。「素敵」というコピーとともに彼女の笑顔が前面に押し出されたデザインだった。

普通はそれで決まりなのだが、なぜだかRさん、神さんと名刺交換をした際に何かが閃いたのか、それとも単なる気まぐれか、突然「Uもやろう♪」と言ってしまったようだ。後年、なぜに「Uもやろう♪」だったのか訊いてみたことがあるのだけど、本人も「どうしてかな？」と腕を組み、しばし考え込むも明確な答えは出ずじまい。

なんにせよ、その一言でいきなり89年の巨大宣伝ポスターは2種類制作されることに。

ひとつは宮沢りえの「素敵。週刊プレイボーイ」のコピー入り。

そして、もうひとつは。

UWF全選手が並んだ「無敵。週刊プレイボーイ」のコピー入り。

素敵と無敵——。

確か、あの時にRさんが「宮沢が素敵なんだから、Uは無敵でいこうじゃないか」と即決してしまった記憶が残っている。

ちょっとオカルト的な話になってしまうのだが、創刊月間における街頭巨大看板ポスターを制作するような場合、少なくとも半年間、早くても3か月間の日数を使い、関係各所と折衝を積み重ねながら、慎重に物事が進められる。しかし、UWFの場合はRさんが頭を下げ、首を元に戻しながら3人を見渡した、ほんの3秒程度ですべてが決まったのだ。しかも、実際に制作されるまでの間に一度もトラブルなどは起きず、トントントンの三拍子の勢いのまま巨大ポスターが完成。何か不思議な力が作用して、実現まで一気に動いたとしか思えなかった。

ともあれ、この街頭巨大看板ポスターがどれほどの価値があるのかをプロレス的に説明すると、以前に新日本プロレスがＧⅠクライマックスの開催に向けて山手線に宣伝ラッピング電車を走らせたことがあるけども、それと同様な社会的インパクトがあり、費用もかかっているといえばわかりやすいかもしれない。

さて、話をRさんが3人を前に「Uもやろう♪」と言い出した場面に戻そう。

事情が飲み込めた3人は編集部を後にし、近くの喫茶店へ。ここでTさんが神さんに切り出す。

「凄いことになったね、神さん」

「ありがとうございます。まさかこういう形で、私たちのドーム大会を集英社及び週刊プレイボーイさんが応援してくださるとは思ってもいませんでした」

ここからTさんがデビルとなる。

「それでね、神さん。まさか〝よかったね〟と終わる話じゃないよね、今回の件は」

「というのは?」

「これからとんでもない費用をかけて『無敵』のポスターが作られ、街頭にドカンドカンと貼り出される。結果、これまで以上にUWFの社会的信用がアップされると思うんだよ」

「ありがとうございます」

「そこでだ、言葉は悪くなるけど、何か見返りがないとさあ」

この言葉、Rさんが言うならまだしも、何もしていないTさんが持ちかけるとは……。さらにTさん、恐怖の大魔王と化して神さんに襲いかかる。

「どうしようかなあ……。何が効果的かなあ……。うん、ドーム大会に向けて週刊プレイボーイも毎週、特集記事を作るよ。その記事で、そのつど異種格闘技戦のカードを公式に発表していく。つまりね、週刊プレイボーイの記事を読んで初めてプロレスファンはドームの対戦カードを知る。いや、プロレスマスコミでさえも、その記事で対戦カードを知ることになる——というのは、どうだい？」

「う〜ん。まあ、そうですねえ……いいですよ、はい」

と、神さん、半笑いで了承。

そうして作られた記事が本書に収録されているドーム大会に関するいくつかのインタビューだ。

それにしても、相変わらずTさんのやり方はエグい。でも、そのやり方はプロレスマスコミを出し抜くという意味では、まさに【週刊プレイボーイ・スピリット】そのものだけど。

その後、大変だったのは神さんである。そりゃそうだろう。東京ドームを使用しての大会規模、それも全カードが異種格闘技戦ともなれば、記者会見を開き、そこで正式に対戦カードを発表しないとマスコミが黙っちゃいない。そういう事情を完全無視しての週刊プレイボーイでの独占的なカード発表。

仕方なく神さん、東京スポーツの偉い人や週刊プロレス編集長のターザン山本氏に事の経過を説明し、「なにとぞ、よしなに。すみません」と、ひたすら頭を下げまくったそうだ。

「見返り」として神社長がUWFのビデオ販売を許諾

で、この話には、まだ続きがある。

UWFの東京ドーム大会が無事に終了した頃だ。集英社において、あるプロジェクトが動き始めた。今後、奇跡的に日本経済が元気を取り戻し、好景気になったとしても、二度と実施されないであろうプロジェクトだと思うので、出版界の歴史的な記録としても書き留めておきたい。

そのプロジェクトを簡単に説明すれば、集英社という出版社が畑違いの映像販売に乗り出したのである。

当時、集英社では映像制作販売の部署を立ち上げており、週刊ヤングジャンプやセブンティーンなどの雑誌に独自の映像ソフトを作らせようとしていた。ただ、どの編集部も困惑気味で企画がまとまらない状況が続いていた。活字を生業にしている人間たちに、いきなり売り物になる映像作品を作れといっても、なかなか難しいのは当たり前の話で、まず映像の技術スタッフを集めるところから始めなければいけない。そのツテもない各編集部の編集者たちは、完全にお手上げ状態だった。

もちろん週刊プレイボーイ編集部にも映像制作の話が持ち込まれ、上の人たちがどんな話し合いを持ったのか定かではないが、その話はTさんに丸投げされた。当然、Tさんは私にそのまま丸投げ。

「何とかやって」

Tさんはその一言で、自分の仕事を終わらせた。

運がよかったのは私の仲間に、小沢のタケちゃんという映像関係に詳しい男がいたことだ。彼は映像を生み出すセンスがあり、実務作業にも長けており、なによりその手腕で多くの優秀な映像スタッフを集めることができた。私が最も信頼していた男でもあった。

毎週毎号の取材、入稿作業が控えているのに、映像ソフトまでも作らなければいけない――私は少し途方に暮れた。しかし、いくら途方に暮れていても、編集部もTさんも許しちゃくれない。とにかくタケちゃんと打ち合わせを重ね、私がプロデューサー、彼がディレクターのタッグを結成し、目の前のプロジェクトを乗り越えようとした。何でもいい、何かひとつ映像ソフトを作り上げないと、いつまでも試練は追ってくる。

とりあえず映像ソフトの方向性を定めることにした。まず、音楽関係は無理だろうと判断。アーティストや楽曲の許諾を得るだけで、とんでもない労力が必要になるのは容易に想像できた。

じゃあ、何をする？　プロレスか。でも、新日本も全日本も後ろにはテレビ朝日と日本テレビが控えている。記事を書くならまだしも、映像となればテレビ局が黙ってはいないはず、とこれも安易に予想できた。じゃあ、どうする？　ＵＷＦか。

テレビ局が付いていないＵＷＦなら、権利関係のハードルはさほど高くない……と考えたけども、気がかりなことがあった。それは当時のＵＷＦを影ながら支え、精神的支柱のような存在でもあったＫさんのこと。Ｋさんの会社は、プロレス＆格闘技の試合映像を企画制作販売していた。もし、ＵＷＦのソフトを作るとなれば、モロにＫさんの会社とかぶる。それが道義的にもよくないことは、私にもわかっていた。でも、何か抜け道があるかもしれない――ひたすら、そう願いながら私は神さんにアポを取った。

だが、やはり神さんは浮かない表情を浮かべながら、私の映像企画に耳を傾けていた。

「無理ですか、やっぱりＵＷＦの映像ソフトは」

「う〜ん」

「無理なら無理と言ってください。無茶を言っているのは僕ですから」

しばらく神さんは下を向いたまま。しかし、歌うようにこう言ってくれた。

「映像もやろう♪　あれ？　似てないですか？　あの時のＲ副編集長の言い方に（笑）」

「そんなことより、マジっすか」

「いいですよ。まあ、関係各所への了解は私のほうでしておきますよ。それより、似てなかったですか？」

当時の神さんは慎重派のキレ者というイメージとは別に、このようにスッとぼけたことを平気で口にするような人でもあった。
「いや、似ているかどうかではなく、例えば、Kさんは大丈夫ですかね」
「う〜ん、いい顔はしないでしょうが、何とかします。そうか、似てなかったのか（笑）」
「だから、そういうことが問題ではなく」
「正直、感謝しているんですよ、あの街頭宣伝の展開には。スポンサー筋の受けもよかったですしね。今のプロレス界、格闘技界を見渡しても、集英社が後援についてくれる団体なんかありませんから。その恩に報わないと」

そんな経過を経て作られたのが、高田延彦をフューチャーした『挑戦者たちの詩 高田延彦チャレンジング・ダイアリー』だった。高田の生い立ちをたどりながら、ロングインタビューを交え、目玉となったのは高田が〝青春のエスペランサ〟と呼ばれていた新日本の若手時代の必殺技を収録したこと。なにせガチガチのUWFスタイルを邁進していた時代の高田に、世田谷のUWF道場を借り切り、練習生を相手にトップロープに登ってもらい、ミサイルキックを披露してもらったのだから、とんでもない作品といえた。

それが評判になったのか、このビデオはそこそこ売れた。いや、そこそこ売れたというのがポイントで、他の編集部のビデオ制作プロジェクトのほとんどは途中であえなく頓挫したり、せっかく作っても壊滅的に売れなかったのだ。そのような状況において、〝そこそこ売れた〟〝黒字を出した〟のは大変な実績だった。

そうなると、集英社のビデオ企画室は私に「次も何か作っておくれ」と急かすようになっていた。とりあえず、次から次に作品を売り出していかないと企画室自体が消滅してしまうかもしれないという裏事情もあった。ちなみに、ビデオ企画室の室長はマンガ『キン肉マン』の〝アデランスの中野さん〟で人気者となった、あの中野和雄さんだった。アニメと同じ顔をした中野さんは入稿作業でクソ忙しかった私を何度も企画室に呼び出し、「別にヒット作品を作る必要はない。トントンでいいんだよ。大赤字を食らわずに、それなりの作品を出し続けることができれば、この企画室を閉じないで済む。だから、トンちゃん、頼む。入稿で忙しいのはわかっているが、なんとかしてくれ。ある程度の予算は出すから」

こう言われてしまうと、後には引けない。小沢のタケちゃんとともに、今度はUWF本体のビデオを制作することに。それが91年に発売された『最後のUWF伝説 選ばれし者たち』。この作品をシューティングするために、何度も世田谷のUWF道場に映像スタッフを引き連れて足を運んだ。

読者的なイメージとして週刊プレイボーイは率先してUWFを取り上げていると思われていたようだが、それは仕方がない。当時のプロレス記事は私が中心だったし、映像を作り出すためにUWFの各選手と密接に関わっていると、いわゆる情らしきものが湧いてくる。何かと肩入れしたくもなる。その結果、90年代の週刊プレイボーイのプロレスはUWFが中心となってしまったのだ。

その『最後のUWF伝説 選ばれし者たち』も売れた。見事に黒字だった。中野さんは大喜びで、「もっと作れ、もっと出せ」を連発。ある程度の映像制作の流れとコツをつかんだ私とタケちゃんは音楽界にも突入。91年に大友康平のロック魂に迫った『Pilgrim Fathers』を制作。アメリカのオハイオでロケをし、同年夏に西宮球場で行なわれた野外ライブも収録した力作だった。

これも売れた。その勢いのまま、93年には大友康平のニューオーリンズ、メンフィスでのアメリカライブを追ったドキュメンタリー『ROUTE55』を発売。この作品、当初の予算は7千万円だったが、最終的には1億5千万円まで膨らんでしまった。

「どうしましょ、中野さん。約2倍も製作費がかさんじゃいました」

「う〜んう〜ん、ま、かまへん、かまへん」

なんとまあ、大らかな時代だったのでしょう。でも、最終的には『ROUTE55』は赤字にならず、ちょっぴり黒字が出て中野さんもひと安心。たぶん、当時のVHSの値段が90分物で6〜7千円したので、ある程度の本数が売れれば何とかなったのだと思う。

そして、極めつけは当時、本誌で連載を担当していた徳永英明のビデオ『回帰線』。彼は競馬好きで馬に関するコラムを引き受けてくれていたのだけど、ビデオの内容も徳永さんをロンドン、パリまで連れて行き、本場の競馬勝負をしてもらうというやつで、ところどころに彼の楽曲を収録。これがめちゃくちゃ売れた。多大な利益を集英社にもたらした。

パンクラス旗揚げ直前にウェイン・シャムロック宅を訪問

ここまで実績を上げていくと、ある程度のワガママは許されたりする。そこで私はプロフェッショナルレスリング藤原組を離脱し、新たにパンクラスを立ち上げた船木を応援するべく、彼らのビデオ『新格闘技伝説船木誠勝の旅立ち』を制作することにした。

この作品の目玉はなんといっても、船木の宿命のライバルだったウェイン・シャムロックの密着取材。当時、ほとんどのプロレスマスコミが船木の視線、鈴木みのるの視線からパンクラスの旗揚げ戦を捉えようとしていたので、私は逆にシャムロックの視線を通してパンクラス旗揚げの意義を映像で問うてみようと試みたのだ。

早速、シャムロックを取材すべく私とタケちゃんの映像チームはサンフランシスコへ。そこでレンタカーを借り、約2時間かけてシャムロックが住むサクラメントに。シャムロックは笑顔で私たちを迎え入れ、「何でも協力する」と言ってくれた。サクラメントの外れのモーテルを制作基地にして翌日からシャムロックの練習を撮り続け、その合間にインタビューを行なった。

今でも覚えているシャムロックの言葉がある。

「生きていく上で大切なことはバランスなんだ。それは総合格闘技でも同じで、蹴る技術だけが優れたヤツが生き残れるわけではない。寝技が強いヤツだけが勝ち残れるわけでもない。どちらにも精通した、バランスの取れた人間が栄光を手にする。最近、それがなんとなくわかってきた。私の持論をパンクラスのリングで実証してみようと思う」

総合格闘技がまだ、成熟していなかった時代の話だ。その時点でのシャムロックの言葉は、その後の総合格闘技の行く末を示唆していた。

そうこうしているうちに、シューティングも佳境に入り、山岳地帯を走り抜けるシャムロックの勇姿を収めて収録は無事終了。するとシャムロックは、こんなありがたい提案をしてくれた。

「キミたちは明日の午後、サンフランシスコに戻るんだろ？　だったら、ランチを食べていってくれ。家で待っている」

翌日、約束通りにシャムロックの自宅を訪ねると「用意はできているんだ」と案内してくれたのが大きな庭で、すでにハンバーガーのパテが炭火で焼かれていた。シャムロックの娘さんたちがキャッキャッ笑いながら、庭でボールを追いかけていた。典型的な中流家庭のホリデーといったところだった。

シャムロックはかいがいしく私たちに飲み物を振る舞い、ハンバーガーを手渡し、「さっ、食べろ食べろ」と促した。さらに「これ、お土産に」とプレゼントしてくれたのがオリジナルキャップ。私はコーディネーターを介して感謝を述べ、何度もシャムロックに握手を求めた。

「いいんだよ、特別なことをしているわけでもないし。逆だよ、キミらのほうがよっぽど特別なことをしているじゃないか。私に会いに遠く日本から、このサクラメントまで来ているんだぜ（笑）」

そう言うと、シャムロックは私に椅子をすすめた。彼は隣に座ると、自分で焼いたハンバーガーをほおばりながら語り始めた。

「それにしても、フナキたちはよく頑張ったよ。いろいろ悩むことはあっただろうけどな。とにかく自分たちの闘いをするんだという意思を切らさず繋げて繋げて、ようやく旗揚げ戦までこぎ着けた。繋ぐのは本当に大事で、切らさずに繋ぐことができれば、その過程で何かが生まれ、新しい出会いも増えていく。繋げることができれば、自分たちが予想もしていなかった未来をも切り開くことができる。旗揚げ戦で俺とフナキは、その未来を開く扉の前に立つ。勝ったほうが扉をこじ開けることになるがね。ま、旗揚げ戦では俺が勝つよ。今の俺にはフナキに負ける要素が見つからない。もちろん、キミは俺を応援してくれるんだろ？」

そこは笑って誤魔化した。

娘さんがシャムロックを呼ぶ。

「OK、すぐ行く」

シャムロックはアメリカの良きパパの笑顔を見せながら、娘さんのほうに歩き出した。

繋げて繋げて、切らさずに何かにたどり着く――。

振り返ってみれば、最初の繋ぎはR編集長の「Uもやろう♪」の一言だった。神田神保町にある集英社ビルの週刊プレイボーイの編集部で放たれた短い一言。そこから切らさず、ライターとしての編集作業と並行して映像制作にも取り組み、オハイオ、ニューオーリンズ、メンフィス、ロンドン、パリ、繋げて繋げて、サクラメントまで。

よくぞ、ここまで繋いできたものだ――。

蒼く澄み渡ったサクラメントの空を見上げながら、素直にそう思った。

第3章 週刊プレイボーイのアフターU

ビッグ・インタビュー

「UWFに未練はない!」—たったひとりの旗揚げ

5月11日、横浜アリーナに立つ孤高の戦士

〝ひとり〟になって正解

前田日明

1991年

前田日明
「UWFで失敗したのは組織論だね」5月11日、たったひとりの旗揚げ

UWFが解散した。一枚岩と呼ばれたUWFが……。
高田と山崎は、安生や中野、宮戸とともに『UWFインターナショナル』を設立。藤原は船木、鈴木らとレスラーとして生きるためSWSと提携した。
そして前田日明はひとりになった。いや、ひとりになることを自分から選んだのだ。レスラー前田日明の本当の姿を見つけるために。
ひとりで何ができるんだ、と笑う人もいるだろう。しかし、不可能を可能にするのが前田日明だ。
前田は、レスラーがひとりの団体『リングス』を設立。
「誰が一番強いのかはっきりさせたい」
この夢に向かって前田はまた走り始めた。

＊

PB　まず聞きたいんですが、団体の名前が『リングス』、そこにUWFの3文字はない。

前田　UWFという名前にしても最初はユニバーサルだった。それがUになってUWFになった。UWFになった時の状況が一番派手だったんで、その名前が残ったということだけだよ。自分にとって名前というのは一時期の問題でしかない。一番大事なのは、何をやっていくのか、何を守っていくのか、何を伸ばしていくのか、何を目指すのかということなんです。

PB　UWFという言葉がひとり歩きを始めてしまった。そこに振り回されないようにということですか。

前田　UWFだなんだって言っても、これは前田日明がやったからそうなったもんなんです。それには俺自身すごく自信があるのね。自分が言ってきた、望んできた、考えてきたことを現実にしてみる。すると、過去、UWFといわれてきたものになる。そして将来はUWF以上のものになるという絶対的な自信が。自分は別に名前なんか必要ないんです。

PB　半年ぶりの試合、しかも異種格闘技戦。けっこう大変だと思いますが。

前田　何をやればいいかというのは経験的にわかっているからね。前のUWFの時も、11月から新日本プロレスのマットを干されていて、旗揚げで試合をしたのは5月だった。それに、オランダのクリス・ドールマンたちはUWFルールをもとにした格闘技団体だから不安はないよ。

PB　現在のコンディションは。

前田　今は基礎体力作りの段階だね。いろいろあって3か月なにもできなかったから、朝起きて10キロ走って、それから道場で基礎体力作り。とにかく心臓を作らないと。なにぶん

ひとりなんでスパーリングができないのがつらいけど。最近は協力者が出てきたけどね。
PB どういう人ですか。
前田 空手やってる人もいるし柔道家もいる。サブミッション（関節技）を教えてくれるという人もいる。あと、ナゾの韓国人空手家という人も来ました（笑）。
PB 強いんですか、その人。
前田 まあ、いろいろいますよ。名前を聞いたら驚くような人もいます。
PB でも、道場でひとり黙々と練習してて寂しくなったりはしませんか。
前田 ないですね。すっきりしてる。そういうの数え上げたらきりないし。今さら後ろ向いてもしゃあないしね。
PB 鶴見の道場なんですが、新日本、UWF時代に続いてまた川べりにありますね。
前田 道場、広いよ。中でダッシュができるもん。川べりっていうのも因縁あるね。川のように流れてばかりだよ（笑）。

＊

前田は松本大会のあと選手同士で会議を開く。

新生UWFの今後についてだ。しかしその席上、どうしても前田日明を信用できない選手の出現により解散を宣言。

＊

PB 新生UWF解散のことについてなんですが。
前田 組織論だね、失敗したのは。〝みんな並列で、仲間じゃないか、同志じゃないか〟となってしまったことが失敗だった。1艘の船に船頭が多過ぎたのね。
PB ファンの中には、プロレスマスコミの過剰な憶測記事によってUWFが解散に追い込まれてしまったと感じている人もいます。
前田 マスコミに乗せられた部分というのは確かにあると思う。でも、それが全部というのはあまりにも情けない。自分自身の誤算は、UWFの選手が思ったほど自立してなかったこと。彼らは、「みんな仲良くやっていこう」というのじゃなく、俺に引っ張ってもらいたいところがあったみたいだね。
PB みんな前田さんに引っ張っていってほしかったと。
前田 これはもう確信があります。絶対的に自信があります。
PB それで1月7日に解散宣言をしてしまうんですが……。
前田 自分は、UWFは選手ひとりひとりが並列で平等である。だから、ひとりでも前田日明を信用できない人間がいたら解散しなければいけないと思ってたんです。でないと自分の言ってることが全部ウソになる。高田選手や山崎選手も同じように、「自分もそう思います。ひとりでも納得できない人がいたら解散したほうがいいと思います」と言ってくれた。
あの解散宣言は、誰のせいだなんてことじゃないんです。ひとりの選手がどうしても自分を信用できないというので、もう仕方がなかった。暗黙の不文律に従ったということだね、あの解散の仕方は。
PB 結局、みんなの根っこの部分でレスリング観にズレが生じてきたんでしょうか。

前田　それはあるでしょう。だからあの事件に関してもわからないところが多くて。

自分は、ズレがあったから別れちゃったと思ったんですよ。でも、みんなの記者会見なんかを丹念に読んでみると、今までのUWFを継承してやっていくんだと言う。みんな同じこと言ってるでしょう。じゃあ、〝なぜ解散なのか〟ですよ。

感情的に何かあるかというとそうでもない。今でも「？」ばかりだね。

PB　分裂して藤原選手や高田選手が旗揚げ発表。前田さんはひとりぼっちになったんですが、「もうプロレスはやめた」と考えたことはありましたか。

前田　諦めたことはないけど、俺自身はUWFが駄目になったら引くというのがあった。なぜかというと、世界中でUWFスタイルをやろうと思ってるやつは俺たち12人しかいないと思ってたから。

PB　ゴタゴタの最中はどういう生活だったんですか。

前田　もう、ほんとにメロメロだった。そして、ずっと考えてた。よくもまあ、これだけものを考えられるというくらい考えたわ。

やけくそでいくにしろ、引くにしろ、自分で納得できるにはどういう方法があるんだろうかとかをね。

PB　それで見つかった方法が、ドールマンの協力を得たひとりぼっちの旗揚げ。

前田　そうだね。今回、彼にはもう迷惑はかけられないから洗いざらい喋ったんだ。契約金を払っていたんだけど、「それは返してくれなくてもいい」とね。そうしたら「いや、諦めるのは簡単なんだよ。やろうじゃないか」と言ってくれて。大体、ひとりでやるのが異常なんですから、もう行けるとこまで行ってしまえ、と。

PB　レスラーは前田さんだけ。選手を増やさなくては。

前田　練習生が入りました。でけえのがひとり。18歳なんだけど194センチで110キロ。で、デブじゃないんだよ。こうやってこういう感じ。四角いの。

PB　やはり即戦力が必要だと思うんです。先日、北尾光司がSWSを解雇されましたけど。

前田　レフェリーに暴行して試合放棄。そして、〝八百長野郎〟の暴言。問題児だな、あいつは本当に。

PB　「前田さん、一緒にやりましょう」と言われたらどうしますか。

前田　あいつ、何やりたいかさっぱりわからないんだよね。北尾って、周りの状況に流されてずっとやってきたところがある。だからプロレスやってること自体がどうかな。

やってることに全然覚悟がないんだよ。SWSでも、北尾自身はここをレスラー最後の地にしたいと言ってたでしょう。何か言葉が軽いね。

PB　問題にせずと。

前田　ほんと、全然考えてない。

PB　年内のスケジュールはどうなってますか。

前田　年内は横浜アリーナを含めて4試合。それ以外にオランダで試合をするかも知れません。

PB　ルールに変化は。

前田　ニーパッドの装着規定とドクターストップの判断基準が変わります。ドクターストップも、血が出たから終わりではなく、止血して大丈夫なら続行させます。

PB　最初にUWFは平等並列で失敗したと言ってましたが、リングスではどういうふうにするつもりですか。

前田　自分がよく終着点を見据えて舵をとるつもりです。下の人間の意見も聞くには聞きます。でも、断固とした気持ちで引っ張っていかないといけないと思う。

PB　それって、今まで前田さんが否定してきた猪木さんや馬場さんの会社と同じに思えるんですが。

前田　猪木さんや馬場さんには目的がない。今日よければいい、来年よければいいんですよ。そうじゃないんです。

　俺が望んでいるのは、自分がくそったれの頑固ジジイになった時、近所のガキにこんな能書き垂れることなんですよ。ガキどもが、「一時期、UWFといわれて、その後リングスというのをやった変な偏屈なレスラーがいたんだ」、「へえー」なんて話してるの。その時、横にいる俺が「それ、俺や。参ったか」って言うの（笑）。

PB　じゃあ、終着点とは。

　テレビでは、俺の遥か後の世代のレスラーが闘ってる時にね。

前田　自分の選手生活もそんなに長くない。だから現役のうちに自分と同じものを引き継げる人間を育てたい。そのためにしっかりした組織やバックアップ・システムも作りたい。

　いずれ世界最強の男はリングスから出続けるでしょう。その自信はあるよ。

PB　なんとなく前田さんは、リングスでプロレスとは別個の世界を作るような気がするんですが。

前田　実際にリングを見たら別のものでしょうね。だから、プロレスうんぬんというよりも、その延長線上にあるのがリングスだと思う。柔術から別れて柔道ができたようにね。

PB　ところで、3本に流れ始めたUWFという川。また1本に合流することはありますか。

前田　自分にはもうこだわりはない。だから目指すものが同じなら自然に一緒になると思う。でも、まだよくわからない部分が多いからね。1年やってそれぞれの本当の姿が見えた時じゃないの、同じリングに上がるかどうかは。

PB　それは前田さんにも言えることですね。

前田　俺が変わるわけないじゃないですか！

＊

　UWFの試合はやっぱり忘れられない。しかし、自分の主張を信じて前田日明はたったひとりの旗揚げを決意した。そして、それは決して間違ってはいない。

　5月11日、横浜アリーナでファンにそれを教えてくれるはずだ。

1992年

ロベルト・デュラン
4階級チャンプが船木誠勝と激突！「子供の頃のヒーローはエル・サントだ」

4階級制覇を成し遂げた偉大なチャンピオンは陽気な男だった。

インタビュー・ルームに入ってくるなり同伴した夫人に何やら語りかけ、ウケケケと奇妙な笑い声を絶え間なく発していた。

その奇妙な笑い声は、数10分前に行なわれた船木誠勝との記者会見でも響いていた。取材陣の中からも「プロレスをバカにした笑い声だ」と、彼の笑い声に腹を立てた声が上がっていたほどだ。

ただ、写真撮影のために船木と向き合ってファイティング・ポーズをとった瞬間だけ彼の顔からすーっと笑顔が消え、鋭い眼光を放った。ゾッとするほどの凄味が漂った。

現役時代の彼は怖かった。ファイターだった。リングに上がった瞬間から相手にパンチの雨を降らせるブルドーザーのような突進力を見せていたのだ。とにかく、ボクシングのテクニックとは無縁のパワーと己の拳の堅さだけで世界に駆け上がった男なのだ。

「さあ、なんでも聞いてくれ。ウケケケケ」

まずは、船木の印象から聞かせてください。

「俺より体が大きいな」

当然でしょ、彼はレスラーなんですから。

「そうかあ？　俺の知っているレスラーは、みんな体が小さいぞ」

そういえば、チャンプは子供の頃からメキシコのルチャリブレのファンだったそうですね。

「そうだ。子供の頃のヒーローはエル・サント（ルチャリブレの伝説的なレスラー。日本でいえば力道山と馬場を合わせたようなレスラーなのである）だったからな」

船木のプロフェッショナルレスリングとメキシコのルチャリブレは同じプロレスでもまったく違うものなんです。チャンプはちゃんと理解しているんですか？

「プロレスはプロレスだろ。俺が見てきたプロレスとどんなにスタイルが違おうと、すべてはリングに上がる自分自身の問題なんだ」

船木と向かい合ってファイティング・ポーズをとった瞬間、何を考えていましたか。

「なーんにも、ケケケケ。俺はな、4階級を制覇したチャンピオンだったんだぜ。あんな場面は腐るほど経験しているんだ。この笑いだって相手を威嚇する手段のひとつなんだ。船木は俺の笑い声を聞いてビビッたはずだ。いいかい、俺と船木の試合はすでに始まってるんだ」

それまで椅子の背にもたれるようにして話していた彼が急に上半身を前に乗り出してそう言った。顔からは笑みが消えていた。

彼はなぜ船木との異種格闘技戦を決意したのだろう。彼はすでに41歳なのだ。故郷パナマとマイアミに豪邸を所有し、家族からも愛され一生遊んで暮らせる大金も掴んでいるのに、だ。

ボクシング界から引退した彼の楽しみは、パナマのレストランやマイアミにあるスペイン語しか通用しないバーでファンたちと自分の激闘の歴史を振り返ることだった。パナマでは彼は英雄だ。パナマ人にとって彼は誇りなのだ。だから、いつでも彼の周りには人が集まる。彼らは、英雄の人生が英雄の口から語られるのをとても楽しみにしているのだ。

彼もそんな時間が自分に残された最後の幸せな時間だと思っていた。しかし、彼の心の中でくすぶり続ける闘争心がその穏やかな時間を許さなかった。

「ボクシングを離れてから、毎日のようにリングで闘っている夢を見るようになってしまったんだ。もちろん、夢の中でも相手をKOして、レフェリーが俺の右手を挙げているがね。何度も何度も夜中に目が覚める毎日だったよ。拳に汗をかいて、ね。

そのうち、夢じゃなくて現実にリングに上がりたくなってしまったんだ。俺はまだ自分の最終到達点に達していない。現役引退の発表はしたけど、俺は自分の肉体に対してジ・エンドの答えを出していない。そう思うと我慢できなくなってね」

その、最終到達点というのは?

「決まっているじゃないか、5階級制覇だ。当然だが、家族は反対した。みんな俺の体を心配してくれているからね。しかし、5階級制覇を成し遂げなければ、俺は死ぬまでボクシングの夢を見なければならなくなる。

ボクシングは大好きだ。自分にとっては人生のすべてだと思っている。だからこそ俺の人生でやり残した5階級制覇を目指したいのだ。

幸運なことに、IBFスーパーミドル級チャンピオンのアイラン・バークレーが俺との試合をOKしてくれたからな。ワンチャンスに賭けてみようと思っている。今年中には試合が組まれるだろう。家族も1試合だけならボクシングをしてもいいと言ってくれたからね。

船木との試合は、バークレーとの試合が決まる前に契約の話がきたんだ。とにかくリングに上がりたかった俺は、すぐにOKの返事をしたのさ。まあ、船木との試合で、もし怪我でもしてしまったら世界戦は延期になるだろうけどね」

今、〝怪我をしてしまったら〟という話が出ましたけど、レスラーと試合をするのは怖くありませんか?

「ないな。腕を折られてしまうかも知れんが、まったく恐怖心なんかない。俺が完璧に体調を戻せば恐れることは何もないんだ。船木が俺の腕を折る前に俺が船木をマットに沈めているよ」

投げとか関節技のディフェンスは考えていますか。

「ない。何度も言うようだが、自分の体調が万全であれば、どんな技で攻めてこようがリング上で対応できる」

わかりました。では、船木戦の後に行なわれる世界戦でチャンプのボクシング人生は本当に終わりなんですか？

「そうだ。勝とうが負けようが、その1試合でロベルト・デュランのボクシング人生には完全に幕が降ろされる。最終到達点に達してからグッバイしたいから、なんとしてでも勝ちたいけどな。

でも、その試合を行なってしまえば、もうボクシングの夢は見なくなるんじゃないかな。ウケケケケ」

最後にいじわるな質問なんですけど、元ヘビー級のチャンピオンがレスラーとの試合に恐れをなして、1発のパンチも出さないままリングから逃げてしまったんですが、その件に関してはどうですか。

「リングに上がったら、リング内しか逃げる場所がないということだ。だから、日本のファンにも船木との試合を楽しみにしていてくれと伝えてほしい」

1993年

前田日明

復帰直前の格闘王が見つめる未来「俺、誰よりも遠くに行けるよ」

汚いソファだった。汗の臭いがプンプンしていて、やけに重たい湿気を含んでいたソファだった。89年5月1日。世田谷・大蔵にあった第2次UWF道場。そのソファは練習用のリングの横に置かれていた。練習を終えチャンコを食べ終わった前田がやれやれという感じでそのソファに腰掛けた。僕も前田の表情を真似して、やれやれと呟きながら前田の横に腰を下ろした。

「ねえねえ、冷凍みかん食べる？」

食べる食べると言うと、前田は冷蔵庫から冷凍みかんを投げてよこした。鋭くカチンカチンに凍った硬球のようなみかんの皮をソファに座りながらふたりして必死になってむいた。

「俺たちのUWFもさ、この冷凍みかんみたいなもんなんだよ。食べたい実の部分にたどりつくまでに硬い皮をむかなきゃいけない。この硬い皮がやっかいなんだよ」

UWFの実の部分って、具体的にどんなもの？

前田はようやくむき終えたみかんを半分に割り、その半分をパクッとひと口で飲み込んでしまった。

「冷凍みかんってさ、お湯をかけると皮がむきやすくなるんだよ。知ってた？　うん……そう、そうだからさ、今後はもっと選手を増やしていって道場制を確立させたいんだ。日本全国に道場を設立させて、その各道場の選手同士が試合をする。そうするにはきちんとしたスカウト・システムをまずは作らなければいけないんだけどね。

アマチュアスポーツの世界には凄い奴らがゴロゴロいるからね。そんな奴らを引っ張ってこれるスカウト・システムを作らなきゃだめなんだと思う。

そしてね、最終的には年1回ぐらいの規模でトーナメント大会を開いて、その年のチャピオンを決めてランキングを発表したい。誰からも後ろ指を差されないランキングを作りたいんだよ。

だから、要するに俺たちがやっている試合？　UWFというものを世間的プロスポーツとして認めさせたいんだ。大仁田がやっているプロレスを俺は別に否定はしないさ。だけど、彼らのプロレスと俺たちがやっている、またやろうとしているものを同じプロレスだからといって同じ枠の中に入れないでほしいと思っているんだよ。

うん。もうね、プロレスという言葉は捨てなきゃいけない時期なんだろうね。プロレスに代わる新しい言葉を探さなきゃいけない」

あの日から前田日明の時間はまたたく間にめまぐるしく過ぎていった。第2次UWF解散、ひとりぼっちでのリングス設立、懸念されていた膝の手術、リハビリ。そうやって時間が消化されて第2次UWFの風景は少しずつ遠くへ押しやられていった。でも、あの汚いソファでの会話だけはいまだに僕の頭の中にポツンと鮮明に取り残されている。

どうしてだろう。多分、第2次UWFの解散を悲しみながらも、あのままUWFが解散せずに続いていったら、果たして前田は彼の夢の砦だった〝冷凍みかん〟の皮をむけたかどうか疑問だったと、僕自身がどこかで納得しているからに違いない。

膝の手術が成功し、リハビリも順調に終え、あとは10月23日に予定されている福岡大会での復帰戦を待つばかりの前田が僕の横に座っている。

都内の某収録スタジオのロビー。洗練された作りのロビー。僕らが座っているソファは座り心地もよく、清潔感溢れるソファだ。汗の臭いなんかまったくしない。

汚い道場のソファからきれいなソファに僕らが座るまでの間、前田は着々と自分の夢を実現していった。道場制はリングス・ネットワークと名を変え、オランダ、ブルガリア、ロシアなどに設立されていった。昨年、念願だったリングス・ネットワーク主催のトーナメントも開催されランキングも発表された。

設立当時は前田しかいなかったリングス・ジャパンにも長井満也が参加し、入門テスト生だった成瀬昌由、山本宜久も実験リーグを通して確実に地力をつけてきた。

そして、最近では前田日明のことを誰もが〝リングスの前田日明〟と呼ぶ。もう〝プロレスラーの前田日明〟とは呼ばない。世間はプロレスとリングスをまるっきり違う格闘技として認識し始めたのだ。

「俺は自分の言葉に責任を持っただけだよ。自分ひとりでなにもかもやった。誰の手も借りなかった。自分の頭とハートだけでやり遂げた」

それにしても、とてつもないスピードで自分がやりたいことを実現していったよね。

「俺、自信あるもん。誰よりも遠くに行けるし、誰よりも最短距離で目的地にたどり着いてるもん。なにも理解していない奴は、俺がやろうとしていること、例えば、トーナメント大会についていろいろ悪口を言うけど、いざ大会を実行してみたら、ああ、なるほど、前田はこういうことをやりたかったんだって理解する。遅すぎるよね」

ひとりぼっちになってしまったから、どんどん自分のやりたいことが実現できたと思っていいのかな。

「俺、民主主義とか合理性というものを大事に考えすぎてた。あの頃は、とにかく民主主義に忠実であろうとするあまり動脈硬化を起こしちゃってたんだよ。俺のプランなんて他の選手の前で言えなかったもん。彼らには彼らの考え方ややり方があるだろうと尊重しすぎた。もっとバーンっと強権制でいけばよかったのかという気がする。

俺の場合ね、いつも自分の気持ちを抑えちゃうんだ。本当はこういうことをやりたいと思っていても、相手のことを理解しちゃうと自分の気持ちを抑えてしまう。結果は、自分がバカをみることになってしまうんだ」

でも、そういう前田さんのつい相手の気持ちを考えてしまう部分を僕らは大好きだったんだけど。

「いや。自分の気持ちばかり抑えてたり、相手のことを無理にでも理解しようとしてたりしてたらなにも前に進まない。だから、俺は単純にね、自分の周りにいる人間たちを敵か味方かの2つに分けたんだ」

敵か味方か。

「うん。それでいいの。単純にね、そうやって識別したらとても気楽になれたしね。いろんな人が俺の周りにいたよね。頭にくる奴もいたけど、単純に識別するようになってからは、もうね、そういう人でもがんばってくださいねって思えるようになったし。

今年でプロデビュー15周年なんだけど、つまらん人間を相手にしすぎたよ。この15年間というのは、純粋にリング上の闘いよりも嫌な人間関係のゴチャゴチャとかが多すぎたもの」

15周年に関しての感慨みたいなものは別にないんだね。

「ない」

ない、かぁ。

「ない。今はもう15周年なんか関係ないよ。ＵＷＦの前田日明は終わった人間。昔のことなんか聞かれたくもないし書かれたくないね」

普通は、15周年を迎えたということで、酒でも飲んで〝昔は嫌なこともあったけど、いい試合もあった〟と振り返られるものじゃない？　それなのに、そこまで拒絶するのは少し寂しい気がする。

「現に俺は生きているんだ。試合で怪我でもして引退しているんだったらそういう気分にもなれるかも知れないけど、俺は生きているんだ」

では、今、現時点では先のことしか見えていないということですね。

「うん。リングスは、あと3年ぐらいしたら、みんなが予想もつかんぐらい成長していると思っているし」

その予想もしない成長というのは具体的にはどういうものなんですか。

「まだ細かくはしゃべれないけど、俺の言っていることはすべて実現するということだよ。今までいろんな人がああしたいこうしたいとプランをしゃべってたけど、実際にどれだけのことを実現できたのか。実現するためにどれだけの犠牲を払うことができたのか。

俺以上の犠牲を払った人はいないじゃない、はっきり言ってさ。プランの実現に向けてみんな口では軽々しく言うけど、まったく自分の犠牲は払わない。いつだって結局はさ、あいつが悪い、こいつが悪いの言い合いで終わってしまうんだ。

俺は違うよ。俺はいつだって自分で犠牲を払って自主的に進んでいくんだから」

UWFの夢という身が詰まった冷凍みかん。前田は誰の手も借りずに自分でお湯を沸かし、そのお湯をかけて凍った皮をスルスルとむき、自分の口の中にポンッとほうり込みむしゃむしゃ食べたのだ。

今回のインタビューで印象的だったのはカール・ゴッチとの再会の話だった。前田は先月、タンパに飛びゴッチに再会し、新しい技を教えてもらったらしい。

「昔ね、ゴッチさんに技を教えてもらった時、本音を言えばよくわからなかったんだ。うん、いろんな技を教えてくれたよ。でも、うまく理解できなくてね。どうして、この手をこう捻れば痛くなるんだろう、みたいな部分が理解できなかったんだよ。ゴッチさんは最初は形を教えてくれるだけ。でも、それじゃまだ技は本当に身についていないんだ。形、型を支える理論を自分が理解できるかどうか、そこまでが第1段階だね。そうなって初めてその先の段階に進めて、本当に技を修得したといえるようになる。

リングスを設立してからリングス・ロシアの連中がうちの道場で練習するようになったでしょ。で、彼らのサンボ流の動きを見てたり一緒に練習していくうちに、あの時、どうしても理解できなかったゴッチさんの第1段階の理論がわかってきたんだ。

それで、この間、ゴッチさんに会った時に、〝あの時、俺に教えてくれた技の理論はこういうことじゃないですか〞と言ったら、〝お前、ようやくわかったんか。じゃあお前に技を教えてやろう〞ということで5つもらったの」

それは、投げ技？

「いや、もうとてもシンプルで実戦的な関節技だよ」

アクション映画スターでもあり天才格闘技者だった故ブルース・リーが自ら手掛けた〝テコンドー〞の技術書の第1章には次の言葉が記されている。

「格闘技はなにも体を鍛え強くなることだけが最終目的ではない。格闘技は思考である。思考の積み重ねが己の精神と格闘技技術を高めていく」

前田はまたひとまわり格闘技者として成長し強くなった。

10月23日、前田日明は長い闘病生活を終え、復活する。

「不安は不安だろうね。でもね、リングスを設立するまでのブランクの期間を考えたらはるかに今回の復帰のほうが状況はいいよね。あの時は練習するにもひとりだった。

今は、道場にロシアの連中とかいるし、若手も育ってきたからね。やっぱり、格闘技というのはひとりじゃ絶対に強くなれないんだ。同じ人間相手に何時間でも練習していけばどんどん強くなれる。今、うちのリングにはいろんなタイプの格闘技者がいるし、とても環境的にはラッキーだと思っている」

鈴木みのる

モーリス・スミスに無念のKO負け「ダウンして、頭をよぎったのは……」

日本中の格闘技界が大注目していた試合が終わった。選手、関係者、格闘技マスコミ、ファン、すべての目がこの一戦に注がれていた。鈴木みのる対モーリス・スミス。

この一戦が異種格闘技戦ならばこれほどまでに注目を浴びなかったと思う。レスラー鈴木が、キックボクシングのチャンピオンであるスミスに、グローブをつけたままのキックボクシング・ルールで戦いを挑む、ということが異常なまでの興奮とセンセーションを呼んだのだ。

誰もが〝鈴木は無謀だ。結果は目に見えている〞とささやき合った。しかし、鈴木にすれば無謀だろうがなんだろうがスミスと闘うことができるのであればどんなルールでも関係なかったのだ。

鈴木をそうまで駆り立てた原因は、4年前に第2次UWFが開催した東京ドーム大会においての対スミス戦にある。異種格闘技ルールにもかかわらず鈴木は一方的にぶちのめされた。

負けて悔しい、負けて情けない、もちろんそんな心情もあっただろうが、とにかくもう一度、スミスと同じリングに立たなければ一生、後悔することになる。そんな激情が鈴木をあえて無謀な闘いに走らせたのだった。

11月8日、神戸ワールド記念ホール。楕円形の会場の天井が揺らぐほどの歓声を浴びて鈴木はリングに上がった。

ゴング開始早々にスミスの右ストレートで鈴木がダウン。スミス優勢のまま試合は進み、3ラウンドに入って一気に決着する。再び右ストレートを浴びて鈴木ダウン、カウント9。あとは一方的だった。続いてカウント8、さらに右ストレートから左フックで鈴木はとどめを刺されたのである。3ラウンド0分52秒、TKO負けであった。

「試合前に、さんざん作戦を立てたんですよ。いろんな方からアドバイスしていただいて、自分なりに消化して細かい作戦を立てたんです。

でも、ゴングがカァーンと鳴った瞬間に、せっかく綿密に立てた作戦とまったく違うことをやってしまいました。いきなりスミスの顔の前まで行って〝この野郎〟とバーンと殴らなきゃ気がすまなくなってしまったんですよ。

あの一瞬が、あの日の気持ちのすべてです。4年間溜めていた気持ちのすべてです。スミスに関しては、ルールだとかなんだとか関係ないんですよ。とにかくリングの上でお互いに一発ずつ殴り合ってどっちかが倒れるまでやろうみたいな、そんな気持ちなんです。で、俺のほうが試合開始早々に一発で倒されてしまったんですけどね（笑）」

でも、試合前に立てた作戦を実行していれば勝てたかも知れない。

「距離をとって慎重に闘えば技術的にスミスのパンチは避けられたかも知れないけど……。だから、バカなんですよ、俺（笑）。でもね、他の選手との試合では計算高く試合をするけど。うん、そうしないと勝ち続けるのはむずかしいからね。予測を立てながら試合をするけど、スミスに関しては、作戦どおりに闘ってたとえ僅差の判定で俺が勝ったとしても、俺自身、喜べないような気がするんです」

スミス戦が終わって、今はどんな気分ですか。ホッとしている？

「ホッとしたのは、試合が終わってからの数時間だけだったなあ……。控室に帰った時は真剣にホッとしましたね。ホッとしてすっきりしました」

それはよかったね。

「でもさ、試合の後にみんなでワーッと飯を食いに行って夜中頃にホテルに戻ってきて、さあ、寝ようかなとベッドに横になった時にすっげえ悔しくなりました（笑）」

改めて試合を振り返ってみたいんだけど。やはり、キックボクシングのルールはハンデにはなったと思うよ。

「関係ないですよ。それでも1回だけ、たった1回だけクリンチした時に〝どうして俺は、こんな試合をやっているんだろう〟と思いました」

せっかくクリンチでもスミスを捕まえたのにね。

「うん（笑）。せっかく捕まえたのに、なんで俺は関節技を使っちゃいけないのかなと思いましたけど（笑）。一瞬だけそう思いましたね」

最初のダウンの瞬間は覚えていますか。

「気がついたら倒れていましたね。それでも、ダウンしてから立ち上がろうとしている瞬間は覚えているんですよ。あの時、頭の中をよぎったのは俺が新日本プロレスに入門した初日の出来事だったんです。俺がバッグをかついで合宿所に入っていって、最初に飯塚（孝之）さんとか紹介されたんです。で、先輩たちが洗濯物を片付けていたから手伝ったんですよね。

その時に、パッと後ろを振り向くと船木さんが立っていたんですよ。俺はすぐに〝今日、入りました。新しくお世話になります鈴木です〟と船木さんに挨拶したんです。その風景がスーッと頭の中で映像となって甦ったんです」

それはすごい体験だよ。

「なんで、あの日のことを思い出しちゃったのかな。よくわかんないな」

3ラウンド目のTKO負けの瞬間は覚えている？

「あの時は、自分でも何回ダウンしたか理解できてなかったみたいですね。2度目のダウンの時も、俺はもう10回ぐらいダウンしていると思ってたくらいですから。

最後はね、だっせえなぁ、カッコわるいなぁ、このまま終わりたくないなぁの繰り返しですよ。だって、負けたらただのゴミだもの」

今回の負けは誰もそんなことは思わないよ。

「いや、俺がそういうふうに思っているんですよ。このルールで勝ったらすっげえカッコいいけど、負けたら逆にすっげえダセェ。今、自分で自分のことをそう評価しているんですよ」

もう一度、確認したいんだけど、なぜそんなにスミスにこだわるんだろう？

「4年前に闘った時にスミスに恐怖を感じたんです。初めて体験する怖さでした。殴られる、蹴られるのが怖いんじゃないんです。わけのわからない恐怖なんですよ。その恐怖はアントニオ猪木からも感じなかったし、藤原さんには違った意味での怖さは体験したけど、その怖さとは比較できないほどの恐怖なんです。

だから、その恐怖を克服しなきゃいけないと思った。克服しようとするこだわりがどんどん強くなって、どうしてももう1回、スミスと闘いたいという気持ちになったと思います」

神戸ではその恐怖を感じましたか。

「感じなかった。怖くもなかったです」

恐怖に打ち勝ったんだから3度目は勝てそうだね。

「勝てるとか負けるとか、いいですよ。悔しい気持ちはもちろんあるけど、今はもう一度、スミスと闘わなければいけないと思っているだけですからね。3度目の闘いでお互いに何も残らないかも知れない。ボロボロのスミスと闘うことになるかも知れない。自分が絶好調で簡単に勝ってしまうかも知れない。

　でも、スミスとはもう一度、闘わなければいけないんです。ギリシャ神話のパンドラの箱ではないけど、スミスと闘わなければその箱の中身がわからない。箱を開いてみて後悔するのではなくて、どんなことがあっても箱の中身を確認しなきゃいけないんですよ」

1994年
前田日明
「昔の俺は隙だらけだったんだから。味方だと思って安心していると……」

　思い出した。1年前のインタビュー、前田日明はイライラしていた。それは口調でわかった。前田は精神状態が不安定な時、決まって言葉が投げやりになる。

　1年前がそうだった。

「もうね、敵か味方か、それしかない。俺、誰に会っても瞬間的に〝こいつは敵か味方かどっちなんだ?〟と判断するようになった」

　すっげぇー寂しい言葉だった。対人関係を〝敵か味方か〟で割り振る。ビジネスを進めていく上では便利かも知れないが、温かい人間関係は作れない。前田はリングスを設立してから、そうやって生きているのだ。

「基本的には変わってないと思うよ、1年前とね。ただ、少し変わったのは、敵だと思っても味方だと思っても、まずは相手をよく見ることにしたよね。少し相手との距離を置いてみるというか」

　どっちにしても、対人関係を〝敵か味方か〟で区別するのはよくないよ。

「仕方ないさ。昔の俺は隙だらけだったんだから。例えばさ、『この人は俺の味方だ』と思って安心していると俺の〝金玉〟を握ってたりするんだ。で、〝金玉〟をそいつが握った瞬間に、やべぇ、こいつは敵だったと思っても遅いじゃないか。そういう経験をかなり積み重ねてきてしまったからね」

　だけど、そんな生き方は辛いだけじゃないかな。

「でもね、そういうふうに割り切らないと乗り越えられないハードルがいっぱいあったんだ。第1次UWFが崩壊して新日本プロレスと提携した時、第2次UWFが崩壊した時とかさ。いつも俺の足元は断崖絶壁だった。崖っぷちから落ちないようにするには、常に自分の心を合理的にする必要があったんだよ」

　否定的な言葉が続いてしまうけど、本来、前田さんは自分の心を合理的にすることができない人だと思う。

「自立したんだよ。以前は仲間だとか同胞とか家族という言葉に、自分の気持ちがナヨナヨしてしまう部分があったよね。特に第2次UWF時代がそうだった。リング上でもリング外でも人間関係がどうしてもベタベタしたものになってしまっていた。今は自分の精神を合理的にしているから、ベタベタする必要もなくなって、かえって楽ですよ。

ビジネスはビジネス、プライベートはプライベートで割り切っているし、だからこそ周囲の人間ともお互いに突き放すシビアな関係を保つことができる。少し大人になったのかもね（笑）。それとも、人間が冷たくなったのかな。昔は相手を突き放したりするのにかなり自分のテンションを上げなければいけなかったのが、最近はテンションを上げずにすむんだよね。時々、〝ああ、俺はどうしちゃったのかな〟と思うこともある」

いや、でも、その考えはやっぱり寂しいよ。

「どうして？　俺はファイターだよ。リングに上がったら頼れるのは自分ひとり。リングを降りてもひとりじゃなきゃいけないじゃないか。リングに上がる時はひとりだけど、リングを降りたら仲間とワイワイ仲良くやっていくほうがおかしな生き方だろ？」

前田のそんな生き方が影響しているのかどうかわからないが、前田の孤立は以前よりも深まっている。昔の仲間から「あんたより俺のほうが強いぜ」と挑発されたり、味方であるはずの格闘技専門誌も、リングスはプロレスか否か、はたまたリアルファイトかの問題がこじれて、露骨にリングス関係の記事を小さく扱うようになっている。また、前田に対して嫌がらせを仕掛ける格闘技誌まで存在する。

そして、最近の格闘技界（プロレスも含めて）がやたら団体・グループの重要性を押し出していることも前田の孤立を印象深くさせているのかも知れない。例えば、プロレス団体はなにか問題が起きるたびに団体や選手会の存在を主張する。「選手会として、この問題は許せない」とか「団体の看板にかけて次の興行を成功させる」など、団体、グループの団結を強調する傾向にある。

しかし、前田は言い切ってしまう。

「リングに上がる者はひとり。なにをやるにしてもひとりなんだよ。リングに上がる者がリングに上がらない周囲の者の声や意向に左右されているようなら、初めからリングに上がらなければいい」

前田は進んでひとりぼっちの道を選んだ。

それでも、ひとり部屋に帰った時なんか〝孤独だなあ〟と感じることはあるでしょ。

「まあね（笑）。最近、一番滅入ったのは試合で膝を故障した時だね。腫れちゃって、まともに歩けないんだ。這うように動くしかない。飯だって作れないしさ。よっぽど女友達に電話して、〝飯を作りに来てくれないか〟って電話しようと思った。でも、すぐに電話したら、また写真誌に撮られると思ったから必死に思い止まったよ（笑）。

あの時は真剣に身を固めようと思ったね」

私生活は、ひとりぼっちじゃないほうがいいよ。で、相手は。

「まだ相手なんかいないよぉ」

ちぇっ。なあんだ。今、膝の故障の話が出たけど、前田さんが思う完璧な体調の時代というと、いつ頃なのかな。

「というのは」

自分が天下無敵だと感じていた時期ということ。

「やっぱり20代、それも27歳から31歳まで。ちょうど第2次UWFの頃だね」

その頃を100とすると、今はどのくらいかな。

「50以下でしょ。だけど、技術的には今のほうがいい。いろんなジャンルの格闘技者と練習しているんで、毎日、勉強させられることが多くて。だから、トータル的な強さでいったら今のほうが上かも知れないな。まあ、単純に肉体的な強さは第2次UWF時代が一番だったけど」

今は故障だらけだものね。

「膝も壊れているし、肘も壊れちゃってる。足の甲はテーピングしないと試合なんかできないしね」

ということは、引退の時期も自分の頭の中ですでに刻まれている？

「うん。40歳の声を聞く前にとは思っているよ」

今、35歳でしたっけ。

「そう。もう時間がない。だから、引退する前に大きいことをやりたいよね」

それは、具体的にはどういう計画なの。

「アメリカで一度は試合をしたい。リングス・スタイルがアメリカ人にどう評価されるのかとても興味があるんだ。もし、試合ができるのであれば大きい会場でやりたいけどね。シーザースパレスとか」

その計画を実行する前に、やっぱり結婚でしょ。

「まあ、40歳になるまでにはなんとかするよ」

駄目だよ、ごまかしちゃ。

「まあ、結婚することになったら、今までお世話になった人は全員、式に呼びますよ」

関係あった女性も？

「いや、そのぉ、以前の女性関係だけは、ちょっと勘弁してほしいなあ（笑）」

1995年
ヒクソン・グレイシー
「高田延彦よ、逃げるな！真剣勝負ならいつでも受けて立つ」

「私は、日本のすべてのプロレス団体の試合を見たわけではありません。ただ、私が見た団体の試合に関して言うと、彼らは確かに強いことは強いのですが……。まあ、試合ではなくショーをやっていますね、彼らは。真剣勝負の試合をやっていません」

ガァーンと、まずはヒクソン・グレイシーからの強烈なカウンターパンチだ。

嫌な気分だ。自分で書き出しの文章を書いているくせに嫌な気分になってしまった。僕は昔からのプロレスファンだ。だから、ヒクソンの言葉に吐き気がしてくる。

では、自分の立場をはっきりさせたところで、今回のヒクソン・グレイシー（グレイシー柔術）とUWFインター（以下、Uインター）の泥沼の抗争を簡単に順序立てて説明してから、ヒクソンの言葉を伝えようと思う。

グレイシー柔術なるブラジルで生まれた格闘技のジャンルが注目を浴びたのはなんでもあり、というフリールールが話題を呼んだアルティメット大会。この大会で〝なんでもあり〟なのに相手を傷つけずに優勝したホイス・グレイシー（ヒクソンの弟）の評価は高まり、格闘技雑誌はこぞってグレイシー柔術を取り上げ、一部の格闘技雑誌は〝グレイシー柔術は最強である〟とまで持ち上げてしまった。また、同時にアルティメット大会の人気も急上昇。

プロレス専門誌も定期的にグレイシー柔術、アルティメット大会の記事を載せるようになった。そして、このブームの勢いに乗って佐山聡率いる日本シューティング協会が日本でも〝なんでもあり〟のバーリ・トゥード大会を開催。この大会にヒクソンが日本の格闘技ファンの前に初めて姿を見せ優勝。またしてもグレイシー柔術の株を上げてしまった。

昨年、格闘技雑誌及びプロレス専門誌はグレイシーを取り上げ続け、結局は日本の格闘技界はグレイシー柔術を中心に回った。そんな状況に待ったをかけたのが高田延彦率いるUインターだ。

「俺たちこそ最強である。だから、最強と名乗っているグレイシーよ、逃げずに勝負だ」と宣言。プロレスファンは〝よくぞ言ってくれた〟と喝采を送った。この時点でスムーズにことが進めば問題はなかったが、グレイシー側との交渉は難航し、業を煮やしたUインター側はグレイシー側を「逃げている」と非難。ついには「ヒクソンには200パーセント勝てる」と大見得を切った安生洋二を道場破りに指名して昨年の12月7日に（ロスのヒクソン道場において）強引にヒクソンと闘わせた。結果は安生の悲惨な敗戦。

こうなると、引っ込みがつかないのがUインター。12月23日に記者会見を開き、安生が「あの敗退は油断。ちゃんとセコンドも付いている試合であれば負けなかった。もう一度、チャンスが欲しい。今度負けたらレスラーを廃業する」と発言。高田も「いつでもやる準備はできている。大勢の人が見ている状況でならいい」と断言した。

簡単に経過を書いてみたのだが、プロレスファンとしてUインターのとった行動や結果は恥ずかしくて仕方がない。みっともなくて、他の格闘技ファンに顔向けできないよ。冷静に考えてみれば、今回のUインターのとった行動がいかに常識外れでチンピラ的であるかがわかる。

まずは、グレイシーの最強論。これは格闘技マスコミが持ち上げたのだから、文句があるなら格闘技マスコミに噛みつけばいい。たとえグレイシー側が「自分たちは最強である」と宣言していたとしても、格闘技者というものは誰だって〝自分は最強である〟と信じている。そうでなければ怖くてリングや試合会場に足を運べない。

ヒクソン側との交渉難航だって当たり前の話。アメリカは契約社会。電話1本で〝やろうぜ。やりましょう〟が成立するわけがない。例えば、外国ミュージシャンを日本に呼んで公演させるにも非常に長い時間が必要だ。いかにUインターの交渉ごとが幼稚であったか自ら暴露しているようなもの。

他にも、Uインターが自分たちの興行にヒクソンを引っ張り出すのに躍起になってることとも理解できない。ヒクソンやグレイシー柔術と闘いたいのなら、いくら佐山との確執があろうとも日本のバーリ・トゥード大会やアルティメット大会に出場すればいい。Uインターの最強というのは内弁慶的な最強だと思われても反論できないぞ。僕はプロレスファンだが、どう贔屓目にみても今回の抗争の非は全面的にUインターにある。

すまない。前フリが長すぎたようだ。さっそく、ヒクソンの最新インタビュー（12月23日、Uインターの記者会見の模様を伝え聞いて）を届けることにしよう。


「彼ら（Uインター）は本当にどういう神経をしているのでしょうか。彼らの人間性が信じられません。安生選手は道場破りに来て私に失神させられているのですよ。本来なら、もうあの時点で彼は死んでいるのに、なぜもう一度、闘ってくれと言えるんですか？　死んだ人間がもう一度なんて言えますか！

私と安生選手は男らしく闘ったのですから、こんなことは言いたくないのですが、彼にはファイトに値する度量がないのです。彼は、あと20年間、トレーニングしないとダメだね（笑）。以上の理由から、私には彼と闘う必要がまったくないのです」

今回の記者会見でも、Uインター側は執拗に自分たちのリングにあなたを出場させようと願っているわけですが。

「嫌だね。納得できないよ。だって、彼らは強いファイターであるかも知れないけど、試合はエンターテインメントだからね。つまり、彼らはエンターテインメントのために作られたファイターであり、私はエンターテインメントのリングには上がれない。私は今まで100パーセント、リアル・ファイトの闘いしかやってきてないから。私にとって、そのようなエンターテインメントのリングで闘うことは信念に反します」

今現在、闘ってみたい相手はいますか。

「何度も言いますが、私はリアル・ファイターです。いつでもどこでも誰とでも闘う覚悟はできています」

では、過去に闘ってきた相手の中で一番強かった格闘技者を教えてください。

「どんな相手でも簡単に倒せたので、特にいませんね」

本当に強い人間とは？

「私のような人間です」

話を戻したいのですが、あなたは誰とでも闘うと言いました。だったら、高田選手と闘ってもいいのでは。

「ええ、闘ってもいいです。高田選手とだったら、私は闘いますよ。ただし、私は絶対にエンターテインメントのリングで闘うつもりはないので4月に武道館で開催されるバーリ・トゥード大会に高田選手が出場してほしい。高田選手が本当に私と闘いたいのなら、この大会で闘うことができますので」

最後に、高田選手にメッセージはありますか。

「高田よ！　安生選手を矢面に立たせるのではなく、あなたが武道館に出てきてください。安生選手の後ろでコソコソするのではなく、男らしく私と正々堂々と勝負をしようではないか。

これまで、Uインターは随分と私に失礼なことを言い続けてきた。だから、今度は、そっくりそのままUインターに、その失礼な言葉を返す。〝高田よ、逃げるな！　私はリアル・ファイトのできるリングならいつでも闘う用意はあるぞ〟とね」

こうまで言われたら、高田は闘うしかない。安生の惨敗の汚名返上をするには、高田がヒクソンに勝たなければお話にならない。もちろん4月に武道館で行なわれるバーリ・トゥード大会でだ。断っておくが、僕は大会主催者の佐山とはなんの関係もない。Uインター側は必ず佐山のシューティングの宣伝にはなりたくないと拒絶をするだろうが、そんな寝言は言ってられない状況だと考えてほしい。

ヒクソンが断言しているとおりに、彼は間違ってもUインターのリングには上がらない。そうなると、恥をしのんで武道館に乗り込むしかないではないか。しかも、高田でなければいけない。シビアなことを書かせてもらうが、また安生が出場して仮に負けたとしたら僕のストレスは溜まりっぱなしだ。安生が負けて彼がレスラーを廃業したとしても、それはどうでもいいこと。彼がそれまでのレスラーだからだ。今後、彼の試合が見られなくたって痛くも痒くもない。

それよりも、プロレスは最強だと看板を掲げて闘いに出向いたのに惨敗してしまった事実のほうが大きい。全レスラーのプライドを守るためにも、高田よ、闘ってくれ。

そして、もう二度と他の格闘技に目を向けないでくれ。日本のプロレスは確実に冬の時代に向かいつつある。どの団体も観客動員が落ちている。他の格闘技に関心を奪われるよりも、まず先に自分たちの足元を見つめてほしい。

どうすれば、プロレスファンの希望を叶えることができるスリリングでワクワクさせる試合を提供できるか。その点を、原点に立ち返って真剣に考えてほしい。

山本宣久

「ヒクソン・グレイシーを倒して、歴史を変えてみせる！」

一部、新聞紙上で発表されたことだが、まずは決定事項を報告させてもらう。興奮と緊張でワープロを打つ手が震えているが、えーいっ、鎮まれ。

では、いくぞ。

リングス・山本宣久の『バーリ・トゥード・ファイティング・チャンピオンシップⅡ・ジャパンオープン１９９５』（4月20日、日本武道館で開催）出場が決定したのだ。そう、あの最強と呼ばれているグレイシー柔術のヒクソン・グレイシーが出場する大会だ。

しかも（ここからが本題だぞ。ああ、また手が震え出した。えーいっ、鎮まれ）、主催者の意向により、１回戦で山本とヒクソンが闘うことが決定したのである。

この大会はトーナメント戦。組み合わせによっては、山本はヒクソンと対戦する前に他の対戦相手に負けたりした場合（その逆も考えられる）の危険性を排除した主催者側の粋な配慮だ。

また、この粋な配慮によって山本もヒクソンも無傷で闘うことができるようにもなった。組み合わせによるアクシデントや負傷などの予想がつかないハンデ問題を考えずにすむ、まさしく待ったなしの大一番となったのだ。

ふう～。少しは気分が落ち着いてきた。

よしっ。震えもようやく止まってきたので、なぜに山本出場、１回戦でグレイシーと激突の決定が、これほどまでに興奮と緊張をもたらすのか。箇条書きにして整理してみたいと思う。

あ、その前に断っておくが僕はプロレスファン。よって、書き方はプロレスの味方で進みます。よかろうが、フン。

●やっと、格闘技マスコミが作り出したグレイシー最強論を、Ｕの落とし子である山本が粉砕してくれる。

すでに山本が勝った気でいるが、これで昨年から続いている、いわゆるひとつの〝グレイシー・イライラ〟は解消される。

アルティメット大会においてウェイン・シャムロックが負け、ダン・スバーンが負け、安生洋二が道場破りで負けてしまって、もうプロレスファンとしたら〝なんとかならんのか、おい〟という追い詰められた状況からようやく解放されるのだ。

●立ち上がったのが山本なのが泣かせる。

これは勝手な思い込みではあるが、グレイシー柔術が受け入れられた下地は第1次、第2次ＵＷＦが作ったと思う。ＵＷＦが格闘プロレスをポピュラーな存在として押し上げたことによって、その格闘の2文字までメジャーな存在として認知されるようになった。

暴言かも知れぬが、UWFが格闘プロレスを世間に認知させなかったら、佐竹率いる正道会館もグレイシー柔術もグローバルな支持は得られなかったはずだ。

そのきっかけを作ったUWFのケリを前田の弟子、Uの落とし子（と、勝手にこちらが思ってるだけだが）である山本がつけてくれる。もし、山本ではなく新日本プロレスの橋本だったら（あり得ないが）、ここまで興奮するだろうか。UWFという3文字を山本が背負って闘おうとしている（と、こちらは勝手に思い込んでいるだけだけど）から泣けてくるのだ。
●前田は、よく山本の出場を許した。それにしても、安生はどう思っているのか。
どうも、自分たちで下地を作っておきながら分裂したUWF4派はグレイシーに対して冷めた感情しかない。前田も船木も藤原も今までグレイシーには前向きな姿勢は見せていない。それは、なんでもありのルールで勝ち進むグレイシーに拒絶反応があるからだ。だから、前田が許したのは本当に意外だった。

「しょうがないやろ。どうしても出ると言うんだから」

いいなあ、前田。最高のコメントだ。一方、昨年の暮にヒクソンの道場で惨敗を喫したUWFインターの安生は今回の大会に出場しないのかな。あの時のケリはどうやってつけるんだい？

「日本オープンの大会が終わったら、独自の方法で安生とヒクソンは闘いますから。心配には及びません」（鈴木健取締役）

だってさ。まあ、がんばってください。
●偉いぞ、山本。
それしか言えない。だって、リングスのマットでヒクソンと闘うわけじゃない。どちらといえば、ヒクソンの土俵でヒクソンが得意とするルールで闘うのだ。これが興奮せずにいられようか。まさしく山本はサムライ。まかせておけ。死に水は『週刊プレイボーイ』がとってやるからなっ。

それでは、出陣前の山本インタビュー。

あ、すまんすまん。興奮と緊張で山本のプロフィールを書くのをすっかり忘れてた。昨年のリングス・トーナメントでは惜しくも前田とナイマンに負けてランキング4位となってしまったが、あのクリス・ドールマンには激勝。今やリングス・ジャパンでは前田に次ぐ期待の若手№1だ。

おしおしっ。行くでぇ。

「この世界、ナメられたらおしまいでしょう？　やっぱり常に強い者を追っかけていきたいですから」

かぁーっ。たまんないね、その心意気。

「守りに入ったら、それで僕の格闘技生活はストップしてしまいます。だから、僕としたら、ヒクソンがそんなに強いと評判なら、やってやろうじゃないか、と」

僕としたら、UWFの看板を背負って闘ってくれるという期待があるんです。もちろん、リングスはＵＷＦではないことは承知の上です。

「僕には関係ないですね。ＵＷＦとかインターとか、もちろんリングスも関係ない。僕は別にそれらの看板を背負って闘うわけじゃない。あくまでも個人的な問題です」

だけど、それは山本選手の考えであって、見る側の僕はそうは思っていない。これもまた承知の上で言うけど、リングスはレスラーじゃないとわかっていても、僕は今回の大会に限りレスラー・山本として見るからね。

「う～ん（笑）。そう見られちゃうでしょうね」

当たり前じゃないか。だって、こっちのイライラは爆発寸前なんだよ。

「ファンは、かなりストレスが溜まっているでしょうねぇ（笑）。うん、発散させないといけないでしょう」

あのね、山本選手が最後の砦なんだよ。わかってる？

「自分では理解しているつもりです。負ければ、失うものは多いと思ってます。いろんな批判はされるだろうし、きっとファンの視線も冷たくなるだろうしね。逆に勝てば、それなりの褒美もくれると思いますし、格闘技の歴史も僕の力で変えられると思います」

だから、一種の賭けなんですよね。勝つか負けるか、それしかない賭け。でも、僕には覚悟ができてますから」

覚悟はできてるんだね。

「はい。覚悟はできてます。負けたらどうなるか承知の上で出場するんです」

でも、死ぬなよ。

「ヒクソンが最終目標じゃないですからね。今、騒がれているというか、一番強いと言われている奴を倒さないと新しい目標も出てこないと思うしね。

ヒクソンと闘うのは、だから僕が強くなるためのひとつのステップでしかないわけです。最終目標ではない奴と闘って死ぬわけにはいきません。まだ世界にはヒクソンより強い奴がゴロゴロいると思うし、この大会で僕は死にませんよ」

グレイシー柔術に対して、改めてどう受け止めているのか聞きたいのだけど。

「あのルールに対しては相当な自信があると思います。あの、なんでもありのルールに慣れてますよね。だから、とても落ち着いている。どんな状況でも慌てないし。

でも、そのほうがやりやすいですけどね。自信があるから逆に隙ができるし。そこを突けばね」

以前、ヒクソンにインタビューした時に印象に残っている言葉があるんだよね。それは〝自分より強い人間はいないぞ〟と〝誰とでも闘う用意がある。なぜなら、私がすべて勝つから〟のふたつ……。

「そうですか（笑）。じゃあ、僕と闘った時に初めて黒星がつくんじゃないですか。格闘技の試合において、どんな強い奴でも絶対はあり得ないんですよ。１０００パーセント勝てるなんて不可能なんです」

そうだよな。

「どんな強い奴でも負ける時はあるんです。だから、ヒクソンが僕と闘って負けた時の奴の顔が見たいですね。どういう顔をするのか」

実際にね、グレイシー柔術お得意の馬乗りパンチ。相手の上に乗っかってバコバコ殴っちゃうやつ。あの戦法の対策はできてるの。

「あんなのは簡単ですよ」

かぁーっ。いいね。

「上に乗られると、顔面にパンチがくると思うから慌てちゃうんです。顔面パンチばかりに気をとられて、どうしようとパニックになってしまって、やられちゃうんですよね」

ということは、何発か殴られるのを覚悟して闘う、と。

「当たり前です。顔面にパンチを食らうくらいでビビりませんよ。ビビる必要もないしね。だって、顔面に何発パンチを食らおうが致命傷にならなきゃいいんですよ。顔面の致命傷には眉間とかありますけど、そんなに多くない。それに、闘っている最中に的確にパンチが致命傷に当たることはマレですから。それに、致命傷の部分はガードしますから、あとは何発食らおうが心配することはない」

う〜む。それはそれは。

「要は、強烈なパンチ、5、6発もらおうが倒れなきゃいいことですから」

こりゃ、相当な覚悟だな。それだと試合後はボロボロになって、たとえヒクソンに勝っても優勝できないんじゃないのかな。

「主催者側には大変申し訳ないとは思いますが、まず次の試合は出られなくなっちゃうでしょうね。お互いに完全燃焼しますから。ワンマッチのつもりで闘います。全部を出し切らないと勝てないし。優勝を考えるような余裕なんか、どこ探したってないです」

決戦まで約1ヵ月になったけど、プレッシャーは感じてるのかな。

「まだないですけど、徐々に感じてくるんじゃないでしょうか」

Uの威信もかかっていることだし（笑）。

「駄目ですよ、そういうこと言っちゃ（笑）。かえって固くなっちゃいますよ（笑）。変に固くならないように、僕自身の問題だと言い聞かせているのに」

わかった。自分のためだけにがんばれ。そして、勝て。でも、見る側の僕は勝手にUの看板を山本選手に背負わせちゃう（笑）。

「とにかく、僕とヒクソンが闘ったら、お互いにボロボロになるんじゃないですか。でもね、ただじゃヒクソンを帰さないですよ。それだけは言っときます、ヒクソンをただじゃ帰さない。お互いボロボロになるまでやってやりますよ」

1996年

前田日明VS山本宣久
95年度メガバトル・トーナメント決勝戦で〝師弟対決〟が実現！

リングス恒例の試合前の全選手入場式。山本宜久は、選手通路を「ナメんなよ、ンナローｌ」と顔面に殺気を漂わせながらリングへと向かった。

リングス最強の男を決める95年度メガバトル・トーナメント。戦前の予想では、決勝戦に進出するのは前田日明かコマンド・サンボの雄ヴォルク・ハンか、はたまた大穴で山本といわれていた。

山本が大穴とされていたのは、昨年の4月に行なわれたヒクソン・グレイシー（グレイシー柔術）との「バーリ・トゥード（なんでもあり）」試合を経験（結果は、ヒクソンのチョーク・スリーパーで山本は失神）したことによって、グラウンド技術が飛躍的に向上、一段と磨きがかかった試合度胸の良さ、そしてなによりも山本のファイティング・スタイルに破竹の勢いが感じられたからだ。

トーナメントが始まると、大穴は大穴ではなくなっていた。山本の勢いを誰も止めることができない。ついには準決勝で本命とされていたハンさえもグラウンドで翻弄し〝腕ひしぎ逆十字固め〟で勝利を収め堂々の決勝戦進出を果たしたのだ。

前田日明は淡々とした表情でリングへ向かっていた。その後ろ姿を観客の「まだまだ前田が一番や。山本をギタギタにしたれ」という声援が後押しする。

今回のトーナメント戦、慎重な試合展開を重視してきた前田には珍しく早い時間内で相手を倒してきていた。準決勝での対ハンス・ナイマン戦は僅か3分弱でナイマンからギブアップ勝ちを収めている。

結果だけ見れば圧勝のようだが、これはなによりも前田のスタミナ不足を物語っていた。左膝の故障が深刻で満足な練習が行なえない前田にとって最大の弱点は、このスタミナ不足。相手にその弱点を突かれないための素早い仕掛けとラッシュ攻撃が最近の前田の特徴となっている。

全選手がリングに揃う。リングアナウンサーから今後の日程としてリングスが2月16日よりオランダ遠征を行なうと発表。出場メンバーも発表され、もちろん山本は出場するが、前田は膝の手術が控えるためレフェリーとして参加することが伝えられた。リングアナが仰々しく「レフェリーとして参加っ」と気張って発表したものだから場内から笑い声が起きる。前田もテレがあるのか笑いだした。山本は笑顔の前田とは対照的に「ンナローｌ」顔を崩さなかった。

飄々とした前田。気合いの山本。試合前の両者の表情がこの決勝戦のすべてを表現しているように見えた。守る前田に、攻める山本。師弟対決を彩る闘いの構図が決勝戦前の舞台で見事に浮かび上がっていた。

決勝戦。先にリングに上がった山本はまだ「ンナロー」顔を崩さない。

山本「前田さんとはドツキ合い、シバキ合いをしたかった。お互いの顔面がボコボコになるぐらいにね。前田さんも雑誌のインタビューでドツキ合いをしたいと言っていたから期待していたんです。前田さんに対する気遅れ？　そんなもんないです。リングに上がったら師匠だからとか関係ないですよ。たとえ親でも倒します。リングの中では強い者だけが生き残れるんです」

前田は、リングに上がると顔を上に向けてなにやらブツブツと呟き始めた。

前田「ああ、あれ（笑）。あれはおまじない。武道館の試合にしか通用しない特別なおまじないを唱えてた。どんなおまじないかって。……絶対に教えない（笑）」

おまじないの儀式が終わると、前田の表情がそれまでの淡々としたものから生気に溢れた鋭いものとなっていた。

前田「あのおまじないで神経を集中することができたよね。それまでは、なんとなく自分の気合いが散漫だったけどさ、あれでビシッと精神統一ができた。長年、厳しい試合を経験してると、そういう精神の切り替えの術は自然とわかるようになるよね」

レフェリーに呼ばれ、リング中央に歩み寄った両者。

山本「前田さんのおまじないは見えました。あれって『神様、マリア様……』と言ってるだけじゃないですか（笑）。それよりイヤだったのは、こっちが一生懸命にガンたれてるのに前田さんが一度も目線を合わせてくれなかったこと。そりゃないぜって思いました。試合前に言ってたことと違うじゃないかと思いましたよ。こりゃ、初めっからドツキ合いはしないなとわかりました。わかるんです、相手の目つきでドツキ合いをするかしないかが」

前田「会場に入ってからのウォーミングアップで、あ、膝の調子が悪いとわかったんだよね。だから、ドツキ合いするのはヤメようと。膝が悪いのに打撃戦をするバカはいないからさ」

前田がドツイてこないと察知した山本は慎重に構える。ジャブ気味の掌底で様子を見ながらタックルをかます。そのタックルを体重を利用して上から潰す前田。グラウンドになると前田は積極的に山本の足を狙い続ける。逆に山本も前田の足に狙いを定める。前田がヒールホールドを狙えば山本は膝十字を狙うという感じだ。互いに極められそうになるとロープへ逃げる。

試合全体としては、このような攻防が主流を占めた。戦前の予想とは正反対の静かでスリリングな攻防だった。

山本「前田さんが俺の足を狙ってきたのは、グラウンドでは俺のほうが上だとわかっているからじゃないですか。へたに俺の上半身を攻めて、切り返されて腕ひしぎや三角絞めを食らうのを怖がったんだと思いますね」

前田「それはないな。切り返されたら切り返す余裕が俺にはあるもの。足を狙ったのは確率の問題。上半身より下半身のほうがより確実に極められるという判断で攻めた」

山本「足の取り合いは、別に2手3手先まで考えないで本能で切り返したり極めようとしたりしてました。よく高名な格闘家が自分は30手先まで相手の攻撃が読めると言ってますけど、あれ、嘘ですよ。わかるわけないじゃないですか。すべて本能です」

中盤、グラウンドで山本が積極的に前田の背後に回りスリーパーを狙い出した。この攻めは柔術の応用技。しかし、前田は亀のように自分の体を丸めて防御を固める。

前田「柔術の技といったって俺は新人の頃から柔道日本一だった坂口征二（新日本プロレス社長）から散々シゴかれてるんだ。防御の仕方もわかっている。例えば、相手の手が首に回りそうになったら、自分の首をすくめて手で自分の首の一部分を押さえてれば絶対に極まらない。そういう経験を積み重ねてきた俺のキャリアが山本の攻めを防ぐ大きな武器となっているんだよね」

山本「亀となった前田さんを崩すのは大変ですよ。何をやってもビクともしない（笑）。でも、1回だけスリーパーは決まったんですけどね。前田さんの『グゴォォゲゴ』というあえぎ声がはっきり聞こえましたから。後でセコンドに聞いても、その時の前田さんは涙目になっていたそうですよ（笑）」

攻めをスカされ続ける山本にまったく勝つチャンスがなかったわけではない。終盤、山本のフック気味の掌底が前田の顔面を捕えた時だ。ガクッと腰が沈む前田。

前田「意識がふぅぅっと遠くなった。ヤバかったね。すぐに山本が俺のレバーあたりにパンチをバコバコ入れてたら、うん、負けてたね、俺は。だって、もう完全にスタミナ切れだったから。そんな状態の時にレバーにいいのもらったらアウトだよ」

しかし、山本は打撃攻勢をかけずにタックルで前田を倒しにかかってしまった。

山本「手応えはあったんだけど。……どうして打撃にいかなかったのかな。あのぉ、前田さんの体って打撃を吸収してしまう肉体なんですよ。拳を入れてもめり込むだけで効いているかどうかわからないみたいな。だから、あの時、ラッシュしなかったんだろうな。躊躇してしまったんだと思うな。でも、甘いよ、俺。詰めが甘い」

気がついてみると、足の極め合いでダウンカウントはお互いに4対4となっていた。お互いにあとひとつダウンを取ればテクニカル・ノックアウト勝ち。ダウンカウントを確認した山本は思わず客席に向かって「あとひとつダウンを取れば勝てるぞ」と人差し指を掲げた。

前田「そんなパフォーマンスなんかやってるから山本は甘いんだよ」

山本「ええ、確かに調子こいちゃいましたね……」

リング中央でファイティング・ポーズをとる両者。少しの間をおいて山本がまたしてもタックルを仕掛ける。だが、そのタックルを上から潰した前田はグラウンドで山本の足を取り、ヒールホールド。ついに山本、ギブアップ。

前田「俺と山本の差は、平凡な答えになっちゃうけどキャリアの差。俺は修羅場の闘いを何度もくぐり抜けてきたからさ。その経験が俺の技術を向上させているんだよね。そりゃ、体力的には第2次UWFの頃には負けるけど技術的には今の俺のほうが数百倍、強い」

山本「絶好のチャンスだったのに、勝てなくてやっぱり悔しいですよ。今の俺は前田さんと、『なんでもあり』のルールで最強といわれるヒクソンしか頭の中にないから、どうしても今年中にふたりに勝ちたいです」

前田「俺が負ける時？　それは、相手が俺の知らない技術を持っていて、しかも自分の気持ちに負けた時かな。そのふたつが重なった時、俺の完全な負けとなるだろうね」

前田はこの後、春頃に膝の手術をし、復帰は秋頃になるといわれている。その間、リングスのメインを務めるのは山本だ。前田がリングにいない空白期間に山本がどれだけ新しい技術と経験を自分のものとするか。

前田復帰とともに開催される次回のトーナメント戦が本当の師弟対決のクライマックスとなる。

船木誠勝
王座奪取失敗も……パンクラスを守るために「他流試合」を宣言！

アルティメット大会。バーリ・トゥード。グレイシー柔術。なんでもあり。最近の日本格闘技界からは切っても切り離せない言葉である。悔しいことに、日本のプロレスラー、格闘家はこれらの試合でことごとく玉砕している。

8月25日のリングス有明大会でも、若きエース山本宜久がグレイシー柔術の前に46秒でKO負け。本当にどうなってるんだよ。プロレス最強説はどこへいったんだ。ファンの苛立ちはつのるばかりだ。

そして9月7日、東京ベイNKホール。パンクラス3周年記念大会『TRUTH』。バス・ルッテン（王者）対船木誠勝のタイトルマッチにNKホール史上最高の7250人の観衆が集まった。この試合はなんでもありの大会ではない。しかし、ファンは船木がプロレス界最後の砦と期待し、船木がスカッと勝つことを信じて集まってきたのだ（と思う）。

そんな期待の中、ゴングは鳴ったのだが…。

「俺は一生懸命やりました。自分が、自分がどうなったっていいんだよ。一生懸命に生きれば嘘はつかないから。結果は絶対に嘘はつかないから！　これが俺の結果だよ」

試合後、船木はマイクを掴んで絶叫した。負けたのだ。ルッテンの強烈な掌打と、とどめの顔面へのヒザ蹴りの前に5回のダウンを奪われTKO負けしたのだ。

顔は腫れ上がり、鼻血が吹き出している。あの美しい顔とはまったく違う顔をしている。なによりも、船木が絶叫して泣いていることが信じられない。いつもどこか醒めていた船木が子供のように叫んでるのだ。

「俺にはまだやり残したことがいっぱいあるんだよ。こんなことでやめてられねえよ。明日からまた生きるぞ」

試合後の控室、船木はきちんと会見に応じた。鼻血が止まらない。血がどくどく流れ出す。

「完全燃焼ですね。本当に命かけてやりました。今日は俺の生涯のベストバウトです。甘えじゃないですけど、もう少し生きさせてください。これで終わってしまったら悔いを残すし」

船木は現役続行をあらためて宣言。もう一度、挑戦すればいい。勝つまで挑戦すればいい。

「それはないですね。嘘をつきたくないですから。こんだけみんなに期待させといて。これはもう、最初で最後っていうつもりでやりましたから」

約束は破るためにある。

「まだまだやり残したことがありますんで、それをひとつひとつこなして、そうですね…船木誠勝自身の清算に入りたいなと思います」

さて、今後のパンクラスである。エース船木が負けて、いったいどうなっちゃうのだろう。考えるだけで暗くなるのだが…。

大会翌日に行なわれたパーティで共同会見をした船木が驚くべき発言をした。

「2年以内をメドに他流試合を考えています。やるからには、やりました負けましたで終わりたくないんで。慎重にいきたいですね。相手はバーリ・トゥード系を含めてですね。実際に毎日、（1年前から）バーリ・トゥードを想定した練習をやってるんですよ。パンクラス・グローブっていう、12オンスで指が使えるグローブを開発して。やる時は団体でいきますよ。まだ準備のできてない奴もいるんで、今はちょっと無理ですけど」

あれほど〝なんでもあり〟のルールを否定していたパンクラスが、ついに他流試合を宣言したのだ。

「（アルティメットやバーリ・トゥードは）避けて通れないってことですね。すごい邪魔なんですよ。早く消したいんですよ。そのためには俺たちが破るしかないんですよ。パンクラスを守るための戦いです。あれをやりたいんじゃないんです。否定する以上は自分たちが正しいことを力で示す。そういうことです」

そして、

「ベルトへの再挑戦も昨日と気持ちは変わらないです。ただ、そういう風が吹いてきたら、そして俺がランキングの上位に残っていたら自然にそうなるんじゃないですかね」

これまた嬉しい話。で、他流試合の相手は誰なのか。パーティ翌日、船木選手にインタビューを申し込むも、

「鼻が折れてまして熱も出ている状態なんです。先ほど1分くらい電話で話したんですが、可哀相なんで、寝ててください、と。だから、取材は遠慮していただきたいんですが」（尾崎允実社長）

ということで、尾崎氏に今後の可能性についてコメントしてもらった。

「あくまでもパンクラスのルールでという気持ちは変わらないんですよ。ただ、世界的に総合格闘技が注目される中、やはり避けては通れない。もともと、いろいろな団体から話はきてたんですね。すでに交渉をしている団体もあります。そのために明日からアメリカへ行くんですけど。10都市を回って、有名、無名の団体をいろいろ見てくる予定です。

理想としては、うちがバーリ・トゥード系の大会に出る時は、そのルール。パンクラスのリングでやる時はうちのルールでできればきれいかと思ってます」

それで、有名な団体ってどこですか？

「すんませんが、今は言えません。勘弁してください」

船木の他流試合が早く見たい。また、美しい試合を見せてください。よろしく頼みますね。

1997年

高橋義生
プロレスラーが柔術家を初撃破！「僕は〝プロレス界のタイガース〟」

「不思議なもので、オクタゴンに入ってもすごく冷静だったんですよ。試合中、僕に対する声援やブーイングもはっきり聞こえましたし。相手のパンチやタックルなんてスローモーションに見えたぐらいですから」

アルティメット大会での自身の試合が収められたビデオ（試合後、1週間以上経っていたが、本人がちゃんと見るのは初めてだったそうな）を一緒に見ながら、高橋義生は、まるで〝打撃の神様〟川上哲治が言いそうな言葉を呟いた。

プロレスラーが初めてグレイシー柔術家に勝ったのである。しかも、勝った相手が伊達じゃない。グレイシー柔術・中量級で最強の呼び名も高いヴァリッジ・イズマイウなのであるからして。

大会の資料に書いてある301戦無敗という文字に幾分かの誇張はあるだろうが、柔術大会では何度も優勝し、バーリ・トゥードの大会でもバトラーツの臼田勝美に危なげない勝ちを収めているイズマイウ。その彼から、判定ではあるが、

圧勝とも言える内容で勝ったのだから誰も文句ないだろう。

でも、勝った本人はいたって冷静なのである。

「いやー。日本に帰ってきてマスコミが大騒ぎしているんでびっくりしましたよ。誰も注目してないと思ってたんで」

試合直前とかも緊張しなかったんだろうか？

「もう全然。だって、アメリカに行ってからずーっとショッピングしてましたし。試合前日、プールで遊んでいて足が攣っちゃった時には、さすがに『俺、大丈夫かな？』って思いましたけどね（笑）」

いいぞ、高橋！　その大物ぶりが素晴らしいですな。

「相手も、最初、タックルに来た時は、すごく力の強い奴だなーって思いましたけど、3分過ぎた頃からバテ始めているのが誰の目にも明らかだったんですよ。これは、もうもらったなって思いましたね。練習でやったことの半分も出してないですよ、僕。いつもパンクラスでやっていることと変わらなかったです」

相手がグレイシー柔術ということで緊張しませんでしたか？

「それも、全然。イズマイウに関しても、そんなに研究しなかったし。日本でやった臼田さんとのバーリ・トゥードのビデオと、柔術の大会のものだけですね、見たの。レスラーもマスコミの人も〝グレイシー柔術幻想〟が強すぎるんだと思いますよ。ちゃんとレスリングの基礎がしっかりしていて、バーリ・トゥードの闘い方がわかっていれば怖がる必要はありません。戦っていて、すごく楽しかったですよ。僕は戦うことが好きでプロレスラーになったんです。それがアルティメット大会で再認識できてすごくうれしい」

戦うことが好きでプロレスラーになった。当たり前のように高橋は口にするが、ここ最近の彼は「リングに上がっても、〝仕事だからやっている〟なんて投げやりな気持ちでいたことも少なくない」と正直に告白してくれた。そんな煮え切らない気持ちを乗り越えるためにアルティメット大会に出場を決めたのだと言う。

「あれだけ戦うことが好きだったのに全然燃えられない。ずっと気持ちが空回りしていましたね。パンクラスでの自分の位置にも煮え切らなさを感じていた。

去年がどん底でしたね。（ウェイン・）シャムロックとの試合が自分にとっては不完全燃焼で、そのモヤモヤがずーっと後までつきまとっていましたから。

もう、こんな気持ちのままでプロレスラーを続けるのは許せなかったから、廃業して他の仕事を探そうと考えてましたんで」

アルティメット大会に出場が決まった時、「それは無謀だ」という声も少なくなかった。実際、1回戦の相手がイズマイウに決まった時、こんなにまで完璧な高橋の勝ちを予想した人がいただろうか？

「帰ってきてインタビューされる機会が増えたんですけど、必ず、試合で勝ったことに関して聞かれるじゃないですか？

僕は、勝ったことよりも、自分でやろうとしていたことが全部できた喜びのほうがずっとうれしいですね。勝ったのはオマケみたいなものですよ。アメリカまでついてきてくれた社長もトレーナーも勝ち負けに関して何も言わなかったですから。ただ、考えていた戦いが完璧にできたことを喜んでくれました」

試合中に痛めた左手が治り次第、パンクラスのリングに戻りたいと彼は言う。

「早くパンクラスで試合がしたいですね。アルティメットで自分がどれだけ変われたかを早く確かめたいんですよ。変われた点ですか？　試合前に弱気にならなかったこと。試合中、パニックにならなかったこと。興奮している会場の中で、ひとり冷静でいられたこと。日本人であることがうれしかったこと。アメリカまで応援に来てくれた人たちの声援がすごくうれしかったんですよ。あとは……一緒に練習をしている仲間に感謝できるようになったこと。もともと、『結局、人間はひとりなんだ』という考えが僕の中にあって、誰も困った時には助けてくれないと思っていたんです。それが、今度の試合のためにみんなが協力してくれて……。うれしかったです」

パンクラスのリングに上がったら今度は別の相手も待っている。

「ねえ（笑）。今はランキングにも入っていない選手なんですよ、僕は。もっと強い選手がゴマンといるんです、パンクラスには。案外、コロッと負けたりして（笑）」

グレイシー柔術の選手だって首を狙ってくるかも知れない。

「それは、うちのランキング上位の選手に任せておきますよ。ねえ、國奥くん（と、隣にいる後輩でランキング2位の國奥選手に水を向ける）」

國奥「……（知らん顔）」

うはははは。無視されてますよ、高橋さん。

「まあ、僕を譬えれば、特攻をしてきたゼロ戦が敵の空母を撃沈させて、なにかの間違いで戻ってきたみたいなもの。もしもの時はウチの不沈空母が迎撃してくれるでしょう？（笑）」

余談ですが、高橋さんって熱狂的な阪神タイガースーファンなんですよね。アルティメット大会の調印式にもタテ縞の帽子をかぶっていたし。

「そうなんですよ。船木投手のファンでしてねえ。阪神には言いたいことがいっぱいありますよ。亀山、朝はちゃんと起きなさいとか、高い金で雇った外国人、ちゃんと働くんかい！とか。なんか無理に話にオチをつけるみたいで申し訳ないですが、僕は〝プロレス界のタイガース〟なんですよ、きっと」

で、そのココロは？

「一発ドカーンと勝ったかと思えば、なんでもない相手にコロッと負けたりとか。だから、期待せずに見守ってくださいね、ファンのみなさん（笑）」

前田日明――引退宣言
「9月のヒクソン戦が現役最後の試合。技術もクソもない、ムチャクチャやるよ」

「……ということになりました」

あの、もう一度、前田さんの口から言ってくれますか。

「98年の秋…いや、9月。東京ドームで俺はヒクソン・グレイシーと闘います」

10月11日、東京ドームで高田延彦がヒクソンに倒された日から、前田はマスコミを通してヒクソンと闘うと宣言してきた。

だから、この発言はさして驚くべき内容ではない。〝本当にヤルんですね〟〝はい、ヤリます〟という確認の会話でしかない。

問題は、ヒクソン戦を決意した動機だ。

「えっ、動機？　別にないですよ」

前田日明は、試合後の会見などで必要以上（暴言も含めて）にしゃべりまくるイメージがあるせいか能弁だと思われている。だが、実はまったく違うのだ。重要な決断をしている時ほど寡黙になる。素気なくなる…。

すでに、ヒクソン戦を決意した経緯については、前田の発言を基にしてマスコミがいろいろと報じている。

「目の前で高田が倒されたんだぞ。黙ってられるか」

「高田を倒した、そのリングでヒクソンは言ったんだぞ。〝強くなりたい人がいたら、どうぞグレイシー柔術を習いに来てください〟って。奴にそんなこと言わせてええんか！　冗談やないぞ」

それらの〝過激発言〟を踏まえて〈前田日明、引退試合にヒクソンを指名〉となったわけだ。

他にも前田は、高田対ヒクソン戦を仕組んだ主催者側の不手際や、この一戦を報じたマスコミの論調に対しても怒りの矛先を向けた。

人は怒りの中に本音を隠す場合がある。だが、前田に限っては怒りは単なる怒りでしかなく、本音は寡黙の奥に隠されているのだ。

ヒクソン戦を決意した本当の動機。寡黙の奥深くにひっそりと、しかし熱く胎動している激情の扉を開く鍵は、やはりかつての盟友・高田延彦にあるのではないだろうか。

「春先だったかな。高田がヒクソン戦に向けて公開トレーニングをしたじゃない？　その時、高田は走っている写真しか撮らせてないんだよね。これはちょっとおかしいぞと思ってさ。直感的に高田はどこか故障していると思ったんだ。そう思い始めたら心配になっちゃってね。たまらず高田に連絡を入れたんだ。で、高田と話をしたら俺の直感は当たってたよ。〝調子が悪くて動けないんです。走ることしかできないんですよね〟と言うんだ。

……首だな、と思った。故障の箇所は首だと思ったよ。高田に確認したら〝頚椎ヘルニアなんですよ〟と言うじゃないか。おい、ちょっと待て。そんな状態で試合なんかするな、と止めたんやけど…。本人は〝大丈夫です、本当に大丈夫ですから〟と言い張ってね…。

その後、すぐに〝グレイシー対策を教えてください〟と高田から連絡が入ったんだ。よし、わかった、ということで、夜中だったけど高田にウチの道場まで来てもらったんだよ。ちょうどグレイシーに有効な技を考えついた時期だったから、高田の目の前でその技をやってみせたんだよね…」

「そして、9月の末だったかな。ヒクソン戦まで1ヵ月もないという時期に高田と会ったんだけど、以前より表情がひどくてね。憔悴しているというか焦っているというか。これはアカンと思って、最近、知り合った気功の先生を紹介したんだ。

ウチの事務所に2回、いや、3回かな。高田に足を運んでもらって、この会議室で治療を受けてもらったんだ。そのお蔭で首はだいぶ良くなったみたいで、俺も安心していたんだよ。

それが、もうすぐ決戦だという時期に今度は腰を痛めてしまったんだよね。それで、高田に詳しく話を聞いてみると、調子が上がってきたんで無理してウェート・トレーニングをしたらしいんだよ。バーベルも今まで40キロしか上がらなかったのに、首の調子がいいもんだからさ、いきなり140キロのバーベルを上げちゃって…。

バリバリッと腰の骨が悲鳴を上げたそうだよ…こりゃ、たまらんな。いや、高田の気持ちもわかるんだ。今まで満足に練習できなかった分、一気に取り戻そうと思ったんだろうな。

当日の試合のルールにしても、ひどい話が多すぎる。試合開始直前にヒクソン側からロープを掴んでの攻撃はダメだとゴリ押ししてきたんだよ。高田は、ウチの山本（宜久）がヒクソンと闘った試合（山本がロープを掴んだままヒクソンにフロント・チョークスリーパーを仕掛けて追い詰めた試合）を参考にしていたのに、それが直前になってNGだ。高田じゃなくても頭の中がパニックになるよ。

そんな状態で高田はリングに上がったんだぞ。結果は負けだよ。ああ、見事に負けたよ。でもな、高田は高田なりに自分の体の故障と闘いながら必死な想いでリングに上がったんだよ！

そんな高田の気持ちをなにも知らんとマスコミの連中は好き勝手に報道するわけだ。〝高田は弱い〟〝UWFは弱い〟〝プロレスは弱い〟とね。ふざけるんやないで、そんなもん。必死に闘った高田に失礼じゃないか。マスコミはなにを知っていたっていうんだ？

高田の辛い心境や故障だらけの体のことなんか、なにひとつ知らなかったんじゃないか！　高田が取材拒否してたから満足に取材ができませんでしただと？　そんな理由は聞きとうないよ。

拒否されても真実を突き止めることがマスコミの仕事やないか？　負けた結果だけを大騒ぎしてからに…。ファンと一緒になって〝高田は弱い〟〝プロレスは弱い〟と書いたりしやがって…クソォ、この…」

高田延彦はプロのファイターだ。言い訳が通用しないことは知っている。だから、試合後も一切、愚痴めいたことを口にしなかった。

「結果は見てのとおり。また一から出直します」

そう述べただけだ。

言いたいことはたくさんあっただろう。体の故障のこと、ルールのこと。だが、高田は口を閉ざした。

前田の言うとおり、惨敗の結果だけをとらえて〝高田は弱い〟〝プロレスは弱い〟〝UWF幻想は終わった〟などと騒ぎたい人は騒げばいいと思う。

でも、本誌は言い訳を一切口にしなかった高田の男意気と勇気に、まずは頭を下げたい。そして、高田延彦の復活を信じたい。

「高田がヒクソンの腕ひしぎ逆十字固めで負けた時、やるせない気持ちになってね。というか、あの瞬間、今まで俺が歩んできた道のりが走馬灯のように駆け巡ったんだ。

特にさ、高田と初めて知り合った頃の映像が鮮明だったよね。俺、ユニバーサル・プロレスのエースとして頑張ってた時期があるじゃない？　そんな俺を助ける意味で、高田と藤原（喜明）さんがユニバーサルのマットに上がったんだ。

本当は旗揚げシリーズに参加するだけで、すぐに新日本プロレスに戻るつもりだったのが、最後の最後まで俺と一緒にユニバーサルを支えてくれたんだよ。あの頃、藤原さんは〝テロリスト・藤原〟として人気があったし、高田はジュニアの人気選手だった。俺とユニバーサルにいるより、新日本にいたほうがよっぽど安定した生活を送れたんだ。

それが、最後の最後まで俺に付き合ってくれて…。俺は感謝しているんだ、藤原さんにも高田にも。3年前、ウチのリングスとUWFインターの間で確執があったけど、あんなもん、俺は単なる兄弟喧嘩としか思ってないから。

その高田が負けたんだ、俺の目の前で。俺がプロレスラーとして一番苦しんだ時期、客の入らないユニバーサルで苦しみながら闘った、あの時期を一緒に経験した高田が負けたんだ。苦労するのはわかっていたのに俺についてきてくれた高田が負けたんやで。俺がヒクソンを倒さなきゃあかんやろ？　俺がケリをつけなきゃあかんやろ！」

前田は、すでにプロレスラーではない。プロのトータルファイターである。しかし、「プロレスラーとして一番苦しんだ時期」と発言したように、引退を前にして前田は自分の（レスラーとしての）出発点を確認するようになってきている。

話題を呼んだ本誌のアントニオ猪木との対談でも前田はこう言っている。

「最近、自分が新日本の道場で先輩レスラーから鍛えられていた頃の夢ばかり見るんですよね。俺の原点は、やはりあの頃に作られたんだなと思いますね」

前田日明というファイターを形成したプロレス。そのプロレスの存在価値が高田の敗戦によって揺らぎ始めている。

そして、自分が最もレスラーとして苦しんだ時期をともに過ごした高田の無念。

自分を育ててくれたプロレスの威信を取り戻し、盟友・高田の無念を晴らすこと――。

「動機？　別にないですよ」

寡黙の奥に潜んでいた、ヒクソン戦を決意させた本当の動機はこれだ。今、前田の胸の中で、このふたつの動機が熱く熟成されているのだ。

しかし、前田はその動機だけを抱えてヒクソンの待つリングに上がるのではない。前田は〝その後〟も考えてリングに上がる。

なぜなら、プロレスの威信を取り戻し、高田延彦の無念を晴らすだけでは、前田が苦労してリングスを作り上げた意味がなくなるからだ。

「ヒクソン側との交渉は順調だよ。ヒクソンはファイト・マネーとして1億円を要求してきた。他に、ファミリーの滞在費もリングスで負担しろとも要求している。なんやかんやで1億2、3千万円ぐらいかかるんじゃないかな。今年中に前金として5千万円払えとも言ってるしね。

その金は、なんとか揃えてみせるよ。でもね、本当は3億円用意したいんだ。3億円払って3試合を約束させたいんだよ。俺が1試合。で、残りの2試合を田村や山本や高阪に任せたい。

だって、俺がヒクソンに勝つにしろ負けるにしろ、その1試合で終わってしまったらなんにも残らないじゃないか。俺はヒクソン戦の後に引退するからいい。だけど、リングスは続いていくんや。若い選手がヒクソンとおもしろい試合をせんと、なにも生み出されてこないからさ」

前田は、ヒクソン戦でレスラーだった（第2次UWF時代までの）〝前田日明〟を昇華させようとしているに違いない。

その後の前田日明の意志は、前田の教え子たち、リングスの若手選手によって引き継がれるということだ。

さて、時期的な問題もあってヒクソン戦は来年9月に予定された。しかし、前田の気持ちとしては7月7日を引退日として記念大会を開催したい意向がある。

「結果的には9月のヒクソン戦が俺の現役最後の試合になると思う。でも、7月7日に東京で引退セレモニーをしたいんや。7月7日は俺が新日本プロレスの道場に入った日なんだ。

もちろん、その大会には藤原さんも高田も長州（力）さんも顔を出してほしいと思っているよ。なんなら、エキシビション・マッチで高田と試合をしてもいいよ（笑）。もちろん、相手あってのことだけど…。

その後、ヒクソン戦は子供に戻ってムキになってヤリますよ。技術もクソもない、ムチャクチャやるよ。

だって、ヒクソンは自分で言っているじゃない。〝私は侍である。だから死ぬのは怖くない〟って。アホなこと言いなさんなって。死ぬのが怖くない奴がロープを掴むなと文句を言うんじゃないよな。だろ？　死ぬのが怖くないなんて口に出さずに自分の中で思ってろって。

そんな、死ぬのが怖いの怖くないのとほざいている奴と最後に子供のようにムキになって試合をするのもええかなと。なにも考えずに、純粋にムキになってヤリあってもええかなと思ってるんだよね。

その試合で俺がわからせてやるよ。死ぬことより生き抜くことのほうがよっぽど怖いことをね。死ぬなんて簡単なことだよ。本当の恐怖は、この人生を信念を曲げずに生き抜くこと、生き残ることなんだから」

1998年

リングス・オランダ
異国の地はウルトラ・デンジャラス「みなさん、命は自分で守ってください」

その国の観光ガイドさんというのは、まずは訪れたツーリストに対して「生水を飲むな」とか「スリには気をつけなさい」であるとか基本的教育指導を行なうものですね。ただ、それはあくまでも建前であって指導の言葉の端々に「ま、そんな注意もさ、個人が気をつけてれば大丈夫だから。案外、この国もいいとこあるのよ。ウケケケ」という自国を尊重する雰囲気を漂わせたりします。

が、しかし。オランダのガイドさんは、そんな生半可な建前を口にしたりはしません。

「いいですか、みなさん。命は自分で守ってください。財布やパスポートは盗まれてもなんとかなります。でも、命だけは取り戻せません！」

いきなり「生水」や「スリ、置き引き」などの注意をスッ飛ばして「命」の問題から攻めてくるあたりにオランダという国のウルトラ・デンジャラスぶりが切実に理解できるじゃありませんか。

そのデンジャラスを実感したのは、前田日明兄さんと一緒にホテル近くの観光おみやげ店をのぞいた時である。オランダ名物の『木靴』の隣りに堂々と『マリファナ』が売られていたのだ。しかも、その『マリファナ』の隣りには『種』まで売られていたりする。でもって、ご丁寧なことに写真付きで栽培の方法まで説明しておるわけだ。いくらオランダでは『マリファナ』が合法でも、わざわざ観光おみやげ店で売らんでもよかろうに。

前田兄さんは、陳列されている『マリファナ』を眺めながら、こんな素敵な過去を語り出した。

「あれは確かリングス・オランダの記念すべき第1回大会だったと思う。大会も無事に成功。みんな気分よく日本に帰ろうとした時だよ。ドールマンやウィリー・ピータースがオランダの空港まで見送りに来てくれたんだ。

でな、気づかない間にピータースの野郎…あの野郎が俺のズボンのポケットに『マリファナ』を入れやがったんだ。あの時、飛行機に乗る前にトイレで『マリファナ』がポケットに入っていることに気づいたからよかったけど、そのまま持って帰って日本の税関で発見されたら大変な騒ぎになったはずだよ（笑）」

前田兄さん以外にも『マリファナ』でこれまた素敵な思い出があるのは高阪剛選手である。

「前々回のオランダ大会の時ですよ。試合が終わって控室に戻ろうとしたら頭がクラクラするんですよね。おかしいな、頭部にはダメージがないはずなのにと思ったら、なんのことはない。リングサイドのお客たちが『マリファナ』をガンガンに吸っていたんですね（笑）。

そうだ。あの試合。俺、紫色のスパッツをはいて試合をしたんです。そうしたら観客席の一部がえらく盛り上がっているんですよね。後で関係者に聞いたら、オランダでは紫色は〝ゲイ〟を意味するらしくて…。要するに、盛り上がっていたお客たちはオランダの〝ゲイ〟さんたちなわけで、俺は完全に仲間扱いされていたわけです。あの試合以来、俺は二度と紫色のスパッツをはいてリングに上がらないと決めました」

オランダは世界的に有名な『飾り窓』があるせいか、やたらSEX産業を前面に押し出している国でもある。驚いたのはアムステルダムのメインストリートの一画に『SEX博物館』があったこと。これはもう銀座の『和光』の隣りに『SEX博物館』があるのと同じだ。

勝手に推測するに、オランダという国は一部が埋め立てて造られた国であるからして、どうもオランダ人は自分たちの生活の基盤をモロく感じているのではなかろうか。大袈裟かも知れないが、海抜が低い土地が多いので、ちょっとしたアクシデントで国自体が沈没しちゃうかも…と心の底でわけのわからん恐怖を抱いているのじゃあるまいか。その恐怖を打ち消すために、やたらと刹那的な行動や快楽的人生に走っちゃうのではないかと考えてしまう。

そんないろんな意味で刺激がありすぎる国で、リングスがドールマンと手を組み『リングス・オランダ』主催として格闘技大会（今回で通算4回目）を開催しているのは大変な偉業だと思う。それも年に1回、定期的に開催している事実は鋭い実績であると評価しなければいけない。

今年の大会も予想どおりに各出場選手の気合いが入りまくりで、ルール無視のケンカ試合が多かった。その中でも坂田亘選手対ピータース戦では観客を巻き込んでの大乱闘試合に発展してしまったけど、『リングス』という名前をオランダに定着させているのは素晴らしいじゃないか。

例えば、だ。試合開始前。会場に備えつけられているオーロラ・ビジョンでこれまでの『リングス・オランダ』大会のハイライトが映し出された。フライ選手の強烈なハイキックや田村選手の華麗な胴締めスリーパー・ホールドに観客は拳を振り上げ熱狂。そして、ハイライト・シーンの最後に象徴的に『THE KINGS OF RINGS』の文字が浮かび上がった時、観客はひときわ高い声援とスタンディング・オベーションで、その文字を讃えたのだ。

オランダのリングスはルールの徹底が今後の問題として課題が残り、日本のリングスも前田の引退問題や、それこそ様々な問題を抱えているけども、ちゃんと設立当時に掲げた〝ファイティング・ネットワーク〟の構想は着実に遠い異国の地で根づいていたわけである。

なあんだ、前田日明はやるべきことはきちんとやっているではないかと、その時、深く感心してしまった。

リングス・ロシア
負傷欠場の田村に代わり、前田の兄ィ、エカテリンブルグのリングに立つ！

ハマショー…。ん？　ちゃうちゃう。ハマショーは浜田省吾だった。もとい、ハラショー！　行ってきました、リングスご一行とロシアまで。

もちろん、別に前田日明兄さんとキャビアやボルシチをたらふく食うためにわざわざロシアまで出掛けたわけではありません。そうです、4月25日にエカテリンブルグのスポーツ宮殿において行なわれるリングス・ロシア主催の大会（通算4回目）に参加するためだ。

参加メンバーは前田兄さんを団長に成瀬昌由選手、金原弘光選手、和田レフェリー、古田リングアナにリングス・スタッフ。本来ならば田村潔司選手も参加して今回の大会のメインエベントでニコライ・ズーエフ選手と対戦する予定だったのだが、先月の大阪大会で膝を負傷。不参加の田村になり代わって、急遽、前田がメインの試合でズーエフと闘うことになった。

つまり、先月の大阪大会の時点で前田日明の引退までの試合数は1～2試合となっていたが、幸か不幸か突如、今回のロシア大会での1試合が組み込まれてしまったというわけ。あと1～2試合しか前田日明の試合が見れないと思っていたので、突然の試合出場決定は非常に喜ばしい。

さてさて、これから成田空港出発から大会当日まで日程に沿って書き進んでゆくのだが、いきなり成田空港から前田日明がやってくれました。前田を除くリングスご一行様はすでに空港内の待ち合わせ場所に集合。はよ飛行機に乗ろうや、という準備態勢に突入しているにもかかわらず、やっぱり前田が来ない。

団長自ら時間にルーズなことは全員、承知しているので話し合いの結果、前田を待たずにさっさと飛行機に乗ることに決定。前田兄さんも子供じゃないんだしさ、勝手にひとりでロシアまで来るだろ、との判断である。

てなわけで、ビュ〜ンビュ〜ンと飛行機は一路、モスクワを目指す。出発前日、書店でロシアの観光ガイド本を探したのだけど、これがなかなか見つからず、ペレストロイカ以降、資本主義政策が進み海外からの旅行者も割合とスムーズにロシア国内を闊歩できる状況になったとはいえ、観光ガイド本が売り出されていない事実を考えれば、ロシアという国がまだ観光面では力を入れていないのではないか、なんとなく受け入れに対しては躊躇しているのではないかとも思った。

そんな一抹の不安を抱えながらモスクワ到着。税関を目指すその目線の先には、おおお、待ち合わせ時間無視の男、前田の兄さん。

「なんや、来てたん（笑）」

そりゃ、こっちのセリフ。でもって税関を通り過ぎ、いざロシアの第一歩…というところで不安が爆発。今回のロシア大会を映像収録するために参加したＷＯＷＯＷチームがとんでもないことになってしまったのよ。

というのも、日本から持ち込んだ収録機材、カメラとか照明機具に関する書類に不備な点があるため、これらの機材一式を通すわけにはいかないと税関の係員のネエちゃんが頑固に言い張ったのだ。彼らは、エカテリンブルグの市長さんの「この者たちを優遇してほしい」などと書かれている手紙を見せたが、ダメなものは絶対にダメ！と突き返される。

よくよく調べてみると、その書類がコピーであることが判明。原本でない限り絶対に機材は通せないと、その税関の係員のネエちゃんは強情に言い張るわけだ。コピーでもいいじゃねえか、市長さんも優遇してくれとお願いしてるじゃねえかとこちら側は思うのだが、ダメなものはダメ。この国では市長さんより税関の係員のネエちゃんの権限のほうが強いのである。

ロシアはまだまだ融通の効かない共産主義社会の国だと正直、そう思った（結局、地元のテレビ局から機材を一式借り、無事に収録成功）。

でもって、今度はボクたちの番だ。翌日、モスクワからウラル・エアラインという国内線でエカテリンブルグに到着。今回、資料用に収めようとデジタルビデオのカメラを持参していたので、タラップから降りる前田日明を撮影していたところ、ふいに軍人さんが現れ、ボクらのデジカメを没収した。理由はウラル・エアラインの飛行機を撮ったから、とのこと。おいおい、普通の飛行機だろうよ、と文句をつけてもダメなものはダメ。なんとかカメラは返してもらったが、タラップを降りて、滑走路内で待ち受けるリングス・ロシアのスタッフと握手を交わす前田日明の姿を収めた1分ほどの映像は軍人さんの指示により消すハメに。そりゃねえよなァ……（本当の詳細は差し障りがあるので、今は書けず）。

そして、大会前日。宿泊先のホテルのイベント・ホールで大会用の記者会見が行なわれた。テレビ局、新聞社合わせてロシア国内から50人ほどが参加。興味深かったのは、モスクワの新聞記者が前田に次のような質問をしたのだ。

「前田選手のヒクソン・グレイシーへの挑戦は、その後、どうなったのですか？」

はりゃ。まさか、エカテリンブルグの地でこの問題が話題となっているとは思いもよらなかった。しかし、ウクライナ地方ではアルティメット大会が盛んで、先月も試合中に死者を出し大きな社会問題になったばかり。そういった意味で、モスクワの新聞記者がヒクソンへの挑戦問題に興味を持つのもうなずける。

「ヒクソン個人に関しては、高田延彦という選手が負けたことによって興味が湧いてきました。ですが、残念なことに彼は私との闘いから逃げてしまったのです。もちろん、リングス・ネットワークの選手は彼のように直前になってから対戦を拒否するような選手はひとりもおりません。

もし、闘ったら？　ヴォルク・ハンやハンス・ナイマンたちと闘ってきている私が負けるはずがありません」

日本から遙か遠く、ロシアのエカテリンブルグで発せられた前田のこの発言は、ヒクソン・グレイシーに対する〈最終決着決別宣言〉でもあったような気がする。

リングス・ロシア
前田の兄ィ、エカテリンブルグでニコライ・ズーエフを〝秒殺〟！

ハマショー（2週続けてこのツカミかい。別に浜田省吾に恨みはないぞ）。ちゃうってば。もとい、ハラショー！

てなわけで、4月25日。ロシア・エカテリンブルグ大会の当日。選手一行はホテルから大型バスに乗り込み、会場のスポーツ宮殿へ。だが、宮殿といっても外観、及び内装などは横浜文化体育館と変わりはございません。

会場入口付近にはすでに軍隊の一行がずら〜り。前回の大会（96年5月25日）の時もライフルを携帯した軍人さんらが暴動阻止のために睨みをきかせていたとか。「そりゃ、あんさん、ロシアの軍人さんは怖いでっせ。ワシかて〝へた打ちよったら撃たれる〟と思いましたさかい」（前回の大会にも参加していたM氏の談話）

でも、今回はむしろ軍人さんたちは上機嫌で、はよ試合始まらんかな、と祭りを楽しみにしている村の子供のように顔がテカテカ光り輝いてたよね。

さて、子供といえば会場内には意外と少年少女らの姿が目立っておりました。彼らは試合開始まで暇を持て余したのか、意味なく会場内をブラブラ歩き回っているハンス・ナイマンやディック・フライらに臆することなくサインをプリーズ。その風景は、例えば『みちのくプロレス』で見かける風景となんら変わりがなく、思わずウケケケと笑ってしまったわい。

さてさて、暇を持て余しているといえばヴォルク・ハン。地元ロシアでの大会とあって終始リラックス状態。控室で顔見知りの人間を見かけると、すぐに得意の手品を披露。この気のいいおっさんがコマンド・サンボのマスターとは信じ難い。とにかく、暇ですることがないと言わんばかりに控室をうろつくハン。仕方ないな。ボクと遊ぶ?

「(コックリとうなずきながら)遊ぼ、遊ぼぉ〜」

じゃあさ、僕にロシア語を教えて。

「ダー(微笑)」

その〝ダー〟ちゅうのは日本語に訳すと、どういう意味になるの?

「ダーというのは日本語で〝はい〟とか〝そうです〟の意味ね。つまり、〝1、2、3、ダーッ〟なわけ。さっ、キミも俺と一緒に大きな声で叫ぼうぜ。いいかい? 〝1、2、3、ダーッ〟(笑)」

…ナメとる…。前田日明とアントニオ猪木の深い因縁を完全にバカにしとる…。ま、それでもとりあえず、ハンと一緒に右手を突き上げながら〝1、2、3、ダーッ〟と叫んでいるうちに試合開始。

第1試合は我らが成瀬昌由選手の登場だ。対戦相手はシュフラット・オチーロフ。ウズベキスタンからリングス初参戦の選手である。

グラウンドの技術では鋭い動きを見せたオチーロフ。しかし、初参戦のプレッシャーのせいか、試合開始から3分ほど経過する頃にはガクンとスタミナが切れて動きが極端に悪くなる。

逆に成瀬は風邪気味の体調を感じさせない軽快な動き。8分過ぎにはマウント状態を嫌がり、うつ伏せになったオチーロフの顔面にスルスルと両手を絡ませてのフェイスロック。んなろ〜とオチーロフの頬骨あたりをギリギリ締め上げたが、ついにタイムアップ。当然、圧倒的優勢の時間切れ判定で成瀬の勝ち。

続いて第2試合。金原弘光選手の登場。相手はリングス・ブルガリアのトドール・トドロフ。前半は両選手の激しい掌底の乱れ打ち。でもって、打ち勝ったのは金原。フラフラのトドロフをグラウンドに誘い込み、スリーパーへ。だが、ギブアップせず。

それじゃ、これはどうだと今度はチキンウィングアームロックを仕掛ける。これもがっちり決まるが、それでもギブアップせず。このままではトドロフの腕が折れるとの判断で9分17秒、レフェリーがストップをかけ、金原、余裕の勝利だ。

そして、途中の試合をあらよっとスッ飛ばしてメインエベント。お待たせの前田日明の登場。対峙するのは、リングス・ロシアの重鎮、ニコライ・ズーエフ。

ゴングが鳴る。いきなり、ドス、ドス、ドスン…と重くもスピードに乗った前田の右足でのローキックがズーエフを襲う。今度は、バゴンバゴン、ドコドバンドバンッと、これまた前田の重くもスピードに乗ったミドルキックが速射砲のように放たれる。

いやはや、試合開始早々から前田の猛ラッシュ。これには驚いた。というのも、最近の前田の試合は相手の様子をうかがいながら試合を構築するのがひとつのパターンだったりするのだが、なぜかこの試合は、蹴って蹴って蹴って蹴りまくりなのだ。しかも、この蹴りが鋭く速い。体調がすこぶるよろしいのか、それとも大会準備に追われ、体調の万全ではないズーエフの心労を見極めた結果の短期決戦勝負だったのか。

そんなこんなで試合の展開は、矢のように放たれる前田の蹴りを嫌がったズーエフが強引にグラウンドへ。で、アキレス腱固め。たまらず前田はエスケープ。両者ブレイクの後も、またもグラウンドに誘い込むズーエフの体をうまくコントロールした前田が渾身のフロントネックロック。おりゃりゃりゃ〜と力を入れたところでズーエフ、たまらずギブアップ。

試合時間は3分53秒。いやはや、エカテリンブルグの地でこれほど力強い前田を見られるとは…。これがあと1〜2試合で引退する男の闘いぶりとは到底、思えない。やはり、なんだかんだいっても前田日明という男は底知れぬ恐ろしさを秘めている。

山本宜久
前田リングス・ラストマッチで対戦「バッチバチの試合をしますよ」

光陰ヒュルル矢の如し。あれよあれよという間に前田日明のリングス・ラストマッチまで1ヵ月を切った。

最後の対戦相手は腰の負傷が癒えた山本宜久だ。

さて、対戦決定に至る経過をリングス審議委員会の発表を踏まえて説明すると次のようになる。

『腰の負傷で試合を欠場する以前は、ヴォルク・ハン選手を破りランキング1位であった。よって、資格的にも前田日明の最後の対戦相手として十分である』

なるほど。文句のつけようがない。ただ、他にも公式発表からは見えない〝理由〟があるように思えるのだ。その〝理由〟を勝手に推測してみることにする。だって、リングス側からの一方的な公式発表だけじゃつまらないもん。

謎（といっても、それほど大袈裟なもんでもないだろうけど）を解く鍵はふたつ。ひとつは、この数年のリングスの試合における傾向だ。要するに、田村が移籍してきて、高阪がアルティメット大会などに出場するようになってからリングスでは技術論が表立って最優先されるようになってきたような気がする。

例えば、試合後の各選手のコメントは、だいたいが技術的にああだったこうだったと自分で自分の試合を解説するような内容のものが多い。それはそれで素晴らしいことだとは思う。

事実、リングスにおける技術的な進歩は目覚ましいからね。打撃系の選手が打撃だけで、また寝技系の選手が寝技だけで相手を倒すのが難しくなってきていることでも、それはよくわかる。打撃や寝技を含めた総合的な技術を有していないと、なかなかリングスでは勝ち続けることができないのだ。

でも、正直なところ、そのような技術論を踏まえたゲーム性重視の試合ばかりでいいのだろうかとの疑問もあることにはある。『奴がこうやって腕を取りにきたから、自分はこうやって体勢を入れ換えて逆に足を取りにいった』というよりも『相手を倒すことしか考えなかった。向こうがナメた態度をしたから、俺もボケ、カスと気合いを入れ直してバコバコにしてやりましたよ。ヘッヘッヘッ』と不敵に笑ってる選手がいても楽しいじゃないかと思う。その不敵に笑える選手が山本宜久なのである。

そして、もうひとつ。最近の前田日明の発言が妙に引っかかるのだ。というのも、前田はまったく反するふたつのコメントをよく口にするようになったからだ。

『今後のリングスは、もっとゲーム性を重視した試合をしないと世界に認められない』

『格闘技はカッコつけちゃいけない。もっとドロドロしたものである』

以前から時折、矛盾した言葉を口にする前田だから、あまり気にはしなかったのだけど、こと最後の対戦相手が山本に決定した背景を考えると見逃すことはできない。

ゲーム性を重視するということは技術を高めることである。しかし、そうなるとどうしてもドロドロした情感が入りにくい試合展開になりがちになる。

つまり、前田も最近の技術論が最優先されるリングスをよい傾向だとは思いつつも、違った方向性も必要なのではないかと思っているように感じられるのだ。考えてみれば前田日明というファイターはどちらもOKな男だ。技術を最優先する試合もできれば、時には情念ほとばしるドロドロした試合も見せてくれる。

リングスでの最後の試合、ということは前田のすべてを引き継ぐ内容の試合にしなければいけない。今現在のリングスには技術を高めようとする選手はいても、情念を前面に押し出して闘えるのは不敵に笑える山本くらいなものだろう。前田の技術論は黙っていても他の選手が引き継ぐはず。となれば、情念を引き継ぐのは山本しかいないというわけだ。

どうだろう。公式発表とは別の〝理由〟がこれではないかと思っているのだけど。実際、前田は技術的な攻防の試合を大阪での最後の試合でハンと見せてくれたではないか。あとは残る〝情念の前田日明〟を昇華させる試合しかないじゃないか。

それと、大事なことがもうひとつだけ。みんなは山本戦以後の〝前田日明のその先〟に興味を抱いているようだが、それは甘いと思う。なぜなら、7月20日は情念と情念がドロドロにからみ合う試合になることは間違いないからだ。山本は技術論を最優先するようなきれいな闘いを仕掛けるはずがないもん。ヘタすると凄まじい攻防になるかもしれない。その結果、山本が前田の闘争心を根こそぎ奪う可能性もある。

そうなった場合は〝その先〟なんてない。7月20日が前田日明にとって本当に最後の試合になることも考えられるではないか。いや、〝その先〟を消すような試合を山本が仕掛けなければリングスの未来は開けない。

そういった意味でも、山本は徹底的に前田日明をバコバコにしないとダメなのだ。ふたりにはメモリアル的な感傷気分あふれる〝いい試合〟ではなく、観客が冷や汗をたれ流すような〝オソロシイ試合〟を見せてほしい。

最後に山本の発言を残しておくことにする。山本も考えていることは一緒だった。山本はヤル気だぞ。

「僕が負けるわけにはいかない。前田さんの原点にあるもの、感情、精神、気力、技術、すべてを引き出した上で勝ちます。

前田日明は引退する選手なんです。お客さんにまだヤレると思わせたら僕の負けですからね。バッチバチの試合をしますよ」

高阪 剛
新時代の象徴が語るリングスの明日「可能性は無限に広がっていきます」

リングス総帥・前田日明が万感の思いを込めて言った。

「凄かっただろ、田村vs高阪戦。あの一戦はU系と呼ばれる試合の最高傑作だと思う。スタンディング状態でもグラウンド状態でも、ふたりの動きが止まることはなかった。あのような試合を、第2次UWFの時代にやってみろと言われてもできなかったはず。そういった意味で、田村も高阪も俺の誇りだ」

前田のこの発言を、もっとわかりやすく具体的に説明するとこうなる。

6月27日に東京ベイNKホールで田村潔司vs高阪剛の一戦が行なわれた。結果は、30分時間切れ、判定による引き分けであったが、文句のつけようがない素晴らしい試合だった。特にグラウンド状態におけるお互いのポジション取りと関節技の極め合いの攻防はめちゃめちゃ鮮烈で、見る者をグイグイッと引き込んでいったのだ。

では、どこらへんが鮮烈だったのか。だいたい、どんな試合でもグラウンドの攻防になるとある程度は膠着状態にハマるケースが多いのだが、この一戦における田村と高阪は動きを止めず、相手の足や手を極めるためにスパスパッとマッハ級のスピードで攻防を展開していた。

いや、他のU系団体の試合や、それこそリングスの試合でもスピード感あふれるグラウンドの攻防を目にはしてきたが、とにかく〈説得力〉が違った。

それは、例えば「相手が足を取りにきたから、自分はこういうふうに上半身の動きを斜め後ろにズラして、逆に手を極めにいった」「相手の下半身の動きが妙にわざとらしくて、このまま足を極めにいったら、逆に自分の足を極められるに違いない」というように、両者の心理状態がグラウンドの動きひとつで理解できたのだ。これは本当にとんでもないことだと思う。

今までのグラウンドにおける攻防というのは、闘っている者同士にしか理解できない〝肉体の会話〟みたいなものが存在していて、観客はいつもおいてけぼりを食っていたような気がする。で、何がどう動いて、どのような体勢で関節技が極まったのかわからないまま試合終了のゴングを聞くばかり――。

それがどうだ。このふたりの攻防にはちゃんと「何がどうしてこうなった」と観客が理解できる道筋がはっきり見えた。つまり、「高阪は次にこういう動きをして、田村の手を極めようというビジョンを描いているのだろうな」と高阪の思考の中身を観客側が推理できたのだ。こうなると、観客はいつもよりも闘う者に感情移入ができ次の展開を想像する楽しみも増える。

それはきっと、ふたりの攻防にまったく無駄な動きがなく、指先や視線の動きのひとつひとつに「何をどうしたい」という強靭な意志を込めて観客にストレートにぶつけていたからだろう。

今までボクたちは格闘者の仕掛ける技のキレや破壊力に感嘆することはあったが、その仕掛ける技に移行するまでの心理や思考までは共有することができなかった。その闘う者と観客の間に横たわっていた絶対的な〈冷たい壁〉を田村と高阪は気迫のこもった高度なグラウンド技術で破壊してくれたのである。

そして、前田が〝第2次UWFの時代ではあのような試合は無理だった〟と発言したのにもワケがある。

84年7月23日、「プロレスを格闘技に戻す」という目的を抱いて新たに生まれ変わったユニバーサル・プロレスは後楽園ホールで『UWF無限大記念日大会』を開幕させた。その大会の前日、前田を中心に当時の選手たちは、キック、サブミッション、スープレックスを前面に押し出した試合形式が観客に受けるかどうか道場で模擬試合をしたそうだ。

しかし結果は、それまでの派手な攻防ばかりのプロレスの動きが体に染みつき、邪魔をしてスムーズな攻防の展開を作り上げることができなかったらしい。グラウンド状態になってもお互いに膠着状態にハマってしまう。その、にっちもさっちもいかない状態は〝初期のアルティメット大会のグラウンドでの攻防〟をイメージしてもらえばわかりやすいと思う。当時の状況を肌で知っている前田からすれば〝よくぞここまで進化してくれた〟と、U系の先駆者のひとりとして胸を張りたい気分だったろう。

〝無限大〟大会から14年。前田たちの努力により、グラウンドの攻防などは着実に観客側に認知されてきた。そこからまた田村と高阪が一歩進んでグラウンドにおける肉体の攻防の他に〝頭脳の攻防〟まで観客にアピールできたのだから、前田がふたりを「誇りだ」と手放しで評価するのもうなずけるではないか。

高阪は言う。

「技術的には、もうカツカツのところまで行き着いていると思います。だけど、カツカツの状態で頭ひとつ抜け出すには、もっと違う技術を、それでもなんとかして探し出していかなければいけない。

その新しい技術をなんとか見つけだし、習得すれば、今より上のレベルの試合ができると信じているんです。大丈夫。気を抜かないで必死にがんばり続ければ必ず新しい技術は発見できます。グラウンドの技術にしたって、基本的なことさえ習得していれば、いろんな応用が利きますからね。それこそ『無限』に可能性は広がっていきます」

前田たちU系の先駆者が開拓していった道を高阪たちは踏み締めながら歩いてきた。だが、すでに彼らは自分たちの新しい道を模索し始めている。その道の先には先駆者たちがたどり着けなかったU系の最終的な夢が転がっているのだ。

滑川康仁
「買い出しに行った時、このまま車に轢かれたら休めるのになと思ってました」

よくいいますでしょ。何事も〝石の上にも3年〟って。ええ、そうです。ひとつのことをやり遂げたり、習得するまでには3年間ぐらい我慢して取り組みなさいよ、というありがたい戒めのお言葉なわけですね。

でも、これが〝前田道場にも1年9か月〟となると話はまったく違ってきます。石の上にただ座っていれば、なんとなく3年の月日も流れていくんでしょうが、前田道場の場合、座っているだけでハタかれます。しかも、スパーリングで先輩たちからおもしろいように関節を極められ悲鳴を上げることもあります。

そんな苦難の道を乗り越えて今年6月。1年9か月と4日の長い地獄のような練習生期間を経て、前田道場からひとりの若者がプロデビューを果たしたのです。

滑川康仁。23歳。前田道場から新人がデビューしたのは実に4年ぶりのことだそうです。いやはや、リングスのマットには本当に〝選ばれし者〟だけしか上がれないのだなと改めて実感してしまいます。

というわけで、新しく〝選ばれし者〟の一員となった滑川君にデビューに至るまでのあれこれをインタビューしてみました。

＊

滑川君はあれでしょ。子供の頃からプロレスが好きで。

「はい」

当時は前田さんとか長州さんのファンで。

「はい。あ、でも長州さんのファンだったというのはマズイですかね」

関係ねえよ、そんなの。気にしちゃいけない。

「はい。あ、でも長州さんはどちらかというと父親がファンだったんです」

で、高校時代にリングスのビデオを見てリングスという団体自体のファンになった、と。でも、どうしてリングスだったの。他にもU系団体はあるでしょ。

「はい。WOWOWで中継してたから、なんとなく」

リングスよりWOWOWが好きだったの。

「はい。あ、違います」

それで、高校卒業後、アニマル浜口ジムに入門。リングスの入門テストにパスするために基礎体力を養っていたわけね。

「はい。あ、でも最初は基礎体力がダメで。スクワットも100回くらいしかこなせなくて。あ、でも基礎体力は慣れれば身につくもので最終的には毎日1500回までこなせるようになりました」

浜口さんからなにかアドバイスを受けたことは？

「はい。会長（浜口）が『お前は将来、どこに行きたいんだ』と言われたので、はい、リングスですと答えたら、すごく大きな声で『リングスに入って頑張れよっっっ！』と気合いを入れてくれたんです。それが自分にとってはすごい思い出になってます」

それじゃ、リングスの入門テストにも簡単にパスできたでしょ。

「はい。あ、でもテストの6日前に事故に遭ってしまいまして。母親の運転する車に乗ってたんですけど、後ろからドンッとぶつけられてしまったんです。母親は無傷だったんですが、自分は首を痛めて大変でした。医者からは入門テストなんて冗談じゃないと言われたんですけど、せっかくの機会ですからテストを受けさせてもらいました」

大丈夫だったの、首は。

「はい。あ、でもブリッジのテストをした時は首が痛くて最悪でした」

それでも見事に一発で合格した、と。

「はい。黙っていると首の痛さでおかしくなりそうだったので、ひたすらわけのわからないことを叫びながらブチ切れてこなしました」

入門後は大変だった？

「はい。あ、でもそれは覚悟してましたから」

イジメとかあった？

「はい。いえ、イジメはないです」

と、先輩たちから言えと強制された？

「はい。いえ、違います。先輩のみなさんは優しいです」

それでも逃げ出した他の練習生もいたんでしょ。

「はい。あ、でも逃げ出す奴はすぐに逃げますから」

滑川君も逃げ出そうと思ったことはあるの。

「はい。ないです。ないですけど、休みたいとは常に思ってました。練習や雑用に追われて休む暇がほとんどないので。だから買い出しとか行った時に、このまま車に轢かれたら休めるのになと思ってました」

恐ろしいことを考えるね。

「はい。入門後、すぐに札幌で大会があったんですけど、その時も飛行機が離陸する時に墜ちてくれと願ってました。ちょうど首が痛かった時期でもあったので逃げ出したいと思っていたんです。でも、逃げ出したらカッコ悪いですし、飛行機が墜ちたらなんとか休める言い訳ができると考えていたんです」

そんなこんなで日が暮れて、デビューするまで1年9か月もかかったわけだけど。

「はい。長かったです。今年の初め頃は先が見えなかった分、不安でした。何を目標にして練習をすればいいのかわからなくなりました」

でも、6月にやっとデビュー。よかったよね。

「はい。あ、でもデビュー戦は不満だらけです。気負いすぎて攻めきれなかったです。グラウンドも自分が描いていた動きが全然できませんでしたから。それがとても悔しいんです。だから、横浜大会での相手もデビュー戦と同じ豊永稔選手なので、今度こそグラウンドを制して勝ちたいです」

ヒクソン・グレイシー
「私から高田と再戦したいと言った覚えは一度もない」

〝世界最強〟と呼ばれている男はテポドン級に不機嫌だった。指定された部屋に入った瞬間、そのテポドン級の不機嫌さに、こちらのお腹が思わずギュルルルと不適切な音を発したほどである。

「不機嫌？　そんなことはない。私の精神状態は、いつだって平穏だ。取材を受けるくらいで気分が苛立ったりするわけがないではないか」

それは嘘じゃないか⁉　昨年も彼にインタビューしたのだが、その時は穏やかな顔をしてたもん。優しい口調だったもん。しまいには笑顔で息子や娘の写真を見せびらかしながら「普段の自分は良きパパである」と、さんざんアピールしていたではないか。

そうだ。思い出した。あの時は、なぜか夫人のキムさんが不機嫌で、彼は彼女に気を遣いながらインタビューを受けていた。それがだ、今回は逆にキム夫人のほうが心配そうに旦那の様子や言動を気にしている。それだけ今現在の彼の精神状態が〝いつもと違う〟とは言えまいか。

苛立っている理由はよくわからない。立て込む取材に嫌気がさしているのか、それとも朝のクソの切れがいまひとつ納得できなかったからなのか。どちらにしても、この状況はこちらにすれば千載一遇の大チャンスである。

人間というのは不機嫌な時こそ〝本音〟を口にしやすい。いや、不機嫌な時だからこそ、いい加減に相手の質問をスカすという考えもあろうが、彼はそうではないと思う。根が武道家だからね。しゃべりたくない心境ではあるけども、問われたことには武道家として答えなくてはいけないという観念が次第に〝本音〟の扉を開けさせるわけだ。

事実、他の媒体で彼が語っている内容と今回の取材でしゃべっている内容はかなり異なる。

誤解を恐れずに書けば、他の媒体で取材を受けている彼は〝神格化されている自分〟を大切にする言動が目立つ。しかし、こちらの取材では明らかに〝人間・ヒクソン〟が垣間見えるのだ。

というわけで、お待たせしました。ヒクソンのテポドン級の不機嫌な世界へドッと突入することにしますか。

「だから、不機嫌ではない。もし、そう見えるのなら、それはきっと試合に集中しようと願っているからだ」

そうかなあ。


「私は不機嫌ではない」

では、さっそくですが、なぜに高田選手と再戦しようと思ったのですか。あなたは一度勝った相手とは二度と闘わない主義だったはずじゃないですか。

「誰がそんなこと言っているんだ」

あなたですよ。

「私はそんなこと言った覚えはない。えっ!? 誰が言ったんだ」

えっと、んと…。

「それは誰が言ったんだ?」

いや、そういう発言を読んだ記憶があるのですが。

「それは誰かの創作だろ。私はそんなことを口にした覚えはない」

それでは改めてお聞きしますが、なぜ高田選手と再戦しようと思ったのですか。

「私から、高田と闘いたいと言ったことは一度だってない」

その発言にはちょっと問題があるんじゃないですか。

「なぜだ? 私はプロのファイターだ。プロとしてプロモーターからオファーがきたから受けただけのことだ。試合の相手を決めるのはプロモーターの仕事だ」

でも、最終的に高田選手と再戦しようと決めたのはあなたでしょ。

「そうだ。かなり悩んだ。だが、この一戦が最もベストだと判断したので引き受けることにした」

う〜む。

「高田との再戦を考えたのがプロモーターなのか高田自身なのかはよくわからないが、私のアイデアでないことだけは確かだ」

なんだか再戦には興味がないみたいですね。

「繰り返しになるが、この一戦はプロモーターが組んだものだ。別に私から高田と闘いたいと願ったわけでもなければ、私のほうからプロモーターにオファーを出したわけでもない。その点を勘違いしないでほしい。前回は簡単に勝てた。そういう意味では私にとって今回の一戦はさほど興味が駆られるものではない」

でも、なんだか言っていることが矛盾してません？　ベストな試合だと再戦を引き受けたのに、その高田選手と試合をする必要を感じてないというのはおかしくないですか。

「あなたはインタビューする相手を間違ってないか。試合のオファーに関する話ならプロモーターに聞いてくれ」

わかりました。質問を変えます。前田日明というファイターがあなたとの対戦を希望していました。なぜ受けなかったのですか。

「前田は引退したのではないか？　引退した人間とは闘いようがない」

いや、引退する前に対戦を打診したはずです。

「それは知っている。だが、正式に検討している間に前田が引退してしまったということだ。今でも私は前田が引退したと思っている」

いや、彼はリングス内では引退しましたけど、あと1試合行なう可能性を残しているんです。だから完全引退ではないんですよ。

「前田に関しては、素晴らしいファイターだと評価しているし、尊敬もしている。しかし、だからといって、それじゃあやろうかというわけにはいかないんだ。例えば路上で前田と闘っても仕方がない。試合をするには、やはりプロモーターがきちんとマッチメークしてくれないと。で、プロモーターが正式に前田と試合をしてくれないかと言ってくれれば、そこで前田と闘うかどうかを決める」

なんだかなあ。

「勘違いしてほしくないのは、私は対戦要望から逃げていないということだ。自分は誰とでも闘う用意はある。それが前田であろうと船木（誠勝）であろうとマーク・ケアーであろうと、誰とでもいつでも闘う」

あのですね、ぶっちゃけた話、どうなんでしょう。すでに〝最強〟と呼ばれているし、一部の人間たちはあなたを格闘の神のように崇めてます。

「で？」

そういう状況になってしまうと、なかなか新しい闘いに踏み出すのは辛いのではないかな、と。すでに強いのは証明したのだから、無理して闘わなくても…とか思ったりしません？

「あなたが言ったように私はトップの座に登りつめてしまっ

たから、個人的に闘う動機などないのかもしれない。ただ、グレイシー柔術の伝統は守っていきたいと思っているんでね。その伝統を守る意識しか残っていないのかもしれない」

〝最強〟と呼ばれている気分はどんなもんですか。

「自分はひとつのフィールドにおいては確かに最強かも知れない。だからといって、すべてにおいて万能な人間だとは思っていない。いろんなフィールドで、それぞれベストの人間がいる。そういった意味で自分が〝世界最強の男〟だとは考えていない」

だけど、「バーリ・トゥード」のフィールドでは最強であると自負してるわけですね。

「ああ、もちろんだ。でも、それ以外のフィールドでは、いたってノーマルな人間だ。普通の男なんだよ」

ということは、キム夫人には内緒ですが、今まで他の女性と間違いを犯してしまったこともある？

「私だって間違いを起こす可能性はあるさ。女性に対する抑え難い感情は他の男たちと変わらないと思う。繰り返しになるが、私は神ではない。ひとりの男にすぎない。もっとも、日本に来る時は試合という名の〝戦争〟をしに来ているのだから、そんな気分にはならないがね（笑）」

ウケケケケ。

「私はノーマルなんだ」

えっと、これほど日本で有名になってしまうと、例えばブラジルに帰った場合、今までと違った扱いをされることも考えられるのでしょうか。

「それはそうだろう。以前は私のことを知らない人間が多かったが、今ではかなりの数の人間が私の存在を知っているはずだ。私のことを神格化している人たちがいることも知っている」

それは、比較するのは気が引けるのですけど、ステータス的にはブラジル出身のアイルトン・セナとかロナウドとかロマーリオと同レベルなのでしょうか。

「以前と比べれば有名になっているのは確かだが、どうだろうか。私の口からはなんとも言えない（笑）」

＊

テポドン級の不機嫌さを裏返せば、圧倒的な〝自信〟を身にまとっているということだろう。前回の闘いぶりを見れば納得はできるのだが…。

結局のところ、10月11日『PRIDE・4』の闘いは高田側から見れば、いろんなストーリーが内包されているけど、ヒクソン側から見ると必然性のない闘いのようだ。そう考えると、なんだかすっげえ悔しいよな。

こうなったら、高田、プロレスの威信とか気にしなくてもいい。そんなもん背負わずに、ひとりの男としてヒクソンを叩き潰せ。強気の仮面をはぎ取り、〝本音〟を吐かせてくれ。俺たちはヒクソンの人間としての弱さを見たいぞ！

金原弘光
「田村選手も山本選手もどうってことない。負ける要素、ないじゃないスか」

そんなアホな…と正直、その時は思った。その時とは、4月に行なわれたロシアはエカテリンブルグ大会終了後のホテルに帰るバスの中でのことだ。

その日、そのバスの中には前田日明を始めとするリングス・ジャパン御一行様とリングス・グルジア、リングス・オランダ、リングス・ブルガリアの各選手が相乗り。誰もが激闘の疲れを引きずってウトウトとしていた。そんな状況の中、ひとり元気だったのが今回の主役、金原弘光。

ま、試合自体がトドール・トドロフ（ブルガリア）相手に余裕のレフェリーストップ勝ちだったからかもしれないけど。力がありあまっちゃってたんだね、きっと。やたら話し掛けてくるからちょっと困ってしまったわけさ。

「ねえねえ、モスクワに戻ったらいいことあるかな」

なによ、いいことって。

「きれいなネエちゃんがさ、わんさかいるとか」

そりゃいるでしょう。なんでも外国人ツーリスト・ホテルに出没するマッサージ嬢は大変にエグイらしいよ。

「そりゃまた、ウヒヒ、うれしいことで。モスクワの夜は一緒に遊ぼうね。ムフフ」

でも、割り勘だよ…とわけのわからない会話を続けているうちに、ふいに金原がこんなことを言い出したのだ。

「強い奴と試合したいっスよね。俺、今まで本当にこいつは強えやと思った奴と闘ったことがないんですよ」

どっひゃ～、と思いましたね。なんたる自信。ご存知のように金原はUWFインターからキングダムを経てリングスに移籍してきた選手。

だからそれは金原クン。あれだよ、キングダムの試合レベルが低かったり、参戦していた選手が弱かっただけの話じゃないの。そういうのを井の中の蛙というんだよ、と思わず反論してしまったわけ。

「そうですかね。ムフフ。まあ、見ていてください。俺の快進撃を。驚きますよ」

いや、本当に驚いた。今年の2月から金原はリングスに正式参戦したわけだけど、黒星は初戦のイリューヒン・ミーシャ戦のみ。あとは破竹の10連勝。しかもその対戦相手にはディック・フライや坂田亘もいた。ロシアで言い放ったあのセリフは単なる放言ではなかったのだ。まさに有言実行ではあるまいか。うむ。今度ばかりはきっちりと金原と話をしなければなるまい。その強気を支えている根本を探しておかなければなるまいぞ。

＊

すまん。金原選手をナメていた。

「ムフフフ、でしょ。ロシアで言っていたことは嘘じゃなかったでしょ」

だから、すまんってば。やはり、どうなの。リングスのマットにも強え選手はいなかった？

「今までのところ、いなかったスね（キッパリ）。初戦のミーシャ戦にしても、あれはリングス・ルールに馴染まなくてスタミナのペース配分が狂っただけ。だから、負けたとは思ってないんですよね。あとの連勝にしたって、どの試合も完勝じゃないですか。

俺、相手に関節技を仕掛けられてもロープ・エスケープしてないっスもん。フライ戦なんかバックもとらせなかったですよ。そうそう、何試合かそれこそ秒殺で極めれそうな試合があったんですけど、すぐに試合を終わらせてしまうと自分もつまらないですからね、わざと極めないで試合を楽しんだこともあります。まったくね、お前ら、もう少し強くなって俺を楽しませろよと本気で思ったこともありますよね」

どっひゃ〜。でも、ほら、んと、まだ田村潔司選手とか山本宜久選手、それにハン選手とも闘ってないわけだしね。

「ムフフ。どうってことないでしょ。だって、負ける要素がないじゃないですか。とにかく自分に対して絶対的な自信を持っているんですよ」

まあ、圧倒的な自信ですこと。で、それはどこから湧き出てくるのかな、と。

「そうですね。うん、タックルでしょう。俺、どんなに不利な状況に追い込まれようとタックルで倒してしまえば俺のものと思ってますから。相手を倒してしまえば、あとはグラウンドで関節極めて勝てますからね。俺、どんな相手でもタックルで倒せますよ」

グラウンドの技術にも圧倒的な自信がある、と。

「はい（笑）。誰にも負けません。たとえ打撃の強い選手でも、まあ、最初は打撃に付き合いますけど、これはマズイとなったらタックルで倒して勝つ、と」

でもね、ただ強いだけの選手って魅力がない場合もあるじゃない。どうなの、そこのところは。

「そうなんですよね。わかってるんですよ、そこは。ひとりでも多くお客さんを呼べる選手にならなきゃいけないというのは。でも、それが一番難しいんですけどね」

あれだね、こうなったら〝リングスの北の湖〟を目指しかないでしょ。強すぎて自然とヒールになってしまうパターンが最適だと思うし。みんな金原選手がいつ負けるか、それだけを楽しみに会場に足を運ぶようになったら最高じゃないですか。

「いいですね、それ。来年はタリエルからベルトを獲って田村さんや高阪さん相手に防衛しちゃいましょ。で、いつ俺が倒されるかファンのみんなに楽しみにしてもらいますか！」

背後から押し当てられた銃口——前田日明といざロシアへ

1991年に第2次UWFが解散、リングス、UWFインターナショナル、藤原組の3派に分かれた際、週刊プレイボーイとしては、なるべくどの団体にも肩入れをしないように、しばらくは静観していようと編集部内で申し合わせがあった。

ただ、そうはいっても、すでにそれぞれの選手に思い入れはあったし、彼らが自分たちの理想の闘いを目指して動き出すともなれば、やはり追っかけてしまう。私は個人的に当時の船木誠勝のファンだったので、自然と藤原組始動、パンクラス旗揚げの流れをつぶさに追い、週刊プレイボーイの誌面で展開していた。

そんな状況でも、前田日明の動向は常に気にしていた。というのも、私が週刊プレイボーイで常駐として働き始めるほんの少し前、88年2月に掲載された前田の独占インタビューの衝撃が心に残っていたからだ。そのインタビューで前田は長州力への顔面キックの真相、新日本プロレスのUWF解体に向けての動きに対する怒りを吐露していた。結果、前田は新日本側から解雇処分を受け、第2次UWF設立に向けて動き出すのはご存知の通り。

当時、週刊プレイボーイは新日本プロレスに利用されたのではないかと思った。持て余していた前田を、その過激なインタビューにかこつけて解雇した——。この流れが前田にとってよかったのか、悪かったのかは彼の人生が終わりを告げるまでわからないけども、前田の人生を大きく左右させたのは事実。そのきっかけを作ったのが週刊プレイボーイならば、彼の歩む道を責任もって見つめていくべきなのではないかと、常に意識していたのだ。

つまり、80年代の『週刊プレイボーイのプロレス』が置いていった前田の胎動を、90年代の『週刊プレイボーイのプロレス』が引き継ぎ、見守っていくのは当然のことだとも思っていた。

このような想いが発火点となり、前田の一連の対談シリーズが企画され、自叙伝『無冠』の連載に繋がった。前田と天龍の対談成功を受けて実施された長州、猪木との対談は、私からすると完全に88年の独占インタビューに対する落とし前の意味合いが強かった。

さて『無冠』の連載だが、取材中に強烈な緊急事態が発生！

振り返ってみると、90年代における前田の取材において2つほど私の身の安全、いや、大袈裟ではなく死ぬかもしれないと覚悟させられた事件が起きている。

まず、1つ目。

前述したように、それは『無冠』の取材前に起きた。当時、前田の取材はオープンしたばかりの高級ホテル・新宿パークハイアットホテルのスイートルームで行なわれた。確か一泊10万円以上はしたと思う。

そこには担当編集者の「バカ高い部屋で取材をすれば、前田も気兼ねしていろんなことをベラベラしゃべってくれるのではないか」というコスい思惑があった。しかし、超高級スイートルームでもリングスの応接室でも、前田の態度は変わらなかったと思う。環境の良し悪しでサービス精神を発揮し、いらぬことまでペラペラしゃべるような人間ではないのだ、前田という男は。

ま、それはそれとして。

第1回目の取材のときだ。ホテル前で待ち合わせしたのだが、ナント、前田はサンダルをはいてやってきたのである。嫌な予感はした。なにとぞスムーズにホテルに入れますようにと念じたが、ダメだった。すぐさまドアボーイが飛んでくる。

「お、お客様、そのお履き物ではご入場できません」

「なんでや？」

前田がドアボーイを睨みつける。

「サンダルではホテルの中に入れません」

「これな、サンダルといっても、ナイキやぞ」

ドアボーイがのけぞったのを私は見逃さなかった。

「それは承知しておりますが、ナイキはナイキですけども、なにせサンダルですし」

「だから、ナイキやぞ」

「は、はい……」

結局、前田は「ナイキやぞ」を押し通し、ホテルに入ってしまった。たぶん、オープンに向けてドアボーイの兄ちゃんも厳しい研修を重ねてきたはず。それらの苦労を木っ端微塵にした前田の言動だった。

これはまだ序の口、オードブルみたいなもの。私の危機は2回目の取材の時に発生した。2回目は前田もそれなりの服装で現われた。自分でも「ナイキやぞ」で押し通してしまったのを反省したのだろう。

新宿パークハイアットホテルはロビーからエレベーターに乗り、途中でフロント階に降りてチェックインする。キーを受け取ると、その奥の宿泊者しか使用できないエレベーターに乗り部屋へと向かう。

チェックインを済ませた私は前田を促し、エレベーターへ。ドアが開き、スイートルームのフロアの階数を押す。エレベーターが動き出してすぐに〝チン〟と音が鳴り、静かにエレベーターが停まる。ドアが開く。誰かが乗ってくるようだ……ゲゲッ!

K-1の石井和義館長ォォ~~。

当時のリングスとK-1は、最悪な状態だと噂されていた。詳細は省くが、前田も石井館長も互いにいろいろと含むものがあったのは間違いない。それにしても、なぜにこのタイミングで乗ってくる?

石井館長は最上階のボタンを押した。このエレベーターに乗ってきたということは、館長も宿泊しているのだろう。で、食事のために最上階のレストランに向かおうとしていた——。

数秒の間に、そこまで推理してみたが、恐ろしいのは前田も館長も眉ひとつ動かさず、沈黙の状態であったこと。

知らぬ仲ではない(当たり前だ)。多少、互いにカチンとくるものがあったとしても同じエレベーターに乗り合わせれば「どうも」くらいは挨拶の言葉として交わすのが大人の正しい態度なのに、前田も館長も口をへの字に曲げ、目を合せない。

とにもかくにも——。

私を真ん中にして前田と館長。

ここに生き地獄のようなスリーショットが完成。

あの時、私の脳裏に何がよぎったか。

もちろん、1秒でも早く押した階に着いてくれと心の中で念じてはいたが、不測の事態が発生した場合、果たして私は無事でいられるだろうかと想像し、次第に心臓が悲鳴を上げ始めた。

その不測の事態とは――。

何かの拍子に、どちらかが「あん？」みたいな挑発の言動などをお取りになったら最後、この狭いエレベーター内は修羅場と化す。どちらも躊躇することなくヤッちゃえる屈強な世界の人たちだ。私にはふたりを止める勇気も力もなく、恐らくは激しい乱打戦に巻き込まれ、あえなく病院送りになる……かも。

しかし、神様はそこまで意地悪ではなかった。そのままスッと押した階に停まり、何事もなかったように前田と私はエレベーターを降りた。私は後ろを振り向かず、前田も館長が乗ってきたことには一言も触れずに、スタスタと取材用の部屋へと歩を進めたのだった。

私たちの命を救ってくれたウラジミール・パコージンさん

ここまで盛り上げ書いておいてナンではあるけども、前田・館長恐怖の遭遇事件はごめんなさい、次に起こった私の身の危険に比べれば、まだかわいい出来事でした。

そう2つ目の悲劇の発端は98年の春。

リングスから突然のお呼びがかかった。要件は4月にロシアのエカテリンブルグ大会が開催されるので取材してもらえないだろうか、という打診だった。

プロレスマスコミは予算の関係上、同行できないらしい。週刊プレイボーイも予算があるわけではなかったが、映像も絡ませれば何とか捻出できそうだった。そこで小沢のタケちゃんと打ち合わせをし、「作品になるかわからないけども、とりあえずカメラを持って一緒にロシアに飛んでくれ」と頼むと、いつも前向きな発言しかしない彼が「何か嫌な予感がする。行きたくない」と珍しくダダをこねた。

どうやらロシアでの撮影活動は、しんどいことばかりが起こるはずとの先入観があるようで、なかなか「うん」とは言ってくれなかった。そこをなんとかねじ伏せ、浮かぬ顔のタケちゃんの腕を引っ張り、前田とリングス・ジャパンのスタッフが待つ成田空港へ――。

今から思えば、タケちゃんの嫌な予感は見事に的中するのだが、それはもうちょっと先の話となる。

前田とスタッフ、私とタケちゃんを乗せたアエロフロートは一路、モスクワへ。そこからまた飛行機に乗り込み、エカテリンブルグへ。

私はいつものように怒涛の入稿作業を終わらせてからのロシア行きだったので、うかつにもエカテリンブルグがどのような街なのか事前に調べていなかった。現地に着けばなんとかなる。リングス・ロシアが主催する大会を取材すればいいだけ。何か問題が起こっても、きっと前田が助けてくれると思っていたのだ。

さて、エカテリンブルグに向かう機内の中で、リングス・ジャパンのスタッフがこんな話をしてくれた。

「ロシアを飛び回る民間機の機長のほとんどが空軍の元熟練パイロットらしいんですよ。だから、飛行機の扱いが抜群にうまくて、いつ着陸したかわからないくらいにスゥと着陸してしまうみたいですよ。それに元は空軍の偉いパイロットですから、日本や西洋諸国とは違い、敬意を払う意味で、まずは機長から飛行機を降りるんです。機長がタラップを降りるまで、乗客は静かに席に座っていなければいけないんですよね」

〝本当かな？〟と思った。でも、すべて本当のことだった。〝えっ、もう着陸したの？〟と驚くほどのスムーズなラウンディング。私はそれまで数え切れないくらいの国内線、国際線を利用してきたが、その日の機長の操縦技術は別格のように思えた。

で、機長や副機長が身支度を整え、コックピットから出てきて通路を歩き、機内の出口へ。その間、私たちは大人しく席で待機。機長たちがタラップを降りたのを確認し、乗客たちがモソモソと動き出す。私は後ろの席で控えていたタケちゃんに声を掛ける。

「あのさ、タラップを降りる前田の姿を撮っておこうか」

どうやら飛行機はエカテリンブルグ空港の滑走路内で停まり、そこからバスなどを使わず、徒歩で空港ビルの到着口に向かわなければいけないようだった。

「ＯＫ、じゃあ先に飛行機を降りてスタンバイしておく」

この会話が命取りだった。

前田がタラップを降りる。降りきったところで、悲鳴が聞こえた。

なんだ？　どうした？　この声、タケちゃんか！

私も急いでタラップを駆け降りた。

信じられない光景が目に飛び込んでくる。

5メートル先で1人、2人、3人……計6人の空港警備兵らしき兵隊さんがタケちゃんを中心にして円を描くように取り囲んでいたのだ。6人とも手には軍用のライフルが握られており、その銃口は冷たくタケちゃんを捕らえていた。

「トンちゃん、助けて!」

「う、動いちゃダメだ、大丈夫だ、ゆっくり両手を上げてみるんだ」

何が起きたのか、正直わからなかった。なぜタケちゃんがロシア兵に包囲されているのか。

ただ、日本の感覚で行動したら、間違いなく最悪な事態になりそうな気がした。だから、咄嗟にタケちゃんには〝両手を上げるんだ〟と全面降伏のサインを送るように指示したのである。

「俺もそっちに行く」

そう叫んだ瞬間、私の左の肩甲骨あたりに金属の塊が押し当てられた。ゆっくり両手を上げ、少しだけ首を後ろに曲げて確認してみる。

なんてこった。

7人目の兵士が無表情でライフルの銃口を肩甲骨に突き刺していた。

ギギギッと金属音が響き、どこからか大型のジープが走り込み、兵士たちは私たちに「乗れ!」と指示したようだった。

そうだ、前田だ。困った時の前田日明だ!

私は空港ビルに向かって歩いている前田の後ろ姿に、あらん限りの力を振り絞り、助けを求めた。

だが、しかし。

前田は後ろを振り向きながら、「とりあえず、兵士の言うことを聞いておけ。絶対に歯向かうんじゃないぞ」とだけ叫ぶと、何事もなかったように空港ビルへと歩き出す。

コラコラ、それだけかい? 助けてくれんのか~~~い!

私とタケちゃんと7人の兵士を乗せたジープは空港ビルとは反対の方向へ走り出す。タケちゃんは観念したように目を閉じたまま。私の頭の中ではパスポート没収、シベリア抑留、強制労働、冤罪の末の銃殺刑、さよなら祖国……といった言葉が浮かんでは消えた。いや、なぜに自分たちが兵士に囲まれ、逮捕のような扱いを受けなければいけないのか、まったく理解できなかった。いくら社会主義国家の匂いが残るロシアでも、このような理不尽な扱いは許されないのではないか。

キキッと、またしても金属音が響いてジープが停まった。「降りろ」と指示され、ジープから飛び降りると、ひとりの男がこちら目がけて走ってくる様子が確認できた。

おおお、あの人は！

リングス・ロシアの重鎮、エリート官僚でもあり、ロシアのスポーツ省にも顔が利く、ウラジミール・パコージンさん。

彼は息を切らしながらも、兵士たちに何かを告げ、そのうちのひとりがトランシーバーで連絡を取り始めた。結局、私たちはその場で無罪放免となった。笑顔で私たちに握手を求めてきたパコージンさんに先導され、ようやく空港ビルに向かうことができ、到着口から外に出るとマイクロバスが待機していた。そのバスには先に到着していたエカテリンブルグ大会に出場するリングス・オランダの選手たちと前田、そして大会の責任者のニコライ・ズーエフがおり、みんなして拍手をもって私たちを出迎えた。

日本語が話せるリングス・ロシアのスタッフを介して、パコージンさん、地元エカテリンブルグの有力者でもあるズーエフの話を聞くと、つまりはこういうことだった。

エカテリンブルグは、そもそも軍事工場の街で、めったなことでは外国人は入れないらしい。今回はエカテリンブルグのスポーツ宮殿で格闘技大会が開催されるという特別な事情のため、前田を始めとする日本人の来訪が許可されたそうだ。

しかし、社会主義国家の影が強く残っているロシアの怖さはここからで、私たちの動向は常に監視状態。そのような状況の時に、タケちゃんはタラップを降りる前田を滑走路から見上げるように撮影しようとした。構図的にタラップを降りる前田の後方にはチロル山脈が見えており、どうやらそのあたりに写してはならない軍事的な何かがあったみたいなのだ。

特別監視警戒中の日本人が写してはいけないものを一眼レフのカメラで収めようとしている——。

早速、監視中の人間から空港警備兵に連絡が入り、事情聴取をするためにタケちゃんを確保。ついでに私も確保。ジープが向かった先は空港警察の留置所だったようで、一歩間違えれば私たちはそのままブチ込まれるところだったようだ。

その時、リングス・ジャパンを出迎えに到着口で待機していたパコージンさんに前田が事情を説明し、驚いたパコージンさんは空港留置所に向かって走りながら携帯電話で本国の偉い人に直談判。それでようやく私たちは無罪を勝ち取る……という流れだった。

ズーエフが「無事で安心したけど、押収された一眼レフのカメラとビデオカメラ、その他の機材は戻ってこないと諦めたほうがいいな。1か月後にモスクワの闇市場で見つかるかもしれんがね」と言った。

タケちゃんは早々に機材を失い、日本に帰るまでの数日は、ただの観光客になるしかなかった。

前田は一連の話を黙って聞いていた。前田によれば、あの時「パコージンが助けに行くまで歯向かうんじゃないぞ」と言いたかったらしい。前田にすればパコージンさんがいれば何も問題はないと確信していたようなのだが、なにより腹が立つのは空港警備兵に確保された時に「歯向かうな」としか言っておらず、大事な「パコージンが助けに行くまで」のフレーズがスッポリ抜けていたこと。私だってパコージンさんが助けに来てくれるならと安心できたのに。そのフレーズ忘れについてキレ気味に文句を言うと、前田は笑うだけだった。

こういう場合、いつもの前田なら百倍の反論をしてくるのだが、何も言わなかったということは、それなりに私たちの身の危険を案じてくれていたのかも知れない。

サンビストたちの「鋭い眼光」と子供たちの「無邪気な笑顔」

さて、宿泊先に向かうバスの窓から、いくつも工場らしき建物群を見かけた。広大な敷地内には整備中の戦車や軍用機があり、紛れもなくエカテリンブルグは軍事工場の街だったのである。

そういう街だからして、当然のことながら商業的なホテルなどはなく、私たちの宿泊先は保養所のようなところだった。そこに3日ほど滞在したのだが、ビックリしたのは3日間の朝、昼、晩ともに同じメニューしか食べられなかったこと。少量のサラダにボルシチ、そして牛肉のステーキにヨーグルト。当時、ヨーロッパで狂牛病が問題となっており、しきりにタケちゃんが「食べても大丈夫なのかな、この牛肉」とブツクサ言い、口の中に放り込んでいた。

日本で暮らしていると、ちょっと想像しづらいのだが、エカテリンブルグは軍事工場と、そこで働く人たちの住居しかない街なので、コンビニのようなお店がなかった。保養所のメニューに飽きたからといってカップラーメンでも食べようと思っても、売っている店がない。それに遊戯的なことを楽しめる施設もなく、ひたすら自分の部屋で時間を潰すしかなかった。

そんな平坦な時間の流れに我慢できなくなった私とタケちゃんは、何もないとはわかっていたけど、街を散策することにした。保養所を出る際にズーエフが「ヤバいところに迷い込むと、今度こそ間違いなく撃ち殺されるぞ（笑）」と脅かしてきた。一応、日本人特有の愛想笑いを投げかけ、いざ街中へ。

軍事工場とは逆の方向に歩き出したのだが、本当に何もない街で、石材で造られた2階建ての住居がどこまでも続いていた。日本の感覚だと、そういう街並みのところどころにクリーニング屋だったりパン屋だったりが店を構えているのだけども、どこにも見当たらない。

「この街、色がないね」

タケちゃんが、あたりを見回しながら言う。

石材で造られた家々はグレー一色で、そういえば洗濯物をどこの家も干していなかった。たぶん、部屋干しが主流なのだろうが、それも色がないと思った原因のひとつだった。さらに空はどんよりと重たい雲が垂れ込め、天と地がグレーに染まっている状況は心を鬱々とさせる。

ふと気づくと、地元の子供たちがブレーメンの音楽隊のように私たちの後を付いてきていた。東洋人を見るのは初めてなのだろう。どの子もジッと私たちを見ている。同じ人間のようだが、自分たちと顔の作りが違う……とでも思っていたのかも。

「この子たちは、いつも何をして遊んでんのかな。公園もないみたいだし」

そう言うと、タケちゃんはいきなり振り向き、両手を大きく振りかざして「ガオオ～」と吠えた。子供らはクモの子を散らすように逃げ出す。しかし、すぐにまたブレーメンの音楽隊の編成を整え、飽きずに私たちの後に付いてきたのだった。

翌日。

大会に向けての調整のため、前田とリングス・オランダの選手たち、ズーエフらが街外れの強化練習場に行くというので、私たちも付いていくことに。カメラがないので踏み込んだ取材はできないかもしれないが、保養所で時間を潰すよりかはマシだ。

マイクロバスは一同を乗せ、1時間ほど走り練習場へ。この練習場の建物、どこかで見たような気がした。どこで見たのだろう……あ、そうだ、実際に見たわけではなく、ある書籍に載っていた昭和初期の結核患者を収容していた療養所の建物そのものだったのである。この建物の外壁もグレー。このあたりの街並みにも色がなかった。

どうやら2階が練習場のようだった。2階の大広間にはマットが敷かれ、すでにガタイのデカい男たちが寝技の攻防を繰り広げていた。ムッとする汗臭さが体中にまとわりつく。

前田もトレーニングウェアに着替え、男たちに交じって寝技の指導。その様子を眺めていると、ズーエフがリングス・ロシアのスタッフを従えて近寄ってきた。

「前田に指導を受けているのは、まだ20代前半の若いサンボの選手たちなんだ。ヴォルク・ハンも、ああやって前田と肌を合わせ認められて日本に行った。だから、彼らも前田と交わることで認められたい、日本で試合がしたいと願っているんだよ。別に連中はお金が欲しいわけじゃない。日本で派手な生活をしたいとも思っちゃいない。ただ純粋に自分の強さに対して称賛の拍手をもらいたいだけなんだ。ササキもこの街にいて、わかっただろ？　ここではいくら頑張って強くなっても、誰も拍手なんかくれないんだ。自分のために強くなる。国のために自分の格闘のスキルを上げていく。それは素晴らしいことだが、私たちも人間だ。己の人生の中で、一度くらいは他人から〝お前は強いな〟って認められたいんだよ。その願いを前田が叶えてくれるかもしれない。前田はあいつらの希望でもある」

若いサンボの選手が何やら前田にアドバイスを求めていた。その眼光は鋭かったが、キラキラ輝いてもいた。練習場の窓から光が差し込む。

重く垂れ込む灰色の雲からの光芒――。

前田はロシアの若き格闘家たちにとって、自分が何者であるかをつかむための光芒なのかもしれないなと思った。

大会当日。

試合開始3時間前に保養所をマイクロバスで出発した私たちは、会場のスポーツ宮殿に無事到着。選手たちがわれ先にとバスを降りていく。私たちは最後に降りたのだが、一瞬、目の前がクラクラっとした。会場周辺にはいろんな出店が軒を並べており、それらの店の装飾のきらびやかさに目が戸惑ってしまったのだ。

お菓子類を売っている店、アイスクリームを売っている店、ピロシキを売っている店、帽子を売っている店、ナイキのスポーツウエアを売っている店、飲み物を売っている店、オモチャを売っている店……。いろんな色が洪水のように押し寄せてくる。それまで色のない時間を過ごしていたせいか、その落差には気持ちがついていかなかった。

「ねえ、あの子たちだよ」

タケちゃんが指差す方向に、ブレーメンの音楽隊の子供たちがいた。みんなオモチャの店や、お菓子を売っている店で笑顔満開。

「ああ、チクショウ。カメラさえあれば、あの子たちの笑顔を撮れていたのに」

悔しがるタケちゃんの言葉に、私も大きくうなづく。

あの子たちがあんなに無邪気な笑顔を見せるとは。しかも、小さな瞳をあんなにも輝かせて。

誰かが私の肩を叩く。

「どうだい、賑やかだろ?」

パコージンさんだった。

「ええ」

「こういう大会が開かれる時にだけ、特別にこの街にも出店が許されるんだ。いろんな街から業者がやってくる。地元の連中も昨日の夜から大はしゃぎさ」

「まるでお祭りですね。日本のお祭りも、いろんな店が出ます」

「うん。リングスの大会は私たちにとって、お祭りなんだよ。今日はスポーツ省のお偉いさんたちも何人か観戦する。彼らも大会を楽しみにしている。ロシア人はみな格闘技好きだからね」

試合開始まで、まだ2時間もあるのに、スポーツ宮殿の周りの喧騒は激しくなっていくようだった。私の前を青い風船を手に持った子供が走り抜ける。その目の輝きは、練習場で見た若きサンボの選手が放っていた目の光とどこかシンクロしていた。

エカテリンブルグ大会は大盛況のうちに幕を閉じた。

翌日。

リングス・オランダの選手たちは母国に戻り、前田とリングス・ロシアの面々はモスクワへ。外国人専用ホテルのオリンピックホテルで一休み。小沢のタケちゃんとラウンジでくつろいでいると前田が声を掛けてきた。

「佐々木さん、焼き肉食べに行こうよ。いい加減、ボルシチに飽きた」

タケちゃんがホテル関係者から情報収集して赤の広場近くに焼肉店を発見、タクシーを飛ばす。

久しぶりにロシアの味付けではない、わりと日本で食べる焼肉と変わらぬ味に感動し、ひたすら食いまくった。

夜はリングス・ロシアの連中が車で迎えにきて、きらびやかなネオンが灯る繁華街に。リングス・ロシアのスタッフによれば、ここらへんは東京の赤坂みたいな街らしい。

車を降りると、すぐにタケちゃんが私の袖を引っ張りながら「ねえねえ、見てよ、あの店。『クラブ・リングス』って看板が出てるぞ。すっげえなあ、リングス・ロシアは格闘技関係以外にクラブまで経営してんのかよ」と言う。

店の中に入ると、本当にクラブそのものだった。ロシア美女たちが細やかに接待。前田には『クラブ・リングス』のママが、ぴったり体を寄せて濃厚なご接待♡

タケちゃんが呟く。

「スパイ映画だと、こういう店でヤバい品物の売買が行なわれるんだけど、まさか『クラブ・リングス』はそんなことないだろうな」

「わかんねえぞ。それこそエカテリンブルグじゃないけど、危ない武器が店の地下に眠っていたりして」

ロシア美女の吸い込まれそうな青い瞳に見つめられながら、モスクワの妖しい夜は静かに更けていったのだった——。

カレリン戦の直前に前田が繰り出したボディブロー

98年末。前田日明の現役最後の相手にロシアの英雄、オリンピックで3大会連続金メダルを獲得した〝霊長類最強の男〟アレクキンダー・カレリンが決定した当初は、とくにアマレス界から疑問の声が噴出した。

いや、世間も首をかしげた。なぜなら、カレリンがリングスマットに上がるメリットが何ひとつなかったからだ。

金も栄誉も手にしているカレリンが、なぜケガをするかもしれないのに前田と戦わなければいけないのか。世界的な偉人とまでなっているのに、たかが日本のいち格闘家のためにプロのリングに上がらなければいけないのか。

しかし、私からすれば何も不思議なことではなかった。

これは私の勝手な憶測になるけども、カレリンを担ぎ出すために奔走したリングス・ロシアは『光芒』と『祭り』をキーワードにして説得にかかったのだろう。このふたつの言葉の意味を理解し、それこそロシアの英雄だからこそ、前田が積み重ねてきた功績に報いるためカレリンはリングスマットへの出撃を決意したに違いない。

そして迎えた、99年2月21日、横浜アリーナ。

私はリングに上がる寸前の前田の表情を確認すべく、控え室と入場口の中間の通路に待機していた。ときおり入場口の扉が開くと、前田コールが耳に届く。一段と歓声が響き渡る。反対コーナーからカレリンが入場してきたようだ。同時に控え室のドアも開かれ、前田が姿を現わす。入場口に歩を進める前田。聞き慣れた『キャプチュード』がアリーナ全体に鳴り響く。

そのまま入場口に急ぐ前田。

だが、しかし。

何を思ったか、前田が回れ右をして私にスタスタと近づいてくる。

な、なんだ？　ど、どうした？

目の前まで来ると、いきなり私の腹にボディブローを放つ。

ウグッ！

胃が胸のあたりにまで押し上げられたような一発だった。

痛さのあまり体を丸めた私を見下ろした前田はニヤッと笑った。そうして踵を返すと、再び入場口へ。ドアが開かれ、怒涛の前田コールを背負いながら、霊長類最強の男が待つリングへ。

それにしても、あのボディブロー。

これからカレリンにもぶち込んでやるぜ——という覚悟の一発だったのか。それとも最後まで付き合ってくれてありがとな——という感謝を込めての一発だったのか。

私は感謝の一発だったと……思いたい。

※２００８年、ウラジミール・パコージン氏は飛行機墜落事故により死去。哀悼の意を捧げます。

第4章
週刊プレイボーイのプロレス
〜日本人レスラー編〜

4·7東京ドーム直前「誌上ガチンコ対決」第1弾

橋本真也

路上襲撃で血まみれ、突然の引退宣言…。
"迷走"する破壊王が爆弾発言！

「小川に勝とうが負けようが
もう新日本には戻らない!」

1993年

天龍源一郎
新日本プロレスとの交流戦の本音「一度は猪木さんの技をガンガンに受けたい」

荒い息を苦しそうに吐き出しながら天龍が控室に戻って来た。

瞬間、目が合った。天龍は右手の親指を立てて小刻みに震わせて見せた。

「なっ、俺が言いたかったことはこういうことなんだよ」

天龍の小刻みに震えている親指が、そう語っているように思えた。

4月6日。両国国技館。新日本プロレス主催の大会。闘いのテーマは新日本対WARの交流戦。メインエベントは長州力対天龍源一郎のシングルマッチ。

両者は1月4日に行なわれた東京ドーム大会でもメインを務め、天龍が豪快なパワーボムで長州をフォールした。しかし、この日は雪辱に燃える長州のリキラリアットを喉元にぶち込まれ、フォール負け。

これで新日本とWARが正式に交流戦に取り組み始めてから天龍と長州の勝負は1勝1敗。だが、勝敗の結果は天龍にとってあまり意味がない。どうでもいいのだ。

3年前、全日本プロレスを離脱し、SWSという、企業が経営権を持ったまったく新しい団体に移籍した天龍。昨年、そのSWSが内部分裂し、新たにWARを設立した頃、天龍はしきりに長州との交流戦をぶち上げていた。長州との試合が実現できるのなら、己れのレスラー生命を賭けてもいいとまで断言したほどだ。

そんな発言を聞いたり読んだりするたびに、〝多分、天龍の本心は別のところにあるんじゃないか〟と思った。なぜなら、新日本プロレスのトップレスラーに収まった長州との闘いを実現させるために己れのレスラー生命を賭けるほど安っぽいレスラーではないと思っていたからなのだ。

長州との闘いは、天龍が抱いている理想の闘いを実現させる起爆剤でしかない、と思い込みたい願望もあったからかも知れない。

WARの天龍源一郎となってから初めてのインタビュー。語り出すきっかけはやはり交流戦のことからだった。

「新日本との交流戦が実現してね、長州たちと闘えて満足しているでしょといろんな人から言われる。でもな、レスラーの満足度からいえば、全日本プロレスでレボリューションを起こしてた頃のほうがよっぽど満足度は高かったよ。

一時期、全日本のマットに上がっていた長州たちが再び新日本に戻ってしまい、活気がなくなってしまった全日本マットで、これじゃいかんという使命感に燃えて、東京だろうが地方の会場だろうが、とにかく目一杯試合をしてた頃のほうが充実してた。

あの頃は、連戦ばっかりだったけど、同じ技は出さなかったな。毎日、とにかく思い切りいろんな技を出して、思い切り闘った。うん、今のね、交流戦もね、充実感はあるよ。あるけども、それは試合後だけ。翌日になったら新日本との試合カードの打ち合わせとかあるからね、疲労感のほうが大きい」

交流戦は充実感よりも疲労感のほうが大きい、と断言する天龍。では、なぜWARを旗揚げした時にあれほど長州との交流戦を叫んでいたのだろうか。他団体のレスラー同士が試合を構築するむずかしさはSWSが作り上げた部屋別の対抗戦で嫌というほど味わっているのにだ。

天龍の本音の本音。どうして交流戦を望んだのか。WARを生き残らせるための方法ではないと言うのであれば、その本音こそを聞きたい。

「いや、実際にね、WARを作ってから、本気でね、長州との闘いが実現できるのであれば、その試合を自分の引退試合にしてもいいかなと思った時もあるんだ。でも、すぐに違うなと思ったんだよね」

だから、その本音を聞かせてください。

「本音ねえ……、本音といってもな……」

長州選手と闘いたいというだけで、必死に新日本との交流戦実現の折衝をしてきたわけではないでしょ。これは結局、個人の思い込みだけかも知れないけど。

「本音というより本能だと思う。レスラーの本能だよ。レスラーとして生きているからには魅力ある選手の技を思い切り受けてみたい。その願いだけを心の糧として、新日本との闘いに向けて突っ走ったと思うよ」

天龍選手の本音は、やはりとてもシンプルなものだったんですね。

「うん。だってレスラーとなったからにはさ、長州のリキラリアットを受けてみたいじゃない。どんなもんか感じてみたいよ。馳の裏投げはどんな衝撃があるか、もちろん、猪木さんの延髄斬りはどんなもんか受けてみたいんだよ」

簡単には他団体のマットに上がれない日本のレスラーは、他団体の魅力あるレスラーの凄い技を受けずにマットを去ってしまう可能性がありますからね。

「猪木さんなんか一歩間違うと、もう今の時点で伝説化されそうでしょ。全盛期の頃のビデオがバンバン売られてさ、見ている連中は自然と、猪木さんって昔はとんでもないレスラーだったんだと思い始めているんだよ。完璧に伝説になり始めているんだ。

俺は嫌なんだよね、そういうのってさ。猪木さんはまだまだ現役のレスラーだと思うわけ。だから、猪木さんの昔のビデオを見ながら指を食わえてるのはたまらないんだ。一度は猪木さんの技をガンガンに受けたい。そうすれば、その時の感触が永遠に俺の肌に刻まれる。忘れることなんかできなくなるんだ。

これって、レスラーとしての本音？　いや、本能だと思うんだよね」

長州に負けて親指を突き立てた天龍。そう、あの時の親指は〝最高のリキラリアットを受けたぜ、レスラーとして満足だ〟という意志表示ではなかったか。だから、最初に書いたとおり、天龍にとって勝敗はどうでもいいのだ。

勝とうが負けようが、思い切り闘って、思い切り自分にとって魅力ある相手の技を受ける。とてもシンプルでスリリングな試合を己れのレスラー本能を燃焼させて全うできるのが楽しくて仕方ないと思うのだ。

「他のレスラーはレスラーの本能を忘れているよ。というより、わかってても実行できない奴らばっかりなんだ。馬場さんがいい例だよね。あの人は絶対に他の人の技を受けてみたいとは思わないだろうからさ（笑）。

団体に所属しているとね、楽なんだよね。温かくて出られない。そしていつも、来年の自分の給料を気にしているから上の人間に対して逆らえない。自分はあいつと闘いたいって言ったって、上の人間に〝じゃ、お前は来年からいらない、出ていけ〟と言われたら反論もできない。ケツをまくれる奴なんかいないよ」

でも、そのレスラーには家族もいるし、いろんな状況があるわけだから。

「うん。わかってるよ。だったら、マスコミなんかに誰それと闘いたいと言うな、カッコつけんなと言いたいよ。どうせ団体を飛び出す勇気もないくせにね（笑）」

全日本の川田選手が最近、超世代軍を離脱したいと語っているのが話題になっているんですが。

「川田の発言なんて、俺や長州が言ってきたことじゃないの。マンネリは嫌だと言うのはさ。でも、俺たちは自分の言葉に責任を持って行動したよ。全日本や新日本を飛び出して新しい団体を作った。

川田が誰に入れ知恵されたかわかんないけど（笑）、団体を飛び出す勇気がないんだったら、そんなこと言ってファンを煽るのはやめろと言いたいね。本当に川田がマンネリズムを感じているんだったら、もう団体を飛び出してＵＷＦインターの高田と闘わないと嘘だよ。

全日本の枠の中にいる限りはマンネリズムだと言うな。嘘をつくんじゃないということだよ。本当にさ、川田がその悩みを抱えているんだったら、腐るほど団体があるんだからさ（笑）、やってみりゃいいんだよ」

現在のＷＡＲは交流戦が大きなテーマとなっているのですが、今後、そのテーマが完結した後はどうなっていくんですか？

「全日本を辞めてＳＷＳに移籍して、またＷＡＲを作った過程でね、俺を慕って一緒について来てくれた若い奴らがいる。奴らは今、一生懸命に練習して試合をしているんだよ。今後はね、奴らにスポットライトを浴びせてやりたいんだ。俺が少し後ろに引っ込んでもいい。努力している奴らを前面に押し出してスポットを当ててやりたい」

最後に、「たら」「れば」の話はしたくないんですけど、天龍選手が全日本を離脱しなかったら、どういう闘いを展開していると想像しますか?

「そうだな……。どういう試合をしているかまではわからないけど、間違いなく言えることは全日本プロレスの社長になっている（笑）」

1995年

長州 力
新日本プロレスvsUインター「ウチが全部勝つに決まってんだろ」

久々だ。プロレスファンになって20年。久々に血沸き肉躍る気分だ。新日本プロレス対UWFインターの全面対決。カードの出し惜しみもない。

・武藤敬司vs高田延彦
・橋本真也vs中野龍雄
・佐々木健介vs垣原賢人
・長州力vs安生洋二
・蝶野正洋vs宮戸優光

他4試合。スゲーよな。因縁が因縁だけにカードに殺気が満ちているよなあ。高田の蝶野挑戦（当時、IWGPチャンピオン）問題。この時は新日本側の『巌流島でバトルロイヤルならやる』という条件をUインターが拒否。新日本所属のビッグバン・ベイダーの引き抜き。そして、Uインターのぶち上げた『1億円争奪トーナメント』をめぐっての長州と安生、宮戸らの因縁。新しいところではUインターの山崎一夫の新日本登場をめぐる、これまた長州と安生との因縁。

リングの上で決着がつく日がやっときたのだ。やはり、レスラーは法廷なんかじゃなくリングで決着をつけなきゃいかんのだ。

で、対抗戦を前にした長州力に話を聞いてきました。

＊

「ドームは正直言って、もう頭の中にないんだよな」

え?

「もうドームはない。俺にとっちゃ、対抗戦が決まった時点で仕事は終わってる。今はそれ以降をどうするかだ」

終わったと言われても、インターとはいろいろな因縁がありましたよね。

「あれはプロレスマスコミがやってるようなもんなんだから。つまんないことばかり書いている。あれはあれで勘違いしてればいいんだけど。今度はこれだけ盛り上がったら、あれは出来レースだとかいう話が出る。いちいちそういうことに反論とか説明するのも面倒臭いんだよ。やることは間違いないんだから」

でもですね、いきさつが…。

「今までのいきさつがどうのこうのって、これはもう週プロ（週刊プロレス）の感覚になっちゃうからさ」

今回、高田選手が初めて前面に出てきたことですが、なぜ出てきたんですかね。

「俺にもわからないなあ。だから、プロレス的にしゃべればできるけど。プロレスマスコミが書いてる部分を解釈して言えばね。要するにね、あああ、難しいな。こりゃもう、あの。だから、高田のことか？　そうだよな、今まで出てこなかったしな。だから、ここでやろうと思ったんじゃないの。お互いに、どっかでけじめをつけようっていう。取材になんないだろ」

いえ。

「まあ、これは長州力対Uの喧嘩かも知れないな、うん」

なんで、今まで対抗戦が実現しなかったんですかね。

「俺は、みんな（プロレスという）同じ土俵の上だと思ってるんだよ。UにはUのスタイルがある。リングスはリングス。船木のところ、パンクラスはパンクラスのスタイルがある。でも、すべて同じ土俵の上にいると思ってる。

その土俵の中にいる時に事が起きたら土俵の中で解消すればいいんだ。もちろん、我々は解消できると思ってる。でも、その時に彼らは外に出ちゃうんだよね。事が収まるとまた中に入ってきて、また中でなにかをやり始める。それが俺にとっては、こざかしい。今回のルールの問題でも彼らは土俵の外から主張する」

長州は、しきりにこの土俵の問題を強調した。

「この業界のバカどもも自分たちで判断、区別しちゃってるんだな。したり顔でシュート、シュートって言葉を使う。シュートってのは、俺から言わせれば新日本ではみんな最初から覚えることであって、俺たちの仕事も間違いなくシュートだし。

そのシュートをなぜ覚えるのかというと、それは外から敵が来た時に使うためなんだよ。彼らは、そのシュートを中に持ち込んでるだけじゃないか」

じゃあ、Uのルールでも問題がないと思えるんですが。

「俺はな、選手がわからないところで試合が終わったり、ポイントとかなんとかで試合が終わるのが怖いんだよ。その時のファンの反応が怖いんだよ。つまんない試合になると思うよ」

そうですよね。負けてもピンピンじゃ納得できません。

「やっぱり最終的には、どっちの肉体が強いのか、どっちが強いのかっていうものがプロレスだろ。我々はそれを30年間、証明してきたという自負があるからね。勝ち負けってのは、そんなこだわっちゃいけないんだよ。極端に言えば反則負けなら負けでしょうがねえなって思ってる。強さを見せるにはそういう形になるんじゃないかって。まあ、今までの過去のものをお互いに主張し合って、ぶつかって、それでいいことなんだよ」

（インタビューの後、ルールが正式に決定。ドームはプロレスルール。で、その後のUインターの興行に新日本の選手が出場。Uインターのルールで戦うという折衷案に。なんか胸につかえる決定だ）

新日対Uインター、どんな試合になるんですかね。

「一方的なことを言えば、彼らは彼らで何年かやってきた。最初からU系のカラーで育った選手もいる。うちはうちで、新日本プロレスの長い歴史の中で新しい選手が育ってきてる。そういう選手たちがぶつかった時だよ、最初の1分でU系の選手の考えは根底から崩れるよ」

崩れますか。

「要するに、本当のプロレスラーの強さを知ると思う。まあ、彼らが打ち出したシュートとか関節技が我々に通用するかどうかを確かめるチャンスだけど、それはまず根底から崩れるよ。100パーセント、間違いなく崩れる」

その自信はどこから？　やはり、レスリングの元五輪代表という自信ですか。

「自信とかプライドじゃなくて、差がありすぎる。体力的にも違う。ナマクラなデブを押さえつけるのとはわけが違うんだからさ。俺たちはプロレスラーの強さを求めてトレーニングしてるんだもん。彼らは彼らでやってるだろう。でも、差がありすぎる。どういうふうに説明していいかわかんないんだけど、とにかく差がありすぎる。これはどこの団体とでもそうだ。同じ土俵の上でやれば差が出るよ。ものすごい自信持ってる。うちと交わったら、みんな消えちゃうよ」

長州は「差がありすぎる」を繰り返す。

「レスラーは体が必要なんだよ。自分を守るためにな。アマレスもそうだけど、スポーツの原則でね。だから、ボクシングにもウェート制がある。彼らはデカイ相手にもUのスタイルは通用するとか言ってるけどな」

それはドームで崩れると。

「差があんまりにも出ちゃうと思う。田村（潔司）が今回出ないのにマスコミは騒ぐことないと思うんだよ。俺は田村に会ったこともないし話したこともないけど、半分言わせれば自分で自分を知ってるんじゃないか。悟ってんじゃないか。そういう解釈の仕方だね、俺は」

通用しないから出ないと。

「ああ。あと橋本と誰だっけ。中野だ。それと宮戸と蝶野だろ。俺の立場から言えば最後まで新日本のスタイルを通してほしいけど、そうならなかった場合、すごい悲惨な試合になるんじゃないか。

U系の、どっかのバカな記者が『U系は蹴りもありますよ』って言ったって、橋本に蹴られたら大変だぞ。逆に、Uのルールじゃないと橋本を止められないかも知れないな。蝶野だってそうはいかんからね、あいつも。本当に」

全勝が濃厚ですね。

「マジでそう思ってる？」

わかんないとすれば、武藤対高田ですかね。

「高田と武藤？　差がありすぎる。ありすぎる。ああ。ただ俺は武藤のスタンスで試合をやらせたい。武藤は強いよ。強いから、うちのチャンピオンでいられるんだから。彼らがどんなスタンスとろうが、武藤は強いよ」

安生選手は、また「210パーセント勝てる」とかほざいてますが。

「いいんだよ。仕事のアレだから。多分、はっきりしちゃうね。勝ち負けは別だよ。100パーセント俺が勝つとは言わない。でも、悲惨になるよ。彼も自信を持ってくるだろうけど。

最初の話に戻るけど、これはスタイルの潰し合いだ。だから、わけのわかんない終わり方にはしたくない。どうして、こっちの選手の手が上がったのか明確にしたい」

長州さんはUWFという3文字が嫌いですか。

「好きか嫌いかって言われたら嫌いだな」

最後に、来週、本誌に高田選手のインタビューが掲載されます。なにかありますか。

「俺は3つの単純なものを長年、追い求めてきた。そのための努力もしてきた。うちの選手にもその説明をした。これは高田も同じものをリングに求めてると思う。これが、若い者の手前でわけのわかんないこと言ってたら、あそこは終わってるよ」

その3つのこととは？

「それは内緒だよ（笑）」

1996年

藤波辰爾

ついに始動……ドラゴン完全復活か!?「信じたプロレスの真髄を見せていきたい」

残念ながら、藤波辰爾は〝終わっている〟レスラーだ。でなければ、ファンから完全に〝見捨てられた〟レスラー。

「まあ、人の見方はいろいろだから……。でも、そう見られるのは仕方ないかもね」

と、その見方に対して彼は反論しない。

どの時期にファンが藤波を〝見捨てた〟か定めるのは難しいけれども、決定的なのは、アントニオ猪木に反抗して『飛龍革命』を起こした時期。自分にエースを任せてくださいと直談判したにもかかわらず、結果的にはシングルのベルトを腰に巻いただけ。猪木に代わる新しいムーブメントを新日本プロレスに対してもファンに対しても提示することができなかった。

「別に、あれは猪木さんに反抗したわけじゃなく、猪木さんひとりに責任をかぶせるシステムは違うんじゃないかと思っただけ。でも、まあ、中途半端な行動だったと言われればそうだったかも知れないけどね……」

しかも、だ。その後の腰の負傷における長期休養、再びドラゴンボンバーズ（わかりやすく言えば会社内独立。相撲社会を見習った部屋制のシステムの確立だね）の中途半端な解散。なにしろ、ドラゴンボンバーズを設立しますと藤波自ら記者会見を開いたのに、一度も活動らしい行動を見せずに自然消滅……。

「これはもう、自分の性格だからね、しょうがないよ。だから、勇気がないんだ。ドーンといく勇気がないんだよね。まあ、長州だったら何も考えずボーンと行動を起こしちゃうんだろうけど」

〝藤波ドラゴン辰爾〟といえば、10年前はファンから最も支持されたレスラーだった。昭和53年にドラゴン・スープレックスという新しい必殺技を携えて凱旋帰国した時は猪木に代わる新しいスターの誕生ともてはやされたものだ。その後の長州力との一連の抗争でも受け身の凄さでその地位を不動のものにした。それなのに、今では〝いくじなしのレスラー〟とすっかり評判を落としてしまっている。

「普通の会社でもよくある話じゃないですか。自分がニューヨークから凱旋帰国してジュニアの世界を盛り上げた時期というのは、新人社員と同じでがむしゃらにやっていただけ。後先考えずに突き進むのがすべて。だけど、ある程度のキャリアができて地位も上がると突っ走るのがすべてじゃなくなる。周囲を見渡して計画性を重要視しながら行動しなければいけない」

これでは、ファンから〝いくじなし〟と呼ばれても反論できない。レスラーというものは、いつでも飢えていなければならない。常に不満を口にし、気にくわなければ団体を飛び出す覚悟がなければファンの支持は得られないのだ。誰が四角いマットでサラリーマンのような生き方を見たいものか。

『あいつを絶対にブッ殺してやる』

『現状が気にくわないから団体を抜けて自分の団体を作る。俺のファイトが見たけりゃ、俺の作った団体に足を運びな』

ほとんど痩せ我慢のような叫びを放つレスラーにファンは自分自身を投影し熱狂度を上げていくもの。それなのに藤波は……。

「やはりレスラーは、そういうね、一匹狼のような自分でひと旗揚げてみようという気持ちはみんなあるし、あって当然なんだけど、自分の場合はそれができない。そりゃ、自分の思うように行動しようと思えばできるよ。例えば、新日本から完全に独立（契約解除）して興行を始めるとかね。けど、やってしまった後のプロレス界全体を考えるとね、迂闊には動けんのですよ」

昨年、藤波は挫折したドラゴンボンバーズの発展形（もちろん、新日本に了解を得た上での興行）として『無我』という名の自主興行を行なった。しかし、ファンの反応はかなり鈍かった。そりゃそうだ。臆病な藤波のこと、また挫折するに決まっているさ、と思っているからだ。

ここまで読んで、あまりの一方的な非難攻撃に気を悪くした人がいるかも知れない。僕だって、これだけ本人の前で悪態をつけば殴られても文句は言えないなと覚悟していた。だが、藤波は微笑みを崩さない。

これは一体なんなのだろう。臆病だと面と向かって言われているのに微笑む。藤波が鈍感なのか、それとも自分の行動に絶対的な自信があるから何を言われても微笑むことができるのか。その疑問に対する答えは、次の質問の答えの中に隠されていた。
●最近のインディー団体の無法なファイト（火を吐いたり、鎌で流血させたり）に楔を打ち込むために自主興行をスタートさせたといわれているのですが、本当ですか。
「そのとおり。レスラーがあんなことといつまでもやってたら駄目だよ。だから、俺の興行ではクラシカルなプロレスしか見せない。技と技の攻防やレスラーの強靭な肉体の強さを見せたいんだ」

やはり、藤波は鈍感ではなく自分の行動に絶対的な自信があるのだ。現在のプロレス界はインディー団体の飽和状態。それも、ひとりのレスラーが自分の旗を振りたくて無理やり団体を作り上げているからこその結果だ。しかし、無理やり団体を作れば当然のごとく歪みが出てくる。それが各インディー団体の経営悪化を招き、様々なトラブルを起こしているのが現状だ。そのようなトラブルが引き金となり、以前にも増して日本プロレス界は裏切りと嫉妬が渦巻くひどい世界になっている。

そんな世界で、藤波は臆病と言われようとも慎重すぎるほど慎重に行動することで信頼という2文字を積み重ねようとしているに違いない。信頼さえ得られれば自分の理想を実現することができる。

藤波の理想とは、自分が作ったリング『無我』でクラシカルなレスリングができるレスラーが交流すること。そこから生み出されるピュアなプロレスをファンに楽しんでもらうことだ。そのリングには憎悪も嫉妬もガスバーナーも爆薬も鎌も存在しない、ただ強くなりたいと願う男たちが集うリング。

「例えば、前田選手のリングスね。前田が教えている若い選手がうちのリングに上がって俺の技術を盗んでくれれば最高だよね。その逆のパターンだって考えられるし。今、全日本プロレスの小橋選手が素晴らしいと思っているわけだけど、引き抜きとかではなくてね、純粋な技術交流ができればいいと思ってる。俺が積み重ねている行動がね、いつか馬場さんに伝わると信じているんだけど」

ファンは、そんな話は夢物語で信じられないよ、と思っているかも知れない。だが、臆病とまで言われ、〝見捨てられた〟レスラーと呼ばれる藤波の慎重すぎる活動は、この混迷する現在のプロレス界で奇跡を生み出すかも知れないじゃないか。

もし、その奇跡が『無我』のリングで見られた時、ファンに背を向けてペロッと舌を出す藤波の姿がそこにあるはずだ。

初代タイガーマスク 佐山聡
格闘技界のフィクサーは、なぜプロレスに戻ってきたのか？

伊達直人、じゃなかった佐山聡は、「昨日（9／15・東京プロレスの興行）の青森の試合は野外だったんです。で、雨だったでしょ。リングが雨で濡れて滑るから大変でしたよ～（笑）」と言っている言葉とは正反対の涼しい顔でインタビューの席に着いた。

とりあえず、初代タイガーマスクが復活した。

81年4月。突如、日本のプロレス界に彗星のごとく現れたタイガーマスク。その幻想的な空中殺法と多彩な関節技の数々で一躍、スーパースターの座に駆け上がったタイガーマスク。その影響力は絶大で、現在、第一線で活躍している20代30代前半のレスラーはみんなタイガーマスクのファイトに憧れ、レスラーを目指したのだ。

考えるに、タイガーマスクがリングで華麗に舞っていた時期、プロレスファンと彼とは原作に忠実な関係を築いていたように思う。週末になると伊達の兄ちゃん（初代タイガーマスク）が『ちびっこハウス』の子供たち（プロレスファン）のためにたくさんのプレゼントを抱えてやって来る。『ちびっこハウス』の子供たちは大喜びしながらそのプレゼントの紐をほどくと、その箱の中から勢いよくローリング・ソバットやらスペース・タイガー・ドロップ、ブラック・タイガーや小林邦昭らとの激しい抗争が飛び出してきた。子供たちはそのたびに歓声を上げたものだ。

だが、83年の8月。突然、伊達の兄ちゃんは子供たちの前から姿を消してしまった。兄ちゃんは、いきなり格闘技の人となり、シューティングという新しい世界の住人になってしまった。当然、両者の甘く豊かな関係は続かなくなった。それでも子供たちは兄ちゃんを忘れることができなかった。またスポーツカーに乗ってプレゼントを持ってきてくれると信じていた。

「僕が83年にプロレスをやめてしまったのは人間関係のいざこざに巻き込まれてしまったというか、そのことによって疲れてしまったというか……。まあ、当時からシューティングの構想も頭にありましたから、いい潮時だということもありましたね」

佐山さんが引退してから昨年まで、けっこうプロレス界とは犬猿の仲でしたよね。

「そうですね。僕が引退してから発言した内容がだいぶプロレス関係者を怒らせていたみたいですけど、怒らせた発言などは実は僕が言ったわけじゃないんですよ（笑）。勝手に発言を変えられたりして。他の人の発言が僕の発言にすり変わっていたんです。そのことによってお互いかなりわだかまりを持つようになってしまったんですけどね」

だけど、プロレス界に復活した。なぜですか。

「昨年の暮に、まあ、いろんな経過があって小林邦昭さんとタイガーマスクとして試合することになって、その時、ファンの声援が暖かかったんですよね。あの歓声を聞いてしまったら、きちんとタイガーをやらざるを得なくなりました。ファンの期待を肌で感じてしまったんです。だから、ファンの声援ですかね、ええ、最終的に復帰しようと決意したのは」

わだかまりは時間の流れとともに解決した、と。

「そう……でしょうね。時間が解決してくれたのかも知れません。それと、僕自身、長い年月をかけてシューティングという新しい格闘技を完成させたことも大きいでしょうね。で、僕が現役で動けるのは多分あと2年くらいなんですよ。じゃ、その2年間をどうやって過ごすかと考えた時に、もう一度、本当のタイガーマスクを作り上げてみようと思ったわけなんです」

もう一度、本当のタイガーマスクを作り上げるというのは、えっと、つまり……。

「あのですね。今現在のタイガーマスクはただのレトロ感覚のタイガーなんです。ジャイアント馬場さんと一緒ですね(笑)。リングに上がるだけで拍手をいただけるという。今は81年当時のタイガーの動きを守ることで精一杯。やはり、みなさんの夢を壊したくないですからね。でも、せっかく復帰したんですから完全なる凄いタイガーマスクをお見せしたいんです。

プロレスのルールの範疇の中で、僕が歩んできた格闘技の技を絡ませながら魅せる技(例えば空中技)も絡ませて、蹴りもピシーンと蹴れるような本当の意味でのスーパー・タイガーを作り上げたい。それがプロレス界をもう一段階上に持ち上げることにもなりますし。ただ、体調があまり良くないので11月頃からでしょうね、そんなスーパー・タイガーを披露できるのは」

佐山さんのその発言は、でも当たり前のレスラー像を言っていませんか? 最近のインディー団体の乱立と未熟なレスラーが増えたことによってレスラーの定義というものが曖昧になってますけどね。技術に裏付けされた凄味を持ち、なおかつファンの目を楽しませる技も見せることができる。プロレスラーはリングに上がったら絶対的なスーパーマンでなければいけないと思うんですが。

「ええ、それがプロレスラーなんです。この数年のプロレス界のことはよくわからないですけども、復帰してから目にするようになった一部のレスラーはレスラーじゃないですよ。腰も落ち着いてなければ構えもできてないでしょ。そんなプロレスは素人だってできるんです。新日本の選手やU系の選手は道場で死に物狂いのハードな練習をレスラーとして積んでいますよね。そういう選手はプライドを持ってます。だから、小細工に走る試合（鉄線のロープや爆破マッチなどのデスマッチ）をやろうとも思わないわけですよ。

一部のね、一部のレスラーとも呼べない、またはレスラーとしてのプライドを持つことができない選手たちが変な試合を安易にするだけで」

佐山さん自身がスーパー・タイガーとして変身することで、混迷する現在の日本プロレス界に〝正しいレスラー像〟というものを提示しようというわけですね。

「いや、そんなおこがましいことじゃなくてね（笑）。ただ思うんですけど、道場の重要性というのをね、考えてみたいんですよね。僕は新日本の道場でレスラーとして育てられました。そこでレスラーとしてのプライドも育みました。当時の新日本の道場は凄かったです。技術も根性もビシビシ叩き込まれたんですよ。レスラーはどんな奴が来ても絶対に負けないという精神を教え込まれたんです。

今度は僕がね、今まで学んだ技術、例えば、マウント・ポジションからの逃げ方やその体勢からの反撃の仕方などと一緒にレスラーとしての基本を教える場を作り上げていきたいんです。本当のレスラーは強いんだ、負けないんだと胸を張れる人材を僕の手でどんどん育てていきたい」

今、プロレス界には厄介な問題がひとつある。それはグレイシー柔術を一気にブームに押し上げたバーリ・トゥード（なんでもありの試合形式）。その大会に出場したレスラーはみんな返り討ちばかり。まあ、その大会を主催したのが佐山さんだというのが皮肉っぽいのですけど。それにしても、惨敗記録が続いている現状を見るとレスラーは強いんだという佐山さんの主張が少し信じられなくなってます。

「いえ。あれはね、レスラーが弱いから負けているのではなくて単純にレスラーが柔術の技術を知らないから負けるわけです。その技術は何かというとマウント・ポジションとチョーク・スリーパー。相手がマウント・ポジションの体勢にもっていく。さあ、自分の首を狙ってきた…そこでかわす技術も知らないのに試合に出ちゃダメです。負けるために試合をするようなものです。愚かですよね」

これは推測になってしまうのですが、レスラーはまず関節さえ極めれば勝てると思い込んでいる部分があるのではないですか。

「そうでしょうね」

そう考えた場合、試合が始まればすぐに相手の関節を取ろうとして躍起になる。そこでスキができる。そのスキにつけ込んで相手が楽にチョーク・スリーパーに入る。それで終わり、と。

「まったくそうです。ですから、マウントの技術とスリーパーの防御と反撃の仕方さえ技術として習得すればグレイシーにも勝てますよ」

勝てますか。

「勝てます。プロレスラーは強いんです」

最近、格闘技雑誌などがバーリ・トゥードの試合結果を重視してレスラーは弱くなったと書きまくっていますけども、それは誤解である、と。

「誤解です。グレイシーの技術を素晴らしいものと認識した上で、謙虚にあの技術を取り入れれば絶対に勝ちます。まあ、グレイシーのほうは一度でも負けたら二度とレスラーとは試合をしないでしょうけどねえ（笑）」

うーむ、それはそれは。

「さっき、シューティングは完成したと言いましたが、今はね、シューティングに続くまったく新しい格闘技を創設しようと思っているんです。その技術書の制作に入ってる最中なんですよ。その格闘技をアマチュアとして存在させるか、プロレスとリンクさせるか悩んでいるんですけど。

その教本を土台にしてレスラーを育成していきたいなとは考えてますけどね。そんなレスラーたちがデビューしたら日本のプロレス界はもっともっとおもしろくなりますよ、間違いなくね（笑）」

伊達直人は子供たちのもとに帰ってきた。手にしたプレゼントの箱から飛び出してきたのは、決して色褪せていない初代タイガーマスクの華麗なる技の数々だった。

週末。また伊達直人は真っ赤なスポーツカーに乗って『ちびっこハウス』にやってくるだろう。その時に持ってきてくれるプレゼントの箱の中には、伊達直人が育て上げた『本当に強い、レスラーらしいレスラー』がしまわれているはずだ。

子供たちは、その日がくるのを首を長くして待っている。

ザ・グレート・サスケ
「頭蓋骨骨折も脳挫傷も治ってないけど、お陰さんで脳内出血はなくなった（笑）」

めったなことでは頭蓋骨は骨折しない。スパナで頭を殴られるとか、自分からダンプカーに飛び込んでいくとか、突然、屋上から冷蔵庫が落ちてくるとか、コーナーポスト越えのトペ・コン・ヒーロを失敗するとかしないと人間の頭蓋骨は割れない…と思う。

「そのめったにないコーナーポスト越えのトペ・コン・ヒーロに失敗したのっ！　頭から場外に突っ込んだのっ。それが原因で僕は頭蓋骨を骨折したのっ！」

時は今年の夏。8月5日、両国国技館。サスケはジュニア王座統一を目指しウルティモ・ドラゴン（決勝戦）と激闘を繰り広げていた。そのトペ・コンの失敗は試合中盤に起こった。

「飛ぶ前に少し躊躇はしたのね。膝のジン帯が2本切れてたから（笑）。でも、ほら、レスラーの習性で飛んじゃうんだよね、これが（笑）。でさ、あれれ、ヤバッ、飛距離が足りないと思った瞬間…それ以後の記憶がまったくないんだ。だから、頭から落ちた状況？　それが思い出せない。で、次に意識が戻ったのはエプロンの下でもがいている時かな。早くリングに上がらなきゃと思って…それからまた意識が飛んだんだろうね、ドラゴン選手に勝ったこともリング上でベルトを巻いたことも実感としてはないのよ」

アチャ〜。

「それでまた次に意識がはっきりしてきたのは控室。ほら、国技館の控室って畳でしょ。そこにダァーンとぶっ倒れていたわけ。ブラック・キャット選手や小林邦昭選手が側で『マズイよ〜、頭から血が噴き出してるよ』って心配しているわけ。彼らの声を聞きながら本気で『ヤバイ』と思ったんだけど、佐々木健介選手が僕を見ながら『そんなもん頭を冷やせば治るよ』って言ってたんだよね（笑）」

アハハハ。

「笑いごとじゃないって」

すまんすまん。で、大丈夫？

「大丈夫じゃない（笑）」

すまんすまん。でも、とりあえず大丈夫？としか聞きようがないじゃない。

「あのね、昨日の夜ね、ビデオでジャッキー・チェン主演の『レッドブロンクス』を見たのね。でさ、ジャッキーが車にはね飛ばされるシーンがあったわけ。そのシーンで思わず通行人が道で倒れ込んでいるジャッキーに聞くんだ。『大丈夫ですか？』って。すかさずジャッキーは言う。『大丈夫なわけねーだろ！』。それと同じ（笑）」

だからぁ〜、すまんすまん。

「いやいや（笑）」

えっと、それで話を戻すと国技館からすぐに病院に直行して治療と検査をした、と。

「はい。レントゲンとCTスキャンの結果、右後頭部に縦10センチの割れ目。見事にスパッと割れてて。あとは前に1か所、後ろに2か所の脳挫傷。この3か所がボコンボコンに腫れてて。あとは…」

まだあったの。

「脳内出血1か所（笑）」

この会話、普通の人が聞いたら驚くよ。

「でしょうね。ま、普通の人だったら即死だねと医者から言われたよ」

すぐさまサスケは地元・盛岡に帰り（このケガで帰ること自体、凄いけど）、地元の病院に入院。数週間は激しい脳の痛みのため体を横にして眠ることもできず、座ったままの状態で睡眠をとっていたそうだ。サスケ曰く、「今まで経験したことのない激痛」。

それでもサスケは10月10日に国技館で行なわれる『みちのくプロレス』主催の大会に出場するという。カードは夢の6人タッグ。グレート・サスケ、初代タイガーマスク、ミル・マスカラス組対ダイナマイト・キッド、小林邦昭、ドス・カラス組だ。マスカラスとドス・カラスなんて本国メキシコでも対決したことのない幻のカードなのである。しかし、いくらサスケが『みちのく』のオーナー・レスラーで東京における大イベントだといっても、今のケガの状態を考えると無謀すぎる。

「自分でも無謀だと思ってますよ」

完全に治ってないでしょ。

「ええ。まだ1か所、脳挫傷が治ってなくてね。腫れが引いてなくて。縦に割れた骨はもちろんくっついていないしね。だけど、お蔭さんで脳内出血はなくなったから大丈夫じゃないかな、と（笑）」

ちゃうちゃう、そういう問題じゃない。医者から出場ＯＫの承諾は得ているの？

「医者からは、レスラーとしての復帰というよりも人間としての復帰が危ういんだからヤメろと言われた。ヌハハ」

笑いごとじゃない。

「いや、こんな時は笑ってないと。一緒に笑いましょ」

アハハハハハ。

「ヌハハハハ」

でも、試合はヤメようぜ。

「いえ、今の段階で体が動きますから。少しでも、いえ、体の一部分でも動くのであればリングに上がる。それがレスラーですから」

そんなこと言っても見てるほうが怖いよ。まだ完全に骨がくっついてないんでしょ。そんな状態の時に相手から頭部の攻撃を受けたら…。

「それはあまり考えないようにしてます。なるようにしかならない。でもね…プレイボーイさんだけには弱音を吐いてもいい？」

どんどん言いなよ。

「本音は…怖い。怖いです。でもね、何度も言うように僕はレスラーなんです。リングに上がらないと。満足な練習はできていないけど、試合が練習だと思って体を慣らしていけば、ね。なんとかなると思うし。それに、もう休んでもいられないんですよ。僕が入院している間、やっぱり東北での興行の成績が落ちている。フロントから聞いた話なんですけど、当日券を求めてくるお客さんの中に僕が欠場すると知って帰ってしまう人もいるらしいんです。少しでも多くのお客さんに見てほしい。これはもう中小企業の社長の悲哀ですかねえ（笑）」

あのねえ、中小企業の社長じゃなくても頭の骨が割れたら休むって。

「でもねえ、『みちのくプロレス』はまだまだ未完成なんですよ。言うなれば僕の団体は未完成の商品なんです。だからこそ、僕が試合を行なうことによって未完成だけども商品（チケット）を買っていただいたお客さんには納得してほしいんです」

う〜ん、う〜ん。

「唸っても出ますよ」

だからさ、もう時代が違うと思うよ。昔はケガを押して（といっても、ハンパなケガではないが）試合に出ることが美徳とされていたけど、違うもん、今は。お客さんはみんな完全に治ったサスケを見たがっているんだ。そんな状態のサスケを見たいとは思わないし、喜ばない。

「わかってます。わかっているんですよ、そんなことは。ファンの方々もまったく同じことを言ってくれてます。だけど、ファンの暖かさに甘えているようでは僕は三流のレスラーで終わってしまうんです。ファンの暖か味を受けながら、それでもリングに上がることがグレートの証明なんですよ。10月10日、国技館。僕がリングに上がる瞬間、その瞬間に僕は本当の意味でのグレート・サスケになるのです」

サスケの意志は堅い。そこまで言うなら止めない。そんなサスケに僕らができることがあるとすれば、両国に足を運び、リングを支配するプロレスの神にサスケの無事を祈ることだけだ。がんばれ、サスケ。リングから生還しろ！

1998年

スペル・デルフィン

「楽しいプロレスをしていけば、みちのくプロレスは大丈夫や！」

結論から発表ね。みちのくプロレスが誇る浪速の師匠ことスペル・デルフィン様はじぇんじぇんメゲておりませんでした。さすがは師匠、いや、イルカだ。〝憂い〟を背中からシュッパァ～と吐き出してしまったようだ。

では、本題に入る前に吐き出した師匠の〝憂い〟を説明しないとね。まずは、一昨年の12月に行なわれた『出稼ぎシリーズ』から師匠の〝憂い〟は始まった。このシリーズでデルフィン軍団の一員であったTAKAみちのくにシングルで負けてしまったのだ（師匠曰く「えらいショックだったわな」とのこと）。続けて若手の獅龍にも負けて、〝海援隊のテイオー〟東郷にこれまた負け（師匠曰く「シングルやったら絶対に海援隊の奴らなんかに負けへんと思っていた自信がすべて壊れた」とのこと）。

特に昨年の6月22日に浪江大会で組まれた師匠と東郷の一騎討ちは悲惨な結末に。ボコボコに叩きのめされた師匠は東郷の股をくぐるという屈辱の目に遭わされた。この一戦の〝股くぐり〟がいかに師匠にとってショックであったか。その日を境に師匠はみちプロから姿を消して失踪したのだ。

さて、師匠の失踪と並行するように、みちプロにも暗雲がたれこめる。徐々にみちプロの〝経営悪化〟が報じられるようになったのだ。いくら海援隊とサスケを筆頭とする正規軍がシビアで激しい抗争を繰り広げても東北の観客動員は上昇しなかった。

とりあえず、失踪中に肉体改造に成功した師匠は昨年の10月10日に行なわれた両国大会で復活したけども（6人タッグではあったが、見事に東郷から勝利！）、みちプロの経営難は解決されていない。

巷では、1月14日に行なわれる仙台大会（ニューワールド仙台）と1月16日に行なわれる札幌大会（札幌・中島体育センター）を最後にみちプロは崩壊するのではないかと囁かれている。

「説明、よろしいか？　ワシがしゃべってもええか？」

すんまへんな、師匠。お待たせして。一応、物事の流れを大事にするコラムでっさかい。これをせんと、なんか落ち着きませんのや。

「ワシは復活したで。心配せんでもええ。絶好調やな」

そない言いますが、師匠。失踪中はえらい心配しましたでぇ。

「すまんな。許せ。ちょっと肉体も心も休ませておったんや。あの頃は、どうも踏ん切りがつかんかったからな。みちプロが旗揚げから作り上げてきた〝楽しいプロレス〟を捨てて、海援隊の連中のように〝ハードなプロレス〟を取るべきなのか…。えらい迷ってたわな。ま、海援隊に勝つには打撃技を取り入れた〝ハードなプロレス〟をせんことにはどうにもならんと覚悟してからは迷いもなくなったけどな」

本音はどないです？　みちプロにはやはり海援隊は必要やと思っとりますか？

「基本的には認めておるよ。なにせ海援隊がやろうとしていることはｎＷｏと同じやから。つまりな、ｎＷｏよりも早く新しいタイプのヒール軍団を作り上げようとしていたんや。それは評価してやらなきゃな。しかし、いかんせん悲しいことに海援隊とｎＷｏではセンスが違いすぎたわ。リーダーを比べてもわかるやろ？　東郷と蝶野やで。比較にもならんわ（笑）。そやから、海援隊がｎＷｏのような存在として君臨できていたのなら、そりゃもう、みちプロにとって万万歳やがな」

そら凄い。海援隊がｎＷｏだったとは思いもよりませんでしたわ。

「いや、正直言って、そうなんや。アイデアは海援隊のほうが先なんや。でもな、後から作られた日本のｎＷｏは一般の人まで巻き込んだやろ？　そやけど、海援隊はマニアなファンしか引っ張ってこれなかったんや。そこが痛いわな。

海援隊のプロレスはな、子供たちが引くって。次も楽しいから見に来ようかな、とは思わんもん。やっぱりな、みちプロは楽しいプロレスを見せて客を引っ張らないと」

これまた正直な話、どないです？　ホンマにヤバイんでっか。みちプロは。

「ヤバイ。けど、少なくとも俺はサスケを〝信頼〟しとるから。契約どおりにな、お金を払ってくれるはずや。

あのな、経営危機ちゅうてもやで、サスケの会社運営は間違っておらんと思うよ。ただひとつ間違っておったのは、東北全土で興行を打とうとしたことや。だってな、ホンマに人がおるんかいなと思うしかない山奥の古びた体育館でも興行を打つからね、サスケは（笑）。しかも、次のシリーズでもその場所で興行を打とうとする（笑）。

東北でも客が入る地域や体育館と、まったく入らない地域や体育館がある。今後は、入らない地域と体育館を捨てて、お客が入る地域を中心にシリーズを組んでやな、定期的に大都市で興行を打てば、みちプロは大丈夫や。

それとな、今後は3軍対抗戦にすればええ。俺もな、デルフィン軍を復活させるからサスケの正規軍、海援隊、そしてデルフィン軍で抗争を展開させればええんや。例えば、正規軍と海援隊が絡むメインのカードは〝ハードなプロレス〟を見せて、セミでウチらデルフィン軍が〝楽しいプロレス〟を見せればええ。そうなれば東北のお客は戻ってくるって！」

大事なことは師匠のようにメゲないこと。みちプロ全員がメゲなきゃ、明るい明日はやってくる。

ジャンボ鶴田〈前編〉
「プロレスが好きでなければ、リングで闘うことはできない！」

すべては、全日本プロレスが5月1日に行なわれる東京ドーム大会の正式カードを発表しないからだと思う。

WWF勢だ、藤波だ、大仁田だ、北尾だ。と、5月のドーム大会に向けて、それこそ全日本のリングに上がれそうなレスラーの参戦の噂が乱れに乱れ飛んでいる。

前評判を集めるという意味では、この噂の乱れ飛び状態は悪いことじゃない。それだけ全日本のドーム進出に関心が高まっている証拠だ。

ただ、どんな対戦カードになるのか、どんなレスラーが参戦して華を添えるのか、と騒ぐことよりも先にスポットを浴びせなければいけないレスラーがいることを忘れちゃおるまいか？

そう。かつて〝若大将〟と呼ばれ、内臓疾患により第一線を離れる寸前まで〝怪物〟と恐れられた男、ジャンボ鶴田のことだ。

全日本がドームに進出するのは、なにも新日本プロレスのドーム大会に対抗意識を抱いているからではない（ま、少しはあるのかも知れないけどね）。あくまでも馬場御大が明言しているように〝ドーム大会は創立25周年の記念である。また、今まで支えてくれたファンに対する感謝のプレゼント〟なのだ。

となると、だ。鶴田の存在抜きにして創立25周年記念のドーム大会は語れないのではないか。いや、語って大騒ぎしてもいいけどさ、ジャンボ鶴田をフィルターにして創立25周年&ドーム大会を考えるのも大事なことではないかと思っているわけですね。だって鶴田といえば、馬場御大とともに全日本の創立期からリングを支え続けてきた偉大なレスラーだもん。

「確か92年だったんじゃないかな。やっかいなB型肝炎にかかってしまったのは。この病気はね、完治するのに時間がかかるんですよ。しかも、完治というより、よくて現状維持を保てる程度にしか治らない。だから、この病気にかかった時点でメインを張るのは無理だろう、と。そんなことで、結局、プロレスを楽しむような感じでリングに上がる道しか残されていなかったんですよね」

それにしても、よくぞスッパリとメインを離れることができましたよね。ジャンボ鶴田といえば全日本の創立からメインを飾ってきた選手。もちろん確固たるキャリアもプライドもある。そのようなレスラーの場合、言葉は悪いかも知れませんが、どうしてもメインにしがみつくのが普通じゃないですか。ま、そんな気持ちを起こさせないほどB型肝炎が恐ろしい病気なんでしょうけど。

「あのね、僕はこの病気にかかる前から40歳を過ぎたらプロレスとは違う職種に就いてみたいなと考えていたんですよ。なぜなら、僕の気持ちの中で第一線で闘えるのは40歳までだろうと判断していたからなんです。40歳を過ぎたら新しい人生というのかな、探したいと願っていたね。

僕が第一線から離れた時、マスコミは病気のせいだと決めつけていたけども（笑）、実は病気は要因のひとつでしかなくて、40歳以降の自分を真剣に考えた末の結果でもあるんですよ。

で、入院中に自分がレスラーとして学んだことを社会やプロレス界に還元できる方法として何かないかと考えた時に〝そうだ。大学に戻って初めからスポーツのことや体力的なことを勉強し直そう。その知識を基礎にすればプロレスのコーチをする時に役に立つし、他のスポーツの手助けにかなるかも知れない〟と思いついたんですね。

そして、僕は大学院生になるために何十年かぶりに受験勉強を始めたわけ。そうそう、あの頃、ラッシャー木村さんにマスター（大学院生）になるんだよと話をしたら、〝そうか。スナックの経営は大変だろうけど、がんばれよ〟と言われて困っちゃったことがあったな（笑）」

やはり鶴田選手の考え方はドライというか合理的ですよね。今の発言を聞いていて、鶴田選手が全日本の入団会見で口にした〝全日本プロレスに就職します〟というセリフが頭をよぎりましたよ。

「そういえば、僕が全日本にスカウトされた第1号だったんだよね（笑）。今から25年前か。当時はその〝就職します〟というセリフがビジネスライクすぎると批判されたけど、そうじゃないんだよね。自分の能力を全日本が一番高く評価してくれたから〝就職します〟と言っただけ。だけど、僕の気持ちがうまく伝わらなくて、鶴田はプロレスに愛情を持っていない、普通の会社に就職するような感覚でプロレスを選んだと誤解されちゃった（笑）」

失礼なことを聞きますが、プロレスは好きですか？

「本当に失礼だね（笑）。当たり前じゃない」

でも、鶴田選手を見ていると〝たとえリングの上で死んでもいい〟というようなプロレスへの激しい刹那的な愛情が感じられないんですよ。

「この話はしたくないんだけど…僕ね、B型肝炎で入院してから…そうだな、2か月目くらいかな。ベッドを抜け出してリングに上がろうと思ったことがある。リングに上がりたくてね…。闘いたくてね…。リングに上がって闘えるのであれば、僕はそのまま死んでもいいと思ったよ。あの時、本当にリングに上がったら間違いなく死んでたらしいけどね。いいかい？　レスラーはね、心の底からプロレスを好きじゃないとリングで闘えないものなんだよ！」

というわけで、鶴田選手との語らいはまだまだ終わらない。噂されている藤波戦、引退した長州についての話題を絡ませながら、当コラム初の後編へと続きます。

ジャンボ鶴田〈後編〉
「シャンソン歌手のようにリング上で歌い続ける！」

さて、後編。いや、その前に。うれしかったよね、前編で鶴田のプロレスに対する激情が聞けてさ。だって、あのジャンボ鶴田だぞ。今までの彼のイメージからして〝リングに上がったら最後、内臓疾患が悪化して死んでしまうかも知れない。それでも、リングに上がり闘いたかった〟というような刹那的な言葉を口にするとは思えなかったもん。

ではでは、そんな鶴田の意外な一面（というより、それがレスラーとしての性なんだろうね）に触れられたことを喜びつつ、後編の始まりでございます。はい。

「今回のドーム大会は全日本プロレスの創立25周年記念なんだけど、あまりピンとこないんだよね（笑）。というのも、僕にとってはあっという間の25年だったしね。そういう意味で改めて〝記念大会〟だと言われても深い感慨がないというか（笑）。

でも、これだけは言えるよね。全日本プロレスに入団できて本当によかったなって。馬場さんの側でいろんなことを吸収できて、一人前のレスラーになれたことを感謝したいね」

んと、んとね。えっと、藤波選手が全日本のドーム大会で鶴田選手との対戦を希望しているんですけど。

「藤波選手が僕なんかと闘いたいと言ってくれるのはとてもありがたいことだと思うよ。でもなあ…僕と彼の試合を見たい？」

見たい見たい。

「そうかなあ（笑）」

やはり昭和30年代生まれのプロレスファンからしたら、鶴田と藤波、おふたりの名前には特別な思い入れがあるんですよ。シングル戦でなくてもいいんです。タッグ戦で十分です。ぜひ、リングの上で対峙する鶴田選手と藤波選手を見てみたい。

「いい試合にならなかったらどうするの（笑）。そんな試合になったらガッカリするのはファンだと思うよ」

それでも、見たい〜。

「そうかあ。ただ、全日本も新日本も会社だからね。いろんな意味で難しい問題を抱えている。その点だけは理解してほしい。だけどなあ…やはり無理なんじゃないかな」

わかりました。では、んとね、えっと、藤波選手の名前が出たら、この人についても聞かなきゃなりません。長州力さんだな。彼の引退をどう感じていますか。

「寂しいよね」

それは、いわゆるひとつの『俺たちの時代』の鶴田、藤波、長州、天龍の一角が崩れたという意味で？

「もちろん、そういう意味もあるよ」

早すぎる引退だとも思っていますか。

「彼は相撲の力士の考え方と一緒だと思うんだ。第一線でがんばれなくなったら、そこで引退するという考え方ね。

翻って、僕や、還暦を迎えた馬場さんは引退に対して違う考え方を持っている。つまりね、僕や馬場さんはシャンソン歌手のようなレスラーだと思っているのね」

シャンソン歌手？

「うん。本当のシャンソンというのは、かなり年季が入ってないと歌えないんだ。なぜなら、シャンソン歌手は人生を歌っているからなんだよね。だから、シャンソン歌手は人生の辛い経験を積み重ねなければ多くの人々の共感を得ることができないわけ。同じように、僕や馬場さんもリングの上で人生を歌うために闘っている（笑）。僕らじゃないと表現できない人生の味わいがあるということだな（笑）」

では、そのシャンソンというか、人生の歌に登場してきたレスラーの中で、いちばん手強かった相手は誰だったのですか。

「外国人レスラーでは、やっぱり亡くなってしまったけど、ブルーザー・ブロディだろうね。で、日本人選手になると長州、天龍。このふたりは外せないよね」

どうなんでしょう。勝手な推測になりますけど、鶴田選手というのは日本人選手より外国人選手と試合を構築するほうが好きだったのではないかと思うんです。例えば、天龍選手とドロドロした因縁をぶつけあう試合よりも、その昔、秋田でビル・ロビンソンと時間切れ（60分）で引き分けた試合のような闘いが好きなのではないですかね。

「若い頃はね、ロビンソンやファンク兄弟やジャック・ブリスコ、ハーリー・レイスとかね、そういう素晴らしい外国人選手との試合が好きだったけど、日本人同士の闘いが主流になってからは、そういうね、ドロドロした因縁の闘いも嫌いじゃなかったよ。

見え見えの挑発をされるたびに僕もムッときちゃってね（笑）。簡単に挑発に乗ってしまったからさ。そう考えると自分も日本人なんだなと思うよね（笑）」

もうひとつ。第一線を離れる寸前まで、ジャンボ鶴田というレスラーは〝怪物〟だと恐れられていたじゃないですか。でも、本当にMAXの実力を出していたかというと疑問を感じるんです。この人、相手を壊さないために手加減しているんじゃないの？と思ったこともありました。そこのところは実はどうなんでしょうか。

「実は…ねえ…」

ええ。

「自分としては毎試合、それはもう一生懸命に全力を尽くして闘ってるつもりなんだけど、ファンの人たちからそういうふうに見られているということは、まあ、それなりに力を加減してたところはあったかも知れないね（笑）」

天龍源一郎 本誌のインタビューから3日後、「WAR解散？」のニュースが……

ぶっちゃけた話。天龍源一郎のインタビューを行なったのは1月24日の午後5時から1時間ほど。で、なんともやるせない〝WAR解散？〟のニュースが編集部に飛び込んできたのが1月27日の夕刻。そんでもって、翌28日の朝刊スポーツ紙がその事実を伝えた、と。ま、このような流れになる、と。

当然のことながら、24日の段階では〝解散〟の「か」の字も話題に上らなかったわけですね。そりゃないよな、天龍さん。

24日の時点で〝解散〟がわかっていたのなら、インタビューの方向性も違っていただろうに…などと、ここで恨み節のひとつでも申し述べたいところではありますが、そんなもん、〝解散か？〟という現実を押し付けられた天龍以下、WARの選手の心情を察すればへでもない。

ただ、まったく〝解散〟の雰囲気を天龍から感じられなかったかというと、そうでもないのだ。では、まず24日のインタビューの概要を説明するとこうなる。

J1選手権決定試合だった天龍対荒谷は素晴らしい一戦だった。この試合のような熱く激しい試合を他のWARの選手はなぜできないのか。

他にも急成長を果たした荒谷に対する天龍の思い入れなどを聞いたのだが、それらを踏まえて天龍は次のように語ってくれた。

「荒谷が俺との一連の闘いを通して何かをつかみ取ってくれたなら、それはそれでうれしいことだよ。ただな、だからといって次のシリーズも荒谷の勢いが続くかどうかはわからない。

今までがそうだった。あるシリーズで目立った選手がいても、次のシリーズが始まったとたん勢いが失せてしまうんだ。どうしてその勢いが失せてしまうかというと、それはな、その選手が24時間、プロレスのことを考えていないからなんだよな。

俺はな、考えている。それこそ寝ている時でも自分のプロレスはどうあるべきかと考えているよ。そう思うとジレったい。前のシリーズで勢いが出て、今度のシリーズではせっかくメインを張れてもっと目立てるチャンスなのに、どうしてその選手はとことん自分のプロレスを考えないのかと思う。俺を踏み台にして外へ出ていった（離脱した）冬木たちのほうがよっぽど自分のプロレスというものを真剣に考えてたよ。

このままじゃいけないんだよ。いつまでWARが続くかわからないんだから…。だからこそ、荒谷にはがんばってもらいたいと思う。あいつが暴れまくれば、他の選手も煽られて危機感を持つようになるからさ」

解散の事実を突き付けられたWARの若手選手たちは、天龍のこの言葉をどう受け止めるのだろうか。

さて、天龍はこんなことも言っていた。最近のマット界は、その昔、SWSが導入していた部屋別の対抗戦に近いシステムを真剣に考え始めましたよね、という問いかけに答える形でだ。

「そうだね。パンクラスは実際に道場の対抗戦をやってるんだろ？　今後はそういう道場対抗戦のような大会が増えるだろうね。メインを張れる選手が団体から離脱するのではなく、自分が道場主となってその団体のリングに上がるようなシステムが確立されてくると思う。まあ、そのほうが試合も緊張感に包まれていいんじゃない？

そう思えばそう思うほど、SWSは早すぎた団体だったよな。当時さ、一部のプロレス専門誌や業界関係者がSWSを目の敵にしてただろ？　メガネスーパーという企業がスポンサーとなって団体を運営することが許せないとか文句を言ってね。あるマスコミ関係者などは〝SWSが成功したら、日本のプロレスは絶対に潰れる〟と断言していたけど、ふざけるなだよ。

逆に、お前らがSWSの可能性を潰したから今のプロレス界は悲惨な状況になってしまったんだろうよ。どの団体もスポンサーがつかなくてアップアップの状態だしさ。当時、SWSが成功したら日本のプロレスは潰れると断言した奴らは俺の前で釈明してほしいよ。自分たちが吐いた言葉の責任を取ってほしいよな。お前らが望んだようにSWSは潰れました。だけど、日本のプロレス界の未来は開けていますか？逆に悲惨な状況じゃないかと問い詰めたい気分だよ」

だからといって、やるせない感情を暴発させても事態は好転しない。現在の天龍に必要なのは、この厳しい状況から心を奮い立たせる材料を見つけだすことだと思う。

ただ、そんな材料があるのかどうか。そうだよな。やっぱりこじつけになるかも知れないが、ここはひとつWARという足かせが取れたと思い込んで、今まで以上に自由に自分の闘いたい相手を捜し求めてグーパンチを叩き込むしかないよね。

SWSが崩壊後、大仁田、長州、藤波、猪木、橋本、蝶野、武藤（ムタ）、そして高田、彼らとの試合を実現させた天龍だもん。それこそ小川直也などはWARという看板を背負っていないほうが闘いやすいのかも知れない。

「いろんなタイプのレスラーと闘えたのは、うん、俺の財産だよね。高田と闘うことでついに『U』という禁断の実もかじれたしさ（笑）。

いや、しかし…。高田の蹴りがあんなに凄いもんだったとは思わなかったよ。正直な話、もろに胸に蹴りを食らった時はあまりの衝撃でビビってしまったものな（笑）。

これからも、そんなスリリングな闘いを刺激ある相手と繰り広げていきたいね」

山本小鉄

「プロレスラー・猪木は大好きだけど、実業家・猪木は大嫌いだよ（笑）」

ねえねえ。ちょっとばかりさ、盛り上がりに欠けてるんじゃないのぉ、んもう、と思わずにいられないのが目前に迫ったアントニオ猪木の結婚式、じゃなかった引退式。そのお披露目の場である4月4日の東京ドーム大会のチケットは順調に売れているらしいのだが、どうも世間の風は熱くない。

ま、理由はいろいろと考えられる。まずは〝引退〟という切り札カードをあまりにも長く使いすぎた。つまり、あの『ファイナル・カウントダウン』シリーズを引っ張りすぎたせいか、猪木が引退することに関してファンの意識が鈍感になってしまっているのではあるまいか。

他にも、どうせ引退といってもそれはあくまでプロレス界からの引退であって、近々発足されるであろう『世界格闘技連盟』をステップに現役復帰を果たすのではないのかという、うがった見方も見逃せない。

それと、最後の対戦相手を決めるトーナメントがよろしくないと思う。そんな話題作りのトーナメントを仕掛けずに相手はドリー・ファンク・ジュニア。で、その試合をルー・テーズとカール・ゴッチが見守るシンプルな引退試合でよかろうに。

だが、現実問題として猪木の引退式は追っている。ここはひとつ、ブツクサ文句を言う前に（もう書いちゃったけど）違った視点から猪木の引退を眺めてみようではありませんか。てなわけで、ご登場を願ったのは、かつて新日本プロレスの鬼軍曹と呼ばれ怖れられた山本小鉄氏だ。

山本さんといえば、新日本プロレス創立時から猪木とともに苦労を分かち合い、その経営基盤が固まった頃からは道場の鬼コーチとして数々の名選手を育て上げ、新日本の支柱をしっかり支え続けてきたお人である。そんな山本さんの目に猪木の引退はどのように映っているのでありましょうか。

「猪木さん、55歳でしょ。正直言って峠は越してるわけですよ。だから、引退してリングから降りることに関して悔いはないと思いますよ。もういいじゃないかと本人も思ってるはずです（笑）」

単純な疑問なのですが、小鉄さんにとって猪木さんはどういう存在なのですか。

「そうですねえ。ことプロレスに取り組む姿勢や技術、強さは素晴らしいですよね。ただね、事業がヘタなんだよな（笑）。つまりね、プロレスラー・アントニオ猪木は大好きだけど、事業家の猪木さんは大嫌い（笑）」

そんなに実業家・アントニオ猪木は嫌いですか。

「嫌い。だってね、猪木さんは誰でも信用してしまう悪い癖があって、すぐに会社のお金を使ってしまうんだ。猪木さんに近寄ってくる人たちの中にはそりゃ立派な人もいますけど、金儲けのために猪木さんを利用してやろうと考えている人たちもいるんです」

はいはい。

「普通ね、会社のお金を運用する場合は綿密な計画とか必要なのに、猪木さんにはそういう用心深さがまったくない。悪い人の言葉を簡単に信用しちゃうんだな」

そういう部分も猪木さんの愛すべきカルマじゃないかと思ったりするわけですけど。

「そりゃあなた、当事者ではないから、そんな呑気なことを言ってられるんだ（笑）。猪木さんがヘンな事業に会社の金を使い込んでなかったら今頃、六本木か青山の一等地に25階建ての自社ビルを作れてますよ（笑）」

いや、そのね、猪木さんが事業に手を出しそうな時は、とりあえず小鉄さんは反対するわけですよね。

「俺だけじゃないよ。みんなで反対したよ。でも、猪木さんは強行突破してしまうんだな。だけどさ、猪木さんが強行してうまくいった事業なんてひとつもないよ（笑）」

では、えっと、んと、小鉄さんから見て、猪木さんの全盛時代というのは、いつ頃なのでしょうか。

「猪木さんが28歳の頃だと思いますよ。そうです。新日本プロレスを旗揚げした時期ですよ。あの頃、肉体的にも充実していたけど、精神的にも充実してたよね。自分で作り上げた新日本プロレスをなんとか軌道に乗せたいと毎日、必死にがんばってた時期でしたからね。その緊張感が猪木さんをより以上に成長させたのだと思います。

あの頃、とにかく俺も猪木さんもがむしゃらでしたよ。俺もたった50万円の手形が落ちなくて金策に駆けずり回ったりね。ひとりでも多くのお客さんに足を運んでもらうために夜中に興行ポスターを貼りに出掛けたり。俺も猪木さんも1年半ぐらいは給料も出なかったんですよ。

で、ようやくテレビの中継も決まって経営が安定し始めた頃から猪木さんはひたすら練習に励みましたね。あれだけ練習すれば強くなるのは当然ですよ。惚れ惚れするような強さでしたよね。

ま、結論的にいえば、その旗揚げ時の28歳からハルク・ホーガンが売り出してきた頃の35歳前後までが猪木さんの全盛時代でしょうね。パキスタンのカラチで猪木さんがペールワンの左腕を折った試合（1976年12月）があったでしょ。あの頃がたぶん、いちばん強かったんじゃないですか。うん、本当に強かったよ…」

　4月4日、東京ドーム。アントニオ猪木、引退。小鉄さんはドームのどこかで去りゆく猪木を見つめているはず。事業家・猪木は大嫌いでも、プロレスラー・アントニオ猪木のことを大好きな自分の心は誤魔化せない。きっと、大粒の涙をボロボロ流しながら猪木に惜別の拍手を送り続けているだろう。

佐山 聡
猪木率いるUFOがいよいよ旗揚げ「ファイティング・アート」ってなんだァ!?

——率直に言って、UFOがやろうとしていることがなかなか見えづらいんですが。

佐山　〝格闘技がエンターテインメントとしてどう表現できるか?〟という表現が一番近いと思うんですけどね。

——ガチガチの真剣勝負を目指すわけではない?

佐山　それは全然違います。「それだけではプロの興行として成り立たない」というのが猪木（寛至）会長の意見ですから。寝技だけの展開になって、見ているお客さんが退屈するような試合は見せませんね。かといって、プロレスのように「1、2の3」でタイミングを合わせるような技もやりませんしね。

——単なる総合格闘技をやるのではないと?

佐山　まったく違うでしょうねえ。僕自身は総合格闘技にもプロレスにも興味はありませんから。新しい〝格闘エンターテインメント〟が出てくると考えていただいていいんじゃないでしょうかねえ。

——プロレスの〝グレーゾーン〟を排除するというわけでもないんですか。

佐山　それも関係ありませんねえ。選手にプロレスラーはほとんどいませんしね。ちゃんと格闘技ができる人がプロとしてリングに立って、エンターテインメントとしてショーアップするってことになるんじゃないでしょうかねえ。

——「真剣勝負」というところにはこだわらない?

佐山　真剣勝負がどうとかいうことは僕の頭には一切ありませんねえ。

——もう少し具体的に説明してもらえませんか?

佐山　選手の動きがずっと止まったように見えるようなことはないでしょうねえ。常に選手は動いているから、お客さんが見てて飽きるようなことはないと思いますよ。

——膠着したらブレイクさせたり、動くように注意するルールを設ける？

佐山　そういう考えも猪木会長の中にはないですねえ。「選手が動くのは当たり前」という考えですから。選手が動かなければノーコンテストになっちゃいますから。それに、膠着するような試合をする選手は以後リングに上げないという項目もルールに入れるつもりでいますから。

——ということは、選手が自分の意志でずっと動き続けるということですか？

佐山　出場する選手が〝猪木イズム〟を理解して、それで試合をウチ（ＵＦＯ）の理念である〝ファイティング・アート〟として成り立たせるということですね。

——「ファイティング・アート」という理念がまだわかりにくいんですけども…。

佐山　既成のものがありませんからねえ。例えばボクシングだと、３回戦の選手がやる試合とランカーがやる試合は違いますよね。ランカーがやる試合がエンターテインメントなんですよね。そのくらいのレベルのちゃんとした技術を持った選手がやるのが〝ファイティング・アート〟であり、それがやれるのが〝ファイティング・アーチスト〟としての条件なんですよ。

——新日本プロレスには、例えば長州力さんが「ＵＦＯのやろうとすることがわからない」という発言をして、かなり反発があるようですが。

佐山　僕は読んでないからわからないし、興味もありませんけどねえ（笑）。

——「小川の育て方がよくわからない」という意味のことを言っているようです。

佐山　それはわからないでしょうねえ。格闘技をやっている人間なら小川にやらせていることはわかるんですよ。でも、そうでない人にはわかりませんよ。小川にプロレス技をやらせろっていうんですかあ？　受け身ばっかりさせろっていうんですかあ？　そんなの覚えさせられないですよ。小川は格闘技の技術に関してはパーフェクトですよ。キックのジムにも通わせてますしね。ジャブの基礎もわからない人間が小川に教えられませんよ。「何を教えてるかわかんない」って、そりゃわかんないですよお（笑）。

——新日本とＵＦＯで小川選手の育て方にズレがあった？

佐山　小川は坂口（新日本プロレス社長）さんから「猪木さんについていけ」と言われたんですよ。猪木会長は今のプロレスをよく思っていなくて、「こういうのをやりたい」とＵＦＯを作り、それに僕が入ったわけですよ。それで格闘技の初歩から叩き込んでいったんですよ。だから新日本の道場でプロレスの練習をさせられた時はものすごく反発してましたよ。

——高田対ヒクソン戦の行なわれる大会に限らず、最近は多くの団体で〝真剣勝負〟が強調されていますが。

佐山　本当の真剣勝負は興行にすべきじゃないと思います

よ。本物のガチンコ（真剣勝負）は僕も見たことがありますけど2時間くらい膠着したままということもありますからねえ。技術が浸透している今ではお互いにほとんど動かないでしょ？　ＵＦＯではプロレス的な大技は繰り出さずに、とにかく観客を飽きさせませんから。そのほうが真剣勝負よりスタミナも精神力も必要かもしれませんよ。

――旗揚げ戦に出場する選手の中には日本では知られていないような選手もいますね。

佐山　全員アルティメットに出られるような選手ですよ。あらゆるネットワークを使って集めましたが、そういう選手はまだ世界にいっぱいいますよ。彼らを今〝猪木イズム〟に洗脳している最中なんですよ。動かないのはダメ、バカらしい動きもダメなんだと。

――そういう選手たちが格闘技の新しいジャンルを作る？

佐山　格闘家でもプロレスでもない〝ファイティング・アーチスト〟ですね。すべては旗揚げ戦当日に理解できるはずですよ。期待していてくださいね（笑）。

1999年

小橋健太〈前編〉

「全日本のレスラーは全員、〝新日本には負けたくない！〟と思っています」

小橋健太はエラい。ただし、エラいけども気に食わない。矛盾しているようだが、小橋健太の存在を突き詰めて考えた場合、このような答えしか出てこないわけさ。

いや、十分に理解はしている。なにせ、昨年の東京スポーツ新聞社制定の年間ＭＶＰレスラー。立派だ。しかも、同時に三沢光晴との三冠戦でベストバウト賞まで受賞している。これはなにを意味するかというと、リング上での闘いのみが評価された結果なのである。だから、立派。文句のつけようがない。

でも、あえて文句をつけるならばだ。もう少しレスラーとしての我の強さを押し出してもよろしいのではないか。だって、口を開けば「頑張ります」とか「驀進します」であるとか、新人レスラーがしゃべるような内容ばかり。要するに優等生発言のオンパレード。ケッ、なんだかつまらん。

小橋健太はもう、押しも押されもせぬ日本プロレス界を引っ張っているトップスターのひとり。それが、いつまでたっても「頑張ります」では、見ているこちらはストレスが溜まるだけ。もっとハデに、ドバーン！と威勢のいいセリフを叩きつけろって。

そういう、常に毒にもクソにもならない発言をしているから、エラいとは感じつつも気に食わなかったり、物足りないと思ってしまうわけだ。例えばだぞ、ライバル団体の動向を激しく意識した発言なんぞを小橋の口からぜひとも聞いてみたいじゃないか。

これは一度、きっちりと本人に申し述べなければいけない。「頑張ります」以外にも言いたいこと、主張したいことがあるでしょ?とね。

リング上では十分に燃える心を堪能させてもらっているけど、リング外でも、その熱き魂を聞かせておくれよ、と迫ってみよう。

「僕はバカだから気の利いたセリフがしゃべれないんですよ。アハハハハ」

ええい、バカでもなんでもいい。とにかく自由にしゃべればいいのだ。そうだな、まずはシングル対決が決定したベイダー戦（1月15日、横浜文化体育館でついに実現！）から語ってもらうことにしよう。「頑張ります」以外のセリフで、熱く、今現在の、等身大の小橋健太自身を語っていただきたい。

＊

「ベイダーとのシングル戦は自分の意見です。僕が、どうしても奴と闘わせてくれとお願いした結果なんです。というのも、今の全日本プロレスは止まるわけにはいかないですから。一時期、少しだけ落ち込んでいた観客動員も、昨年の東京ドーム大会を機にまた盛り返してきています。『世界最強タッグ決定リーグ戦』では、ベイダー人気もあって想像以上に観客動員数が伸びてきているんですよ。

だからこそ、今、全日本の勢いを止めてはいけないんです。昔だったら、僕とベイダーのシングル戦は（毎年恒例の）春の『チャンピオン・カーニバル』まで組まれなかったかもしれないですよね。なんて言えばいいんだろう。おいしいものは後に回すというか（笑）、とりあえず、まずはタッグで闘うような〝お茶を濁すやり方〟を選択してたはずなんです。あ、まずいかな、〝お茶を濁すやり方〟という表現は（笑）」

そんなもん気にしないで、しゃべりのほうも勢いを止めないでください。

「いいですか？　勢いに任せてしゃべっても（笑）。だけど、自分はあまり言葉が出てこないんですよね」

いいってば。それだけしゃべれれば素敵だ。

「えっと、だから話を戻すと（笑）、その勢いを今年も持続させるためには、ベイダーとのシングル戦を後回しにするのではなく、出し惜しみせずにファンに提供していくべきだと考えたんです。つまり、僕とベイダーがシングル戦を行なわないと、せっかくの勢いが止まるような気がして仕方がないんですよ（笑）。

それに、ベイダーがやる気を出しているこの時期に奴と闘いたいんです。奴が全日本のスタイルに慣れてしまった後では闘ってもあまり意味がない。全日本マットでのし上がってやるんだと必死になっている今だからこそ、ぶつかり合う意味がある。

ファンのみんなも期待していると思うんです、僕とベイダーの一騎打ちは。昨年のドーム大会で奴とはタッグで闘いましたけども、その時からファンは僕とベイダーのシングル決着を期待しているんですよ。だったら、その期待に応えようと。

今の僕というか、今の全日本プロレスはファンの期待をすぐにでも実現させたい気持ちであふれ返っているんですよね。例えば今回、高知で世界タッグ選手権を行なう（1月7日、高知県民体育館）のも地方のファンにタイトル戦の醍醐味を味わってもらいたいという気持ちの表れなんです。

それと、1月4日に新日本がドーム大会を開催したじゃないですか。自分たちは1月にドーム大会は行なわない（全日本は5月2日に東京ドーム大会を開催予定）。でも、新日本のドーム大会に負けないカードは提供できるぞ、という気構えを持っていたいんです。これは、なにも僕だけが抱いている想いじゃないですよ。全日本のレスラーなら誰でも、新日本のドーム大会に対して、試合内容でも話題でも絶対に負けないような闘いをしようと心掛けているはずです。絶対に新日本には負けたくないですから」

（いよっ、いいぞ小橋！　といったところで、次号へ熱く続く）

小橋健太〈後編〉
「僕は本当に頑張っています。だから、堂々と〝頑張ります〟と言えるんです」

驚いた。まさか〝優等生・小橋健太〟の口から新日本プロレスの名が出ようとは。いや、誤解しないでくれ。別にこちらが誘導尋問のようにして新日本に抱いている対抗意識をしゃべらせたわけじゃないぞ。勝手に小橋が〝新日本には絶対に負けたくない〟と口走ったのだ。

なあんだ、小橋。しゃべりでも十分に熱さを感じさせてくれるではないか。やればできるんじゃないか。見直した。んが、しかし。これでもまだ甘い。なぜに小橋は、いつまで経ってもだ。「頑張ります」などと青臭い発言ばかりを繰り返すのかというナゾが解明されていない。

ここはひとつ、この由々しき問題から景気よく本人にブチ当たってみましょうか。

＊

「僕は逆に聞きたいです」

なにを？

「みんなは簡単に〝頑張ります〟と口にしたりしますけど、本当に頑張っているんでしょうか?」

んと、その質問の意味がよくわからないのだけど。

「あのですね、人は簡単に言うじゃないですか。例えば、〝この仕事を明日までに処理してください〟〝はい、わかりました。頑張ります〟とかね。でも、〝頑張ります〟と口にした人は本当に頑張っているのでしょうか?」

そりゃ、頑張っていると思いますよ。

「もちろん、言葉どおりに頑張っている人もいると思いますよ。でも、ただ口だけの人もいるんじゃないかな、とも思うんです。それだけ〝頑張ります〟という言葉は重たいと考えているわけです。本当に〝頑張る〟のは、なかなか難しいことなんです」

ああ、そうかもしれない。

「でしょ。〝頑張ります〟という言葉は誰でも口にできるけど、実践しようと思ったらうまくいかないものではないでしょうか」

はい。

「だけど、僕は実践してますから。僕は本当に〝頑張ってる〟から、常に堂々と〝頑張ります〟と言えるんです」

なるほど。

「大事な言葉なんです。重要な言葉なんですよ、〝頑張ります〟という言葉はね。決して青臭いだけの言葉ではなく」

小橋選手の〝頑張ります〟は究極の〝頑張ります〟である、と。他の奴が安易に口走る〝頑張ります〟とは一緒にしてくれるな、と。

「だから、〝頑張ります〟は誰が口にしても同じように聞こえるけども、僕の〝頑張ります〟には今まで積み重ねてきた努力に裏打ちされた力強さがあるんです。この言葉に僕は物凄いプライドを持っているんですよ。それだけはわかってほしいと思います」

十分に理解しました。

「そういう意味も含めて、これからも僕は大事な場面やインタビューなどでは〝頑張ります〟と言い続けていくと思います。たとえプレイボーイさんが『優等生っぽくてイヤだ』と批判しようとも僕は言い続けますよ(笑)。でも、どうなんですかね。〝頑張って練習します〟と発言したら優等生になるんですかね。それじゃあ、〝頑張らずに練習しません〟と言ったほうがレスラーらしいのかって聞きたいですよね、僕は(笑)」

こういうのはどうですか。ただ〝頑張ります〟を繰り返すだけではつまらないから、〝頑張ります〟の五段活用を考えてみるとか。頑張る時、頑張れば、頑張れよ…ああ、イカン、何を言ってるんだろう、オレは…。

「アハハハハハ」

話は変わるのですが、小橋選手は秋山選手らとチーム(バーニング)を結成して全日本マットの活性化を目指してますよね。

「ええ」

馬場社長は、その動きに対してなにか助言だとか、逆に苦言的なことを言ったりしているのですか？

「昔は、それこそ社長の付け人でしたから朝から晩まで社長と一緒だったんです。でも、最近は移動のバスも違うので、話をすることはめったになくなりました。そういう状況だとね、社長となにか突っ込んだ話をするというのは難しくなりますよね」

それは残念ですね。

「だけど、あれは確か去年の10月頃ですか。たまたま社長と話をする機会があって。その時に社長とはいろいろな話をしました」

それは興味深い。具体的には、どんな話をしたのですか。

「社長は、こう言ってくれたんです。『いいか、小橋。お前がやりたいと思っていることは、やってもいい。どんどんやりなさい。ただし、その行動に対しては責任を持ちなさい。それと、好きなように行動してもいいけども、全日本らしさだけは大事にしなさい』とね」

それはまたプレッシャーのかかる助言だ。

「実は僕もそう思いましたよ（笑）」

それにしても、なんですかね、〝全日本らしさ〟とは。

「まず、〝プロレスの伝統を守る〟ということでしょう。他には、そうだな。言葉で説明するのはけっこう難しいな。これはもう僕のリング上での闘いを見てもらうしかないと思います。こんなこと言うと、また〝優等生発言〟だとバカにされちゃうかもしれないけどね（笑）」

引退―ジャンボ鶴田〈前編〉
「僕を好きだという〝変わり者〟の方のために、最後になんでも話しましょう（笑）」

―鶴田さんは、間違いなく日本プロレス界のトップレスラーだったと思うんですよ。
鶴田　ありがとうございます。でも、「鶴田が好き」って人は少ないんですけどね（笑）。
―僕は大好きでしたけど。だから、最後に聞いておきたいことがいくつかあるんです。
鶴田　はいはい、なんでも聞いてください。最後だから答えましょう。僕を好きだったという数少ない変わり者のファンのためにも（笑）。
―鶴田さんはプロレスが好きだったんですか、それとも嫌いだったんですか？
鶴田　おお、いきなり核心を突いたスゴイこと聞いてくるなあ（笑）。そっかぁ、そこを聞きたいわけか。嫌いではないですよね。28年、四半世紀以上やってきたんですからね。で、それを本気で好きでやってきたのか、それとも、自分に与えられた仕事として、ビジネスとしてやってきたのか、そのどっちなんだということなんでしょう?

――そう、そこなんですよ。さすが頭のいい鶴田さん。

鶴田　僕、アタマ、よくないよ(笑)。そう思われるのはたぶん、僕がプロレス界入りする時、「全日本プロレスに就職する」という発言をして物議を醸したということがあったからだとも思うんだけどね。確かに最初はプロレスをやるということをビジネス的にとらえていた部分のほうが多かったかもしれませんよね。

――じゃあ入門した頃はプロレスは好きじゃなかったと?

鶴田　いやいや、そう結論を急がないで(笑)。僕は学生時代、とにかくオリンピックに出たかったんですよ。

――初めはバスケットボールでオリンピックに出ようと思われたんですよね。

鶴田　そうそう。背も高かったからバスケットが一番近道かなと思ったんですよ。

――マジにオリンピックに出られると思ってました?

鶴田　うん、思ってましたよ。日本代表ナショナルチームにも選ばれてましたしね。でも、アジア地区予選で負けちゃってね。それで自分が出ようと思っていたオリンピック(72年ミュンヘン)まであと3年しかない、もし出られなかったらオレの青春はなんだったんだということになる。じゃあもう団体競技はやめて、自分の力でやれる個人競技しかないんじゃないかと思って他の競技を探し始めたんです。

――それでバスケットからアマレスに絞り込んだと。

鶴田　ほかにもボクシングとかボートとかいろいろ考えましたよ。でも当時、ボクシングはミドル級までしか出場させないことになっていたし、ボートだと体がでかすぎて沈むとかいわれてね(笑)。それで最終的にアマレスを選んだわけです。

――それまで門外漢だった人がいきなり飛び込んできたわけですが、アマレス界の反応はどうでしたか?

鶴田　「なんてバカなことを考えるヤツがいるんだろう」って感じだったんじゃないですか。実際、中大のレスリング部では門前払いされましたからね。体もヒョロヒョロだったしね。それで週3回は自衛隊体育学校に通ってタックルなどの技術練習をして、あとの3回はジムに通ってバスケット用の体からアマレス用の体に作り替えようと考えたんですよ。それでアマレスの代表に選ばれたんですけどね。だから、誰でも3年やればできるんじゃないですか?

――できない、できない(笑)。そんな芸当ができるのは鶴田さんだけですよ。

鶴田　うん。このままアマレスを続けて、次のオリンピックにまた出場するか、それとも誘いのあったプロレス界に行くかという選択ですよね。当時、僕の父親が亡くなったんですよ。それで経済的な援助が期待できなくなった。それと、アマレスを続けていた人たちの人生設計も「だいたいこんなふうな人生になる」というのがある程度、見えてた。僕は自分が努力した結果が経済的にも評価されたいと思っていたから、アマレス界に残って地味に練習を続けるのは向いていないと思って、それでプロレス界に進んだわけなんです。

——今もそうですけど、プロレス界特有の体質ってあるじゃないですか。そういうのはイヤじゃなかったですか？

鶴田　イヤとかなんとか思うより、なにかのタイトルを獲ってプロレス界入りするほうがいろいろと優遇されるんじゃないかな、くらいに考えてましたよね。

——プロレスラーになる人って、とにかくみんなプロレスが大好きで、休み時間になると友達を集めて砂場でプロレス技の練習をしたりして、で、そういう気持ちを保ち続けることのできた人がプロレス界に入門していったと思うんですよ。その点、鶴田さんはとても異質だったんじゃないかなと思うんですが。

鶴田　ああ、だから「お前、本当にプロレスが好きだったのか？」という質問になるわけだ（笑）。なるほどね。僕がプロレスを教わった師匠のドリー・ファンク・ジュニアは（当時、ドリーは米テキサス州でプロレス道場を主宰。鶴田はそこでプロレスを学んだ。同期生にスタン・ハンセンらがいる）〝Mrクール〟と呼ばれるような、アツくならず冷静に試合を進めるタイプのレスラーだったんです。それで教わった僕も自然とクールな感じになっていったと思うんですよ。それと自分のキャラクターとしても、試合の勝敗で感情か表に出すのは似合わないんじゃないか、クールに試合を進めるほうが合ってるんじゃないかとも思ってたしね。

——で、やっぱりプロレスは嫌いだったんでしょ？

鶴田　なんだか強引にひとつの結論に持っていかれてるみたいだなあ（笑）。いや、そうじゃなくてね…。（次号へ）

引退——ジャンボ鶴田〈後編〉

「プロレスがとても奥深いものだと知ってから、僕は好きになったんです」

——前号に引き続きしつこくお尋ねするんですが、鶴田さんはホントにプロレスが好きだったんですか？

鶴田　本当にしつこいな（笑）。僕は一部の外国人レスラーのように「技を受けて大げさにぶっ倒れてみせるのがオレのビジネス」とまでは割り切ってやってなかったですよ。

——でも、オリンピックに出た後で入ったプロレスの世界には、かなりの違和感を感じてたんじゃないですか？

鶴田　最初はありましたよ。なんであんなにロープに飛ぶんだろうとか、あんな技は、お互いに協力し合わないとかけられるわけがないじゃないか、とかね（笑）。

——ほーら、やっぱりプロレスは好きじゃなかったんだ。

鶴田　いや、そうじゃなくてね（笑）。最初は確かにそう思った。それでそういう気持ちが顔に現れていた部分もあったかもしれない。だけど、次第に、プロレスというのは（技を受けたりするかどうかという）それだけじゃないんだな、とても奥が深いものなんだなとわかり始めてから僕はプロレスが好きになりましたよ。

――いつ頃からですか。

鶴田　そうだなあ、『試練の十番勝負』（鶴田をメインが張れるトップレスラーに成長させるための関門として全日が課した、フリッツ・フォン・エリック、テリー・ファンク、ボボ・ブラジル、アブドーラ・ザ・ブッチャー、ラッシャー木村といった内外の大物レスラー10人との試合のこと）が終わった時期だから、20代後半からじゃないかな。十番勝負の頃は、「鶴田は勝てないレスラー」とか「善戦するけど、そこまで。〝善戦マン〟だ」とかいろいろ言われてたけど、やはり転機になりましたね。

――そういう大物たちのエッセンスをもらって「鶴田は怪物」と言われるようになったわけですね。ルー・テーズにバックドロップを伝授された頃は「オレは史上最強のレスラーだ」って思ってたでしょ？

鶴田　そんなこと、全然思ってなかったですよ（笑）。

――でも、「オレは相当強いみたいだな」くらいは思っていませんでしたか？

鶴田　うーん。試練の十番勝負を経験して勝ち方のコツとかはだんだんわかってきましたよね。ただ長くプロレスラーを続けるためには強いだけじゃダメなんだともわかってきた頃ですよね。

――「強いだけじゃダメ」ってどういうことですか？

鶴田　純粋に勝つだけの強いレスラーだと長続きしないんですよ。「強いレスラー」の時期が短期間で終わっちゃう。そうじゃなくて、「負けないレスラー」にならなきゃダメということなんですよ。ねちっこくて、いやらしくて、それで負けない試合ができないと、本当に「強いレスラー」にはなれない。だから、チャンピオンというのは、ある意味では「ヒール」（悪役、憎まれ役）なんだということを、その時期に学びましたよね。

――これもジャンボさんを好きだった〝変わり者〟だからお聞きしたいんですが…。

鶴田　ホント、やな質問ばっかりだなあ（笑）。

――唯一、ジャンボさんが獲っていないのがNWAのタイトルなんですが、かつて「ミスター・NWA」と呼ばれたハーリー・レイスとの試合で、絶対に勝てた時があったんですよ。なのにレイスが倒れている時、例の「オーッ！」とかやって、そのスキに後ろからダイビングヘッドバットかなんかやられて、それでフォール負けしちゃった。「なんでフォールしない。なに考えてるんだ!!」と思ったんですけど…。

鶴田　バカじゃないかと思ったでしょ。まったくそのとおり。僕はバカなんですよ（笑）。ただ、レイスには、あの人独特のペースがあって、マズイと思いつつ、ついそのペースに巻き込まれちゃうんですよ。

——でも、鶴田さんクラスになれば「こりゃ勝つぞ」という雰囲気がわかるはずじゃないですか。なのになぜ?というのが謎だったんです。

鶴田　ちゃんと説明するならば、その時は「オーッ!」がやりたかったんですよ（笑）。でもまあ、当時の僕のキャラクターには「最後にきちっと決める」という要素が入ってなかったんでしょうね。

——そうやってポカをやっちゃうのも、確かに鶴田さんの魅力のひとつでしたけどね。

鶴田　そうそう（笑）。

——で、引退後はプロフェッサーの道を歩まれると。

鶴田　プロレスラーとプロフェッサーで、僕のことは今後「プロプロでダブルプロの鶴田」と呼んでください（笑）。

——なに言ってるんだか、この人は。専攻されるのは運動生理学でしたっけ?

鶴田　そうです。その道を選んだのには、純粋に研究をしたいというのと、もうひとつの理由もありました。引退した選手が解説者として残れるプロスポーツって野球と相撲くらいしかないでしょ。子供たちに「プロレスラーになろう」という夢を与え続けるためには、引退した人間が社会的にある程度ステイタスのあるポジションにいるべきだと思ったんですよ。それをまず僕からサポートしたいという気持ちから進路を選んだという側面もありましたね。

——さすが、後進にも思いやりのある鶴田さん。でも、悔いはないですよね?

鶴田　うん、まったくないですね。「老兵は消え去るのみ」という名言どおり僕はスッパリと消え去ります。日本で講義をやるような時には、ぜひ聞きにきてください（笑）。

橋本真也

世紀のリベンジ戦を前に激白「何度も頭の中で小川を殺している」

「もうね、ドロドロしたことは言いたくないんだよ。いつまでも、あいつ…小川直也にこだわってさ、恨み続けてもしょうがないしね」

どうしたんだ、橋本ぉ！　本人を目の前にして失礼なことではあるけれども、そう大声で叫ばずにはおられなかった。どうにもこうにも、橋本の悟りきった口調が気に食わない。よいか、橋本ぉ。ようやく小川に雪辱できるチャンスが訪れたのだぞ。それなのに、どうしてそんなに澄んだ目をしていられる?　我々ファンは逆に今回の『世紀のリベンジマッチ』が決定して以来、いかに橋本が小川の顔面、もしくは後頭部をボコボコにするか期待いっぱいで、ろくすっぽ寝ていないのだ。

「だから、しつこいようだけど、俺はもう、そのドロドロしたレベルにはいないんだよね。もっと先を見ている、というか。その先を説明すると…」

ちょっと待った。その先の話は後で十分に話してもらう。だが、うちらとしてはまず橋本の口から、そのドロドロした心の葛藤を聞き出したい。

そりゃそうじゃないか。とにかく今年の1月4日、東京ドームで行なわれたふたりの一戦は橋本からすればひどすぎた。いきなり小川のパンチが橋本の顔面を襲う。その一発は橋本の鼻の骨を砕き、あとはやることなすこと小川のやりたい放題。しまいには、ダウンしている橋本の側頭部にバゴンと、えげつない蹴りまで入れていた。

結局、橋本は自分の身を守るのが精一杯で、反撃することもできずにリング上でのたうち回るしかなかったのだ。

なぜ小川は、そんなエグい闘いを仕掛けてきたのか。橋本の言葉を借りて短く説明すると、こうなる。

「あいつの師匠（アントニオ猪木）がそうさせたんだろうね。要するに、闘いの原点、それがいわゆる、あの人なりの〝ストロングスタイル〟ということになるんだろうけど、それを小川に託したわけだよ。小川を使って新日本に自分のスタイルを蘇らせようとしてたわけ。

で、小川は小川なりにあの人の言葉を解釈して、ああいう〝虚〟を突くような闘いを仕掛けてきたのだと思う。あいつはあの人からとんでもない宿題というか、荷物を背負わされてリングに上がったんだ。

だって、リングに上がった瞬間、小川の目を見たらヤな目をしてたしね。スポーツマンの目じゃなかった。それにしてもだよ。どういうもんだろか。小川があんな試合をしたことで、新日本とUFOが入り乱れて壮絶なもみ合い、殴り合いをしているというのにさ、小川に吹き込んだ張本人であるあの人は、さっさとドームから姿を消しちゃったからね。ま、なんにしろ、あの時の試合は客の前で見せるもんじゃなかった。ただの喧嘩。しかも、たちの悪い喧嘩だ」

しかし、いかに橋本がたちの悪い喧嘩だったと冷静に振り返ろうが、結果的にあの一戦から橋本が生き地獄を味わったのは事実だ。長期欠場にも追い込まれた。それまで〝破壊王〟と呼ばれ、IWGP王座の防衛記録を保持していた男が〝反撃もできない弱々しい男〟と蔑まれてしまっているのだ。

そして、迎える運命の10月11日、場所は同じく東京ドームでの再戦。強さの象徴を根こそぎ奪われた男の復活劇のモノローグには、どうしても、いま一度、ドロドロした心の葛藤を明らかにすることが必要である。小川の待つリングへと歩を進める橋本の背中をより以上に理解するためにも、だ。

いやはや、それにしても橋本はどんなに悔しい思いをしてきたことか。今宵は、そんな橋本の悔しさを共有することで、いざ決戦へと雄叫びを上げようじゃないか。

「そうか、そんなに聞きたいのか。よし、わかった。なんでも聞いてくれ」

改めて聞くのもなんだけども、悔しくて悔しくてたまらなかったでしょうね。

「当たり前じゃない。あの一戦からしばらくは怒りと屈辱で血圧が異常に上がりっぱなしだった。一時は220になったぐらいだから。220だぜ。死ぬかと思った。わかる？　それまで普通の血圧だったのに、いきなり220だもん。この数値だけでも俺の悔しさがわかるだろ？」

殺してやりたいと思った？

「いやいや…うん、やっぱり思ったね。そういう汚い気持ちも抱いたよね。それは別にリングの上でなくてもね、殺してやろうと思った」

だろうね。

「でも、誰だって一度や二度くらいさ、憎い奴がいて、そいつを頭の中で殺した経験ってあるでしょ？」

俺もこれまでに4人ほど頭の中で殺してる。

「頭の中でボコボコにしたことあるでしょ？」

ボコボコにしたいと思ったのは8人くらいかな。

「俺だって、そういう意味じゃさ、何度も頭の中で小川を殺しているよ。小川の生爪はがして粗塩を振ったりしている（笑）」

いいぞ、橋本ぉ。

「あいつの血の一滴がなくなるまでボコボコにするシミュレーションは数え切れないくらい繰り返したよ」

そんな妄想にとらわれるぐらいキツい期間を過ごしてきた、ということだね。

「いや、もう、キツいなんてもんじゃなかった。俺がこれまで築き上げてきたものがすべて崩れた気もしたしね。そうなると、だんだん自分が孤立していくような感じになっちゃうんだ。当時は会社にも楯突いていたしさ。俺の味方なんか誰もいないんじゃないかと思ったぐらいだから。だって、聞いてくれよ」

はい。

「会社は、あの一戦の後にこう言ったんだ。〝次のシリーズから出ろ。まず出場することがファンに対してお前が元気だぞと伝えることにもなる〟ってね。冗談じゃないと思った。どのツラ下げて俺は試合に出れるんだと思ったよ。こんな状態でね、橋本真也を人前にさらすなんて、俺自身、許されることじゃなかった。

あの頃、周囲の人間たちには、橋本は会社の言いなりになって欠場しているとか言われていたんだけど、逆なんだ。試合に出ないということが、つまり、俺の会社に対する抵抗でもあったんだ」

欠場時期、かなりの減量にトライしましたよね。

「うん。なぜ減量したか。それはね…別に深い理由なんかなかった。ただ、なんでもいいから自分を変えたいという願望から、そういう練習をしてただけ。なにもかも変えてしまって、この苦しい状況から抜け出したかった。それしか考えられなかった。

その練習も実は道場でやらなかったんだよね。俺は今まで道場でしか練習しなかったんだけど、あの一戦からしばらくはジムで練習してた。というのも、さっきも言ったように、自分には誰も味方がいないような気持ちになってたからね。道場で他の選手と顔を合わすのもヤだったんだ」

練習以外にも、精神的に誰かに救いを求めた？　もちろん、新日本関係者以外になっていたんだろうけど。

「うん。心の置きどころを求めてね。そうそう、リングスの前田日明さんとも話をさせてもらったよ」

どんな話を？

「まあ、格闘技者が崖っぷちに追い込まれた時の心構えだよね。あの頃、俺は〝こんなもんで絶対に終わらないぞ〟という気持ちだけを大事に、それこそ支えにしていたんだけど、前田さんも同じような意味合いのことをアドバイスしてくれたよ」

蝶野正洋や武藤敬司とも何か話をしたと思うんだけど。

「したよ。お互いの立場を離れた部分で〝これからどうすんだよ〟と聞かれた。まあ、俺たちは根っこの部分でお互いに気にはしているからさ。

で、そうやっていろんな人と話をしているうちに、ようやく恨みの塊から（笑）前向きな気持ちになってきた。そんな姿勢で周囲を改めて見渡してみればね、俺が作り上げてきたものって、そう簡単に崩れるもんじゃないしね。何人かは俺のことを真剣に応援してくれたよ。会社だって他の選手だって、あの試合で俺と同じように悔しい思いをしたんじゃないかとも考えられるようになった。孤独じゃないと思えるようになったんだ」

でも、7月に行なわれた天龍との復帰戦、その後のG1大会ではいまひとつ調子が上がらなかったでしょ。

「そりゃそうよ。あいつとの再戦が決まってないのに、波に乗れるわけがないじゃないか。俺の本当の復帰戦は10月11日の東京ドーム。あいつとの再戦なんだ」

今度こそ、殺し合いになりますか。

「いや、ならない。それは、あいつも望んでないと思う。口ではね、殺すと言えるけどさ、そんなもん、誰も望んでないよ。1月4日の試合でヤな思いをした人がたくさんいたわけだしね。俺はもう、あの時のようなくだらない低レベルの試合なんかしたくない。俺はあいつとプロレスの試合をしたいんだ。

みんなさ、勘違いしていると思うんだよね。あの日の試合を踏まえてね、今度の再戦は殺し合いになると下絵を描いているみたいだけど、殺さないのがプロレスなんだよ。いや、殺そうと思えば殺せるよ。あの試合だって、小川が俺を殺そうと思えば殺せた。それこそ腕を決めたら相手がギブアップしても離さずに、そのまま折っちゃえばいいことだしさ。首を絞めたら、そのままキュッとやっちゃえばいい。でも、俺も、きっと小川も、そんなことを望んで試合をするわけじゃない。もし、小川や観客がそういうものを望むのであれば、俺たちとは違う世界の闘いに行くべきだと思うね」

殺す、というのは本当に首を絞めて殺すのじゃなくて、小川の光を消し去ってほしいんですよ。前の試合で橋本選手は小川に見事に光を消されたじゃないですか。存在価値まで失われた。そういう意味で小川を殺せ、と。

「うん、わかってる。でも、俺はこう思うんだよ。俺の光が消されたのは事実だけど、一度消されたからこそ、今の俺はもっと強い光を手にすることができているような気がするんだ。だから、最初に言ったじゃない。俺はもうドロドロしたことは言いたくないって。そういうドロドロしたものを乗り越えて今の俺はある。今回の経験を経てね、俺は自分の人生を本当に見つめ直すことができたわけ。俺の人生はたかが小川の存在に、ああだこうだ振り回されるぐらいのちゃちなものだったのか。いや、違う。そんな安っぽいものじゃない。だったら、逆に小川との試合をひとつのバネとして、自分の中に取り入れて俺はどんどん先に走っていきたい。もっと人間的にもレスラーとしてもタフに強く生きていきたいんだ。

わかってるよ、この試合を注目している人たちが凄惨な闘いを期待しているのは。だけど、俺はそんな人たちの考えより一歩先をいっちゃってるよね。アントニオ猪木のことだってそう。みんな、小川と猪木の師弟コンビを潰せと願っているかもしれないけども、今の俺はそうじゃない。いや、正直なところ、あの試合の直後、本当にあのふたりだけは絶対に許せないと思ってた。でも、しつこいようだけど、今の俺はそこにはいないんだ。例えば、今度の試合で小川以上に俺が光を放って猪木を振り向かせたい。どうだ、俺のほうが小川より輝いてるだろ?と胸を張りたいね。それで、猪木が振り向けば俺の勝ちじゃない。そこまで自分の価値観を上げていきたい」

でもなあ、下世話な意味でやっぱり小川をボコボコにしてもらいたいよなあ。

「アハハハハハ」

小川の顔面を思いっ切りバゴーンと蹴ってほしい。

「でもさ、別に小川を持ち上げてもしょうがないけども、たいした男だと思うよ。小川は完璧に新日本から恨まれている男だろ。それなのにリングに上がってくるんだぜ。普通さ、こういう状況では上がらないよ。試合前や試合中に何かされるんじゃないかとビビるもんじゃない。それなのに堂々と上がる気でいる。勇気があるのか、バカなのか。ま、勇気だろうね。

その点では俺は小川を認めている。あいつとは今回きりじゃない。今後も何度も闘っていかなきゃならないだろう。小川もそう考えていると思うよ」

もし、今度もまた〝虚〟をつくようなエグい攻撃を仕掛けてきたらどうする?

「大丈夫だよ。俺はプロレスラーなんだ。今度こそ、どんなエグい仕掛けにも対処してやる。小川がキレるんならキレればいい。俺もキレる。ブッ壊してやるよ。レスラーは試合になれば、いつでも〝野獣〟になれるからね」

2000年

橋本真也
「小川に勝とうが負けようが、もう新日本には戻らない」

ようやく頭の中で整理ができた。結局、橋本真也というプロレスラーは愛すべき大根役者なのではないだろうか。

要するに、まったくアドリブが効かないのだ。その場の空気を素早く察知して、周囲が自然と引き込まれるような発言を、悲しいかな咄嗟に口にすることができない。対する小川直也はアドリブで勝負できる天才役者といったところか。

いい例が昨年の10月、4度目の橋本vs小川戦を直前に控えた上越リーションプラザ大会のリング上でのこと。いきなりリングに乱入した小川は橋本に向かって「おいおいっ、本当にやる気があるのか?」とアジったところ、彼はこう叫び返したのだ。

「俺も男だ。勝負だ!」

その時の状況を小川は自身初の単行本『反則ですか?』(アミューズ出版)の中でこう語っている。

「いやあ、実はね、〝俺も男だ!〟って言われた時は思わず吹き出しそうになっちゃってね。ホント、笑いをこらえるのに精一杯だったんですよ(笑)。想像もしないような言葉が返ってきたから、これは参ったなと。だいたい、ああいう時は〝ここで勝負だ〟とか〝うちのリングに上がってくるなんていい度胸じゃねえか〟とか、そんなようなセリフが返ってくるのかと想像してたから次元を飛び越えてました」

確かに、橋本のあの発言は次元を超えて少し寒くなるような叫びだった。それでも、だからといって、しょーがねえな、橋本ぉぉぉ!と切って捨てることはできない。クソ真面目に台本どおりにしかセリフを吐けない役者にだって正義はある。そういう役者がいてこそ映える舞台もあるではないか。

となれば、橋本にはアドリブを必要としない静かで自分の胸のうちをさらけ出せる空間を提供してだ。今こそすべてを吐き出してもらおう。もうこの空間では台本は必要としない。逆に、台本を投げ捨て不器用に語りだす言葉の奥に橋本の真実が隠されているに違いないのだ。

そして、今度はその橋本の言葉を小川がどう切り返すのか。本誌が提供する計算のない静かな空間でのふたりの言葉の投げ合いや対比から5度目の対決の本当の意味が見えてくるはずである。

さあ、それでは誌上対決の試合開始だ。今週はまず、アドリブが効かない橋本真也の武骨な叫びを聞いてくれ。

「関係ねえよ。しゃらくせえよ。いい加減、うんざりだ。これまでの小川との闘いはすべて代理戦争なんだよ。俺とあいつが闘うたびに、いろんな思惑が飛び交う。あのな、断言するぞ。今度こそ俺は俺のためだけに闘うから」

待て待て。言っている意味がよくわからない。代理戦争というのはどういうこと？

「例えば、新日本プロレスという会社と猪木さんの駆け引きの道具として、いつも俺とあいつの試合が組まれてきたじゃない。猪木さんは別にしてもだよ、会社内の派閥争いの道具としても利用されてきたわけだよ。だって、そうだろ？　俺と小川の試合となれば興行成績も違ってくる。そうなると、金の問題とかで派閥の利権争いがどうしても顔を覗かせるんだ。そういう思惑や駆け引きのために試合を組まれるのは絶対に耐えられない」

そうなると、先日の横浜アリーナで行なわれた『力道山メモリアル』での惨劇（会場入りした橋本に小川の弟分である村上が襲撃をかけ、橋本を血だるまにした事件）も、代理戦争というか思惑の中で仕込まれたことだ、と。

「そうじゃないの。もうね、当日はいろんな人間たちの思惑が渦巻いてたよ（笑）。いやもう、笑っちゃうよ、ホントにさ。うん、そうね、あの事件を画策したのは猪木さんでしょ。俺はそう思ってるんだ」

なんの得があってあんな事件を仕組んだのかな。

「それは俺が聞きたい。意味ないよ、あんなことするの。ま、猪木さんの場合、ひらめきが俺たちとは違うからね。考えるだけ無駄だな」

血だらけの橋本選手が花道に姿を見せた瞬間、会場の観客は凍りつくようなブーイングを飛ばしてたからね。

「だろ。そんな旧態依然のプロレス的な仕込みや駆け引きなんていらねえんだよ。もう時代は変わっているんだ。時代は流れているんだよ。なのにプロレスを生業としている連中は、それがまったく理解できていない。そういう意味も含めてね、俺は自分のためだけに闘うぞ、と言っているわけ。それと、だ」

ええ。

「俺があの横浜アリーナのリング上で〝今度の小川との試合で引退を賭ける〟と叫んだだろ？」

あれはダメだ。言っちゃいけない言葉だと思う。逆に言えば、あの発言こそ旧態依然のプロレス的な発言だと受け止められかねない。

「わかっているよ、そんなこと。でもな、俺が引退を口にした真意を言わせてくれ。いいかい。俺は最初にこれまでの小川との試合は代理戦争だと言った。だからだよ、俺が引退を口にしたのは。もちろん、自分をとことん追い詰めるためにそう言ったのは事実だけど、他にも今度の試合は誰にも邪魔させないぞ、という警告でもあるんだ。今回だけは誰の思惑だろうと無視するよ、足を引っ張らせない。俺の引退発言はつまり猪木さんや会社の思惑を阻止する〝楔〟でもあるわけだ。

わかる？　この俺が引退を口にしたんだぜ。そうなったら、誰だろうと俺たちの闘いの中に入ってこれないだろ」

そこまで言い切ってしまうと、小川戦のその後が心配なんだよね。そこまで会社の思惑を無視してしまうと、いろいろと弊害も出てくるのではないかな。

「関係ないよ、そんなの」

一部では、シリーズに参加しない橋本選手を心配する声も出ている。このままでは新日本の本体の中に居場所がなくなってしまうのではないかとの声さえある。

「それこそ余計なお世話。くだらない。じゃあ聞くけどさ、俺が今さら新日本に戻ってどうするの？　また戻って親分争いというか、要するにＩＷＧＰのベルトを争うようなことをするの？　そんなもん、今の俺にはまったく興味がない」

エグいこと言うね。

「あのな…。うん。4月7日の小川戦の結果がどうなろうと俺は新日本プロレスに戻るつもりはねえぜ」

これまた待て待て。とんでもない発言だよ、それは。本当に戻らないの。

「戻らない」

だとすると、他の団体に移籍する、と。

「しない。そういうことじゃないんだ。自分の旗を振って外から新日本を揺さぶる。外側から新日本の本体に闘いを挑むつもりだよ」

それはアレかな。蝶野選手のチーム２０００のようなグループを作るという意味なのかな

「違うね。まだあのチームは中途半端だろ。蝶野にしても最初に考えていたことの半分も実現してないんじゃないかな。そういう中途半端なものではなくて、新日本の根本をガッツンガッツンぶっ叩き揺さぶるような闘いを仕掛けていくから」

何が気に食わなくて、そういう意識に変化したの。

「あのな、勘違いしてほしくないけども、毎シリーズ、巡業に参加して試合を続けている選手は立派だよ。偉いよ。肉体的にもしんどいのに、よく頑張っている。でも、やはりどうしても同じメンツと試合をしていたら甘さが出てきちゃうんだ。そうなると、観客も敏感に察知して会場に足を運ばなくなる。今や新日本は巨大な船じゃない。だけど、このままだと間違いなくこの巨大な船は沈んでいくんだ。

そうだな。わかりやすく言えば、前田（日明）さんがＵＷＦを引き連れて戻ってきた時期があったじゃない。あの頃、新日本の根本が揺さぶられた。方法論は違うとしてもね、あいう試合と精神を俺は新日本にぶつけていきたいんだ。そうしなければ新日本は活性化していかない」

今まで、そういう揺さぶりを糧として新日本はここまで大きくなったのは事実だけど。

「揺さぶるよ、俺は。これが新日本の闘いじゃないのか、これが闘いの原点じゃないのかとぶつけていく。ま、新日本内部の何人かの選手はすでに揺さぶる重要性に気づいてはいるけどね。それでも、いかんせん行動力がない。だけど、俺は動く」

その意識というのは、小川選手の新日本に対する意識と似

ていると思う。

「あんたたちは、このインタビューをこのまま小川選手に読ませて反論させるんだろ。だったら、言うよ。この意識はお前と似てるかもしれないけど、俺のほうが深く意識している。お前の意識なんて表面だけ。サラッと表面だけをなぞってプロレスはこんなもんだろ、と思ってるだけ。いいか、ちゃんとあいつにそう伝えろよ」

他には。

「俺の減量が失敗だと、どこかで言ってけど、冗談じゃないぞ。20キロも落とすのは並大抵のことじゃないぞ。いや、いいよ。失敗だと思っているなら、そう思ってろ。でも、意識は完全に変わったからな。スキ見せたら一気にやっちゃうよ。殺すよ。それとな…」

はい。

「実際、負け続けているけどさ、俺、ある意味、負けてねえもん。ぐっちゃぐちゃにされて負けた時は、ああ、これで俺が築いてきたものはすべて壊れたと思ったけど、そんな俺に声援を送ってくれる連中がいたんだ。10人が〝情けねえ〟と思っていても、逆に20人の人間が〝橋本、頑張れ〟と言ってくれる。それだけプロレスは奥深く難しいんだ。その奥深さと難しさを今度の試合で見せてやる。

いいか、小川。俺も追い詰められているが、お前のほうこそ追い詰められているんじゃないのか？　俺は負けても生きてられるけど、お前は負けたら最後、後がねえぞ」


（これらの橋本発言に対して次号、小川がぶっ飛びまくり発言を連発。やっぱり、とんでもないぞ、小川は！　心して来週を待て！）

小川直也
〝暴言王〟の毒舌全開「夜中に焼肉食ってる奴に負けるわけねえよ（笑）」

始めるぞ。決戦まであと3日。のほほんと構えている場合ではない。まずは、前号で繰り広げられた橋本真也のアドリブが効かないガチンコ発言を整理してみる。

『これまでの対小川戦は会社やアントニオ猪木の代理戦争だった。今度こそ個人の闘いを見せたい』

『俺は肉体改造を行ない、約20キロの減量に成功した。まだ甘いとの評価もあるが、20キロだぞ。これだけ減量するのは大変だったんだぞ』

『肉体改造はともかく、意識は完全に変わった』

『俺も追い込まれているが、小川のほうこそ負けることに恐怖を感じているはず。あいつは負けるとなにも残らないじゃねえか』

こんなところである。

それでは、以上の橋本の叫びに対して小川はどのような反撃を食らわすのだろうか。暴言炸裂必至の小川直也ワールドに、いざ突入だ。試合開始のゴングを打ち鳴らせっ。

「え？　代理戦争？　やめてくれよ。なにを言いだしているんだ、橋本は。俺はこれまで誰かの代理で闘ったことなんか一度もない。だって、常に闘うのは自分のためじゃないですか。それを代理戦争とかさ、今さらなにを言ってるんだか。だいたい、代理戦争なんて、あちらの世界じゃないんだから（笑）」

別に『仁義なき戦い』をしているわけではない、と。

「ねえ（笑）。橋本も代理戦争だと言い切るわりには死なねえよな（笑）。ほら、あちらの世界の代理戦争ではけっこうお亡くなりになる人もいますからね。橋本も一度、死んでみりゃいいんだよ」

次、いきましょ。ええと、一応、20キロも減量したと主張しているわけだけど。

「おかしいよ、それ。本当に減量できてるのかな。というのも、先日ね、俺が出演した深夜のラジオ番組でパーソナリティのナイナイの岡村さんが言ってたんだよ」

なにを？

「あのね、岡村さん、いきなり俺にこう言うわけ。〝朝の4時に焼肉の『叙々苑』から出てくる橋本選手を発見してしまいました〟って（笑）。笑うよね、本当に」

あちゃちゃちゃ。

「でしょ。朝の4時だよ。マズイだろ、そんな時間に焼肉の『叙々苑』にいちゃ。その時間は普通、家で寝てるもんだろ。いや、俺もたまに朝の5時頃に目が覚めちゃう日があるよ。でも、そういう時は焼肉屋に行かずに走り込みをしてるよ（笑）」

橋本ぉぉぉ！

「百歩譲ってね、橋本はどうしても肉を食いたかったのかもしれない。だったら家で焼肉を食えって。隠れて食えよって（笑）。これもまた百歩譲ってさ、〝焼肉屋にはいたけど、キムチやナムルばかり食ってた〟と言い張るかもしれないけど、そんなもん誰も信用しないでしょ」

橋本ぉぉぉぉぉ！

「俺が肉体改造していた時は間違っても肉なんか口にしなかったもん。というより、改造中は体質が変わるから体が肉を受けつけないんだよ。野菜くらいしか口にできなかったよね」

そうだろうね。

「そんなもんだよ。だから、いくら橋本が減量した、肉体を改造したと言い張っても、『叙々苑』じゃなあ（笑）。これっぽっちも説得力がないよ。なにもかも『叙々苑』でブチ壊しでしょ（笑）」

少し話の流れを変えよう。そういえば、橋本選手はポツリと静かにこう呟いたんだよね。『どんなに投げ飛ばされても、俺は必死に何度も立ち上がった。この姿こそがプロレスラーなんだよ』と。この発言に関してはどう思う？

「うん。真面目な話ね、プロレスラーとしての強さは俺も認めますよ。強いと思う」

ほうほう。

「去年の1月4日のドーム大会。大乱闘になったあの試合の時に強くそう思ったよね」

現場監督の長州さんまで乱闘に加わった、あの因縁の試合だね。

「あの試合でさ、何発も的確に脳天から落とす投げ技を食らってるのに立ち上がってくるんだもん。普通、あれだけ脳天から落とされ続けたらタンカで運ばれてるよ。それなのに立ち上がってきた。しかも、俺に殴りかかってきた長州を〝引っ込んでろ〟と止めてもいる（笑）。

投げ以外にも、あれだけ的確に顔面にパンチを打ち込んでだよ、で、最後は頭をグリグリグシャと踏んづけて蹴りまで入れたのにもかかわらず…うん、立ってきた。あれには正直、俺も自信をなくしました。そういう意味ではレスラーの強靭な肉体は認めざるを得ない。強い弱いの勝負の世界は別にして、あの打たれ強さと投げられ強さは、やっぱりね、認めますよ」

いいぞ、橋本ぉぉぉ！

「まあ、朝方の4時に『叙々苑』にいる人間は肉体が頑丈だ、と（笑）。それとも、痛みを感じる神経がないのかもしれないよね（笑）」

話を変えましょ。えっと、橋本選手は『減量よりも、意識が変わった』と言ってるわけです。これは『もう新日本プロレスに戻らない。外から新日本に対して闘いを挑む』という爆弾発言に直結していると思うんですね。で、そういう自分を土壇場に追い込む精神がこれまでの橋本選手の意識と違うと思うのだけど。

「まあね、目を覚ましていただいた部分については、それは素晴らしいと思いますよ。ええ、はい。だけどね、〝新日本を出る〟とかね、〝新日本には頼らない〟とか偉そうに言う前に、お前、新日本の道場で練習しとるやんけ！　そうでしょ。スポーツ紙で報道されてたじゃない。わざわざ坂口さんを引っ張り出して柔道の練習を新日本の道場でやってる。アホだぜ、まったく。橋本、お前さ、言ってることとやってることが違うじゃねえかよ（笑）」

橋本ぉぉぉぉ！

「他で練習しろって。例えばさ、明治大学の柔道部の道場で坂口さんと練習すりゃいいじゃない。そう思わない？」

橋本ぉぉぉぉぉ！

「みんなも知ってるとおり、俺は明治の柔道部出身。坂口さんも明治の柔道部出身の大先輩。で、プロになってその大先輩である坂口さんに殴りかかった因縁がある（笑）。そういう状況を冷静に考えてみれば、橋本と坂口さんが明治の柔道部で練習するのがプロレス的に考えても最高に盛り上がる舞台設定でしょ？　明治をキーワードにして『打倒小川』つながりでやればマスコミも喜ぶよ。俺だって、明大の柔道部であのふたりが練習してたら、オオッと思うよね。もしかしたらヤベェと思うかもしれないじゃん。橋本は本当にわかってねえよな、プロレスを（笑）」

もうお腹いっぱい。あとはなんだ？　そうだ。橋本選手は『俺は負けても生きてられるけど、お前は負けたら後がねえぞ』と言ってるけど。

「別にね、俺はオリンピックで負けを経験しているから、今さらもう負けることに関して怖いと思ったことないよ」

特に92年のバルセロナ・オリンピック！　95キロ超級での決勝戦！

「そうそう」

日本国民全員が小川選手の金メダルを確信していたのに決勝で負け、銀メダル。当時は〝プレッシャーに弱い〟と叩かれて、ほとんど非国民扱いだったからね。

「ねえ（笑）。俺なんか、日本国民はもちろんのこと全世界の人間の前で赤っ恥かいているんだぜ。そんな俺が、たかだかプロレスの勝負で1回や2回負けたくらいで何か失うと思うか？　気にすると思うか？　ちゃんちゃらおかしいよ（笑）。そりゃアマチュアの世界では純粋に勝ち負けにこだわる部分があるけども、それに比べてプロの世界での勝ち負けなんて、どうだっていいじゃない。俺は勝ち負けにこだわっていないと常に言ってるじゃない」

はいはい。

「でしょ。そういう意味じゃ橋本はまだ完全にドン底を見てないって。俺は見たよ。この世のドン底を（笑）。だいたい、ドン底を見てないから軽々しく〝引退を賭ける〟とか言えるんだよ。負けきれてないから、あんなくだらないことを口走ったりする。ま、俺に負けて引退に追い込まれても俺のせいにはしてほしくないね（笑）」

で、どうかな。今回の橋本戦。小川選手からすると、すでに決着がついていると考えているわけでしょ。

「闘う意味がないんだよね。『叙々苑』で焼肉を食ってたヤツに負けるわけないしね（笑）。ああ、今日はダメだわ。どんなに鋭いことしゃべっても、どうしても最後は焼肉の『叙々苑』に行き着いちゃう（笑）」

となると、5度目の橋本戦のテーマは何になる？

「それはもう、〝ゴールデンタイムの生中継〟がテーマです。俺が唯一、やる気を奮い立たせているテーマだよね。要するに敵は橋本じゃないわけ。俺が闘いを挑むのは、茶の間とその放送をインターネットなどで見るだろう世界の人々だよ。やっぱり、再び〝金曜8時〟にプロレスが放送されるということは、とても意義深いこと。これはもう1回で終わらすわけにはいかないから。茶の間の人たちに〝もう1回、プロレスを見たい。小川を見たい〟と思わせなきゃいけないんだよ」

どんな闘いになるのかな。

「それぱっかりは、今の段階ではわからないね。だけど、茶の間で俺たちの試合を見ながらご飯を食べてる人たちの箸を止めさせる闘いは絶対に見せる。すんげえ試合を見せて〝あ、目を奪われちゃった。お味噌汁が冷めちゃってる。温めなおそう〟と言わせてみせるから（笑）。

ま、茶の間のみなさんにはわかりやすく、〝真面目な食生活vs深夜の焼肉〟の対決をお見せします（笑）。あああ、やっぱりダメだ。最後の最後まで焼肉に振り回されてしまった（笑）」

（さて、注目の決戦はもうすぐ。1週お休みをいただいて再来週は試合直後のふたりの〝激闘〟を追うぞ）。

小川直也
「いい加減にしないと、新日本プロレスを潰しちゃうよ（笑）」

その時、小川直也の携帯電話が鳴った。躊躇した小川だが、うちらに目で〝すみません〟と合図を送りながら受信のボタンを押した。

「ああ、どうも。ええ、そうです。橋本さんのジャンピング・エルボードロップで肩をやっちゃって。いやあ、あの後、腕ひしぎ逆十字をやられたでしょ。幸か不幸かあの技で外れかけてた肩がすっぽり入ったんですよ（笑）。あの時、橋本さんが別の技を仕掛けてきたら勝負はわからなかったですよね（笑）。そういう意味で、ええ、あの試合は本当に紙一重でしたよ。ええ、はい。これから取材なもんで…」

あの試合の翌日、ということもあるだろう。ひっきりなしに携帯が鳴る。で、ふと気づいたのだけど、その携帯の着メロが、あの『宇宙戦艦ヤマト』のテーマ曲なのだ。ああ、そうか。よくよく考えてみればだぞ、小川直也自身が『宇宙戦艦ヤマト』なのではあるまいか。

つまり、こういうことだ。新日本プロレスという名の地球が、いつの間にか〝惰性〟〝調和〟〝アメリカン・プロレス〟に侵食され始めた。そこで小川は地球を離れ、〝闘いの原点〟を求め、遥かイスカンダル星へと旅立ったわけである。そして、かの地で小川を待っていたのはご存知、破壊王・橋本真也。ふたりの一連の激闘は再び新日本に〝闘いの原点〟を呼び起こす『コスモ・クリーナー』を誕生させた。

さあ、あとは故郷・新日本プロレスを目指して帰還を果たせばいい。今度こそ、新日本を覆っている〝マンネリ〟という放射能を消し去る時がきたのだ。

しかし、だ。もう目の前に新日本が見えだしたのにもかかわらず、突如、帰還拒否の指令が出てしまった。というのも、4月8日付の日刊スポーツ紙上で坂口征二会長が次のようなコメントを残したのである。

「小川が強くなったということ。これは素直に認めなきゃいかん。これで新日本のトップをやっつけたわけだから、次は何を目指すかだ。あいつ自身もどんどん他流試合を経験して世界に羽ばたいてもらいたいよ。新日本には必要ないよ」

これでは、新日本が強さを求める団体の看板を降ろしたと非難されても文句は言えない。いや、フロントがどのような発言をしようとも、現場の選手の考え方は違うとの声もあるだろうが、現実はどうだったか。

橋本が負けた直後、誰ひとり新日本の選手はリングに上がらなかったではないか。誰ひとり小川につっかからなかった。この数日、スポーツ紙の格闘技コーナーで〝いつでも小川と闘う〟と手を挙げる選手も出てきたが、しょせん、言うだけなら誰でもできる。

そうなのだ。あの試合の直後に誰もリングに上がらなかった、行動に移さなかった現実は本当に重いのだ。

なにはともあれ、帰還拒否が出た小川はこれからどこに針路を定めていくのだろう。それでも強行突破で新日本に戻るのか、それとも違う星を目指して航海を続けるのか。

橋本との5度目のシングル対決。一連の橋本との因縁に勝利で終止符を打った小川直也の最大の注目点は、実はコレなのだと思う。

ちなみに、橋本にも携帯で連絡がとれた。橋本はとても静かな口調でこう語った。

「今は、なにも言えない。もう少し時間が欲しい。ただ、あの試合は自分では満足している。引退？　わからないんだよ、どうすればいいのか」

橋本もまた目指す大地を見失ってしまったようだ。

＊

「電源を切りましょ。キリがないから（笑）」

で、どうかな。坂口会長の発言は。

「血迷ってるんじゃないですかね（笑）。まっ、ほっとけよ、という感じかな」

いや、ほっとけない。とんでもない発言だよ、あれは。

「要するに、アレでしょ。俺と関わると新日本が損をすると言いたいわけでしょ。いやもう、本当に血迷ってるよね（笑）。じゃあ、大仁田厚と関わったほうがいいのかよ。冷静に考えてみても、俺と大仁田、どっちと関わったほうが波及効果が高いのかは一目瞭然だろ。そりゃ、大仁田と関われば、一般マスコミは動くかもしれない。でもね、効果的にはそれだけじゃない。俺は、闘いの図式からなにからプロレスの底辺を広げることができる。

別にさ、正直に言って俺たちから新日本のリングに上がらせてくれ、使ってくれと頼んでいるわけじゃないから。ただ、猪木さんが来世紀に向けてのプロレス像を考えた上で俺を派遣した、と。で、藤波社長もその考えに賛同したから俺がリングに上がっているわけでしょ。なのに、今さらリングに上がるなと言われてもねえ…血迷ってるよ、としか言えないよね（笑）」

現場の選手も情けない。マスコミなどを利用するのではなく、小川選手を目の前にして〝次は俺だ〟と名乗り出る選手がいなかったしね。

「いや、だから、ひと言で言えば自信がないんでしょ。そう思わない？　だって、結局は橋本選手と飯塚選手だけだよ。俺たちの闘いの中に入ってこれるのは。格闘プロレスというか、プロの闘いはこういうもんだろ、と明確にリング上で提示できるのは俺や村上や橋本、飯塚だけだもん」

それでも、新日本では永田選手を中心とした格闘技集団が結成されたけど。

「なんだろうね、そのグループは。そんなね、格闘技集団だといっても、単なる新日本内の格闘技集団でしょ。ま、どんな集団を結成してもいいけど、ヤルならヤル、闘いたくないのなら闘いたくないとはっきりしてほしいよ」

現状では、どうかな。闘わないんじゃないかな。

「だろうね。つまんねえな。こうなりゃ、いい加減、潰しちゃおうか？　新日本プロレスを（笑）」

本気で潰す？

「今日はもう正直になんでも話すよ。あのさ、猪木会長さえGOサインを出してくれれば潰しにかかる。うん、すぐにでも。現実に猪木会長も潰してもいいんじゃねえのかと考えていますから。でも、ほら、新日本ってなんだかんだいってても猪木会長が作り上げた会社じゃない。そういう意味で、潰したい気持ちとは逆に、常に業界のトップでいてほしいという気持ちもあるんだよね。それに、橋本さんのあの頑張りを体感しちゃうとね、そう簡単に潰しちゃいけないのかなと思う。いや、違うな。いっそのこと…」

いっそのこと？

「俺としては引退を口にする前にね、橋本さんには新日本を潰してもらいたいんだよ。だって、そうでしょ。それまでトップを張ってきた人間がだよ、俺との試合で損してさ。常に俺との試合では新日本という会社を背負い闘ってきたというのに、最後の最後で誰も助けなかった。昨日の試合で花道を去る橋本さんを誰ひとり体を張って止めなかった。そんな会社なんていらねえよ。なにが仲間だよ、なにが選手会だ。ふざけるなって。ま、飯塚さんくらいでしょ、周りで助けたのは。だから、橋本さんには遠慮せずに潰せよ、と言いたいね」

もし、橋本選手が〝小川、潰すの手伝ってくれ〟と言ってきたら。

「俺はいいよ。むしろ、それが自然の流れじゃないかな」

話を戻そう。問題なのは、これからの小川選手の方向性だと思う。橋本選手と一緒に新日本に戻るのか、それとも他団体に上がるのか。

「一度も上がったことのないリングには上がってみたいけどね。全日本プロレスとか。おもしろいと思うけど」

それは無理じゃないの。

「無理じゃないよ。プロレスを盛り上げるという意味では抜群のアイデアだと思うな。要するに、せっかく金曜8時にプロレスが生中継されたわけじゃない。ここで一気にプロレス人気を爆発させる絶好のチャンスじゃない。ここでプロレス界全体が勝負をかけなきゃダメなんだよ。そういう考えを三沢社長が抱いてればね、難しい話じゃないでしょ。そうでしょ」

まあ、そうだね。

「結局ね、昨日の試合、坂口さんの発言、そして、誰も名乗り出なかった新日本の選手の件をすべてひっくるめて俺が最終的に言いたいことはこれなんだよ。

いいかい。なぜに金曜8時にプロレスが生中継されたのか。もちろん、他の選手の頑張りもあると思う。だけど、俺と橋本さんがヒリヒリした〝闘いの原点〟を見せてきたから、視聴者もぜひ見たいと要求してたわけだろ。これからなんだよ、本当に。これからが本当の始まりなんだよ。

それなのにさ、俺のこと必要ない？　そう言われたら、じゃあもういいよと開き直ることもできるけど、それじゃせっかく俺が悪たれついてきた意味がなくなるだろ。みんな、俺の悪態に興味を持っている。その結果、今まで以上にプロレスに興味を持ち始めてきてるじゃない。俺だって好き好んで暴言なんか吐きたくねえよ。それでも、その暴言の積み重ねや格闘プロレスを続けることによってプロレスの中継がゴールデンタイムに戻れば、それで万万歳じゃない。業界全体がいい方向に向くじゃない。

あのさ、坂口さんを代表とするように自分たちさえよければいい、生活も安泰だしさ、と思っている連中は許せないよね。冗談じゃない。やっぱり、アレだな。そういう連中の頭の中をひっかき回すためにも、とにかく、まずは新日本に戻らなきゃ（笑）」

でも、このままだと入口は開かないけど。

「大丈夫じゃない？　今度は礼儀正しくコンコンと入口のドアを叩いてみるから。あくまでもお行儀よく〝開けてください〟と言うよ（笑）。無理かもしれないけど（笑）」

追悼――ジャンボ鶴田
不世出のレスラーの生きざまを僕らは絶対に忘れない

ジャンボ鶴田、急逝か?の噂は14日の午後から関係者の間に流れていた。

だが、肝臓移植先がフィリピンということもあり情報は錯綜し、ようやく16日未明に死亡が確認されたわけだ。全日本プロレスも、この日の午後1時に正式に死亡のプレス・リリースを各マスコミに向けて流したのである。

いまだに死に至るまでの詳細な過程はベールに包まれてわかっていない。それでも、16日午後に手術先の国立腎センター（ケソン市）の所長が記者会見上で述べた事実をまとめると次のようになる。

昨年末に肝臓がんを患った鶴田は、肝臓疾患の権威とされる岐阜県内の病院に入院するためアメリカのポートランドから帰国。今年4月11日まで同病院で闘病生活を送っていた。

そして、5月初旬に家族とともにマニラへ。肝臓移植のための血液検査などを受けるために一時、国立腎センターに入院。その後、マカティ市内のペニンシュラホテルで待機していたところ、12日午後に腎センターから「ドナーが見つかった」との連絡が入り、深夜0時頃から移植手術を開始した。

しかし、手術の最終段階になって出血が止まらなくなり、13日未明、失血によるショックで死亡。病院関係者は、病状の悪化を理由に手術にはかなりの危険がともなうことを事前に家族に通告していたそうだ。そうして17日の夜、鶴田は遺体のまま無言の帰国をした…。

計り知れないショックと悲しみに見舞われたプロレス界。

鶴田とはライバル関係にあり、またタッグ・パートナーでもあった天龍源一郎は次のように語った。

「俺と鶴田は〝異母兄弟〟なんだよ。育った環境もプロレス界での期待のされ方も違ったけど、兄弟みたいなもんだったんだ。これは、長州や藤波に対するライバル的な気持ちとは違うんだよ。アイツは俺よりも年下だったけど、兄貴的な存在だったよね。

俺が、いわゆる〝天龍革命〟をぶち上げた時は、もちろん自分の手で全日本プロレスを変えていきたいという気持ちが一番だったけど、鶴田の〝すごさ〟をどうにかして開花させたいと思ったのも事実なんだ。アイツは練習もあまりしないでハンセンやブロディとすごい試合をしていただろ？　とんでもないヤツなんだよ。

そういえば、俺が全日本をやめてSWSに移ることが本決まりになった晩に電話したことがあるんだ。〝いろいろ世話になったね〟〝まあ、頑張ってくれよ〟というような会話をしたな。どこにでもあるような会話だったけど、電話をかけたこっちも妙に安心したしね、お互いに言いたいことはわかっていたよね。

とにかく、あまりにも急だよ。急すぎる。病気も一段落ついたと聞いていたからね、大丈夫だろうと思っていたんだ。まさか、という言葉以外に見つからないよね」

全日の後輩で、鶴田とも寝食をともにしてきた大仁田厚は語る。

「僕が全日本に入門したのは蔵前国技館で馬場・鶴田組がファンクスと試合をした日なんだよ。だから、憧れとして鶴田さんを見ていたな。あの人は当時から大スターだったけど、練習生の俺に対しても分け隔てなく派閥も関係なく話しかけてくれたよ。

そうそう、派閥関係といえば、FMWを旗揚げして初めてプロレス大賞の授賞式に出た時も唯一、鶴田さんだけが声をかけてくれたんだ。俺のやっていることは他のレスラーたちから見たら邪道。誰もバカにして鼻もひっかけてくれなかったけどさ、鶴田さんだけは別だったよ。心のデカい人だったよね。今は本当に悲しい」

最後に、昨年の春に収録した鶴田の印象深い言葉を…。

「入門してくる新人が、よく記憶に残るレスラーになりたいと言うけど、僕は違うんだよね。やっぱり記録に残るレスラーのほうがいい。世界各国のチャンピオン・ベルトをいっぱい獲って歴史に名前を残すべきだ」

全日本プロレスはむろんのこと、ライバル団体の新日本プロレス、インディー団体、女子プロレス団体までもが鶴田を偲び、試合前に追悼の10カウント・ゴングを鳴らすと発表した。

ジャンボ鶴田は記録にも記憶にも残る偉大なプロレスラーだった。

ジャンボ鶴田VS藤波辰爾
夢か幻か……みんなが待ち望んでいた世紀の一戦を本誌が強引に実現！

昨年暮れのこと。新日本プロレスの社長室にアメリカから1通のFaxが送られてきた。それは藤波辰爾に宛てたジャンボ鶴田の私信だった。

『（前略）さて、東京のゲームソフト会社からソフト開発に関する私の肖像権等の許可の依頼がありました。その件、喜んで承諾させていただきました。（中略）振り返るに、私と藤波氏は同じ境遇にあり、簡単にはリング上で相対することは許されませんでした。私も藤波氏も長男でしたものね。今回、ゲーム上とはいえ対戦が可能になるということは、長年、私たちの対戦を夢見てきたファンに対してのささやかな恩返しになるのではないでしょうか。

来年早々には日本に一度、帰ろうと思っています。その際、ぜひ時間を合わせて飯でも一緒に食べましょう』

文面の中の東京のゲーム会社というのはスクウェア、ソフト開発に関する肖像権等の許可の依頼…というのは現在発売中の『オールスター・プロレスリング』（PS2）のことである。新日本が全面協力しているこのソフトには、主力選手はもちろんのこと、力道山、アントニオ猪木、そして、ジャンボ鶴田がキャラクターとして登場。鶴田の文面ではないが、ゲーム上とはいえ今まで不可能だった鶴田と新日本の主力選手との対戦が可能となったのだ。

藤波は、鶴田のFaxの文面を何度も暗唱しながら次のように語った。

「驚いたよね、あのFaxには。それまでプロレス大賞の式場とかで顔を合わせていたけども、実際に深く話し込んだことはなかったからね。それが急にFaxを送ってくるんだもの。今から思うと、最後に書かれていた〝ぜひ一緒に飯でも食べましょう〟という言葉が辛いよ。やっぱり、俺とジャンボは永遠のライバル。俺たちにしか理解できない深い思い入れがあるんだ。本当にさ、一度でいいから闘いたかった」

それはプロレスファンも同じ切なる願い。となると…もうおわかりだろう。このソフトを使い、夢のジャンボ鶴田vs藤波辰爾を実現させてみようではないか。もちろん、藤波辰爾は藤波本人に操作してもらう。で、ジャンボ鶴田の操作は昭和48年10月9日に蔵前国技館で行なわれたザ・ファンクス対馬場・鶴田のインター・タッグ戦から鶴田のファンとなった、この私が僭越ながら担当させていただきます。それでは、藤波社長。準備はよろしいか。めくるめくプロレス・ファンタジーの世界へ、いざ突入だ！

まずは藤波と事前に話し合い、次の事柄を決める。試合は60分1本勝負。対戦場所は東京ドーム。ルールは新日本ルール（いわゆるひとつの普通のプロレスルール）。レフェリーは新日本公式レフェリーのタイガー服部。

「よっしゃ、やろう」

画面の中の田中リングアナウンサーが声高らかに藤波をコール。その瞬間、藤波の入場曲『超飛龍』がだだっ広いドームに流れ出す。ここは、あの幻の入場曲『ドラゴンスープレックス』で入場してほしかったが、そんな贅沢は言ってられない。

藤波、リングイン。そしてだ。田中リングアナウンサーが万感の想いをこめて鶴田をコール。

花道に作られた七色の照明が激しくきらめき、威風堂々と流れ出す『J』のテーマ。ついに鶴田登場。花道脇のマグネシウム花火が一斉に炸裂。その爆発音に応えるがごとく右手を振り上げ、オーッと叫ぶ鶴田。

「いいね、ワクワクするね。ジャンボがうちのドーム大会の花道を歩いてる。もう、このシーンだけで感無量だよ。そういえばさ、昔、俺とジャンボはこのドームで闘えてたはずなんだ…」

昔とは、平成2年2月10日に行なわれた新日本主催の東京ドーム大会のこと。この大会は新日本vsアメリカのメジャー団体WCWの対抗戦が興行の柱だったのだが、直前にWCWが理不尽にも出場をキャンセル。困り果てた坂口征二（当時の社長）はジャイアント馬場に頭を下げて全日本の参戦を要請。これに馬場が応えたことによって、ハンセン対ベイダー、鶴田・谷津対木戸・木村、天龍・タイガーマスク対長州・高野という、今から考えてみても鳥肌が立つ全日本vs新日本の対抗戦が実現したのだ。

しかし、残念なことに藤波はその時期、腰を負傷していて欠場中。試合に出たくても出られない状況だったのだ。

「あの時は真剣にプロレスの神様を恨んだものだよ。俺が腰を痛めてなかったら間違いなくジャンボと谷津組を迎え撃ったのは俺と木戸組か俺と木村組だったはず。悔やんでも悔やみきれない。話によれば、馬場さんもタッグなら俺とジャンボが試合してもいいと言ってたそうだから」

そんな藤波の呟きを背に受けてリングに歩を進める鶴田。ゆっくりとリングイン。

「それにしても、ジャンボのほうはよく特徴をとらえているよね。似てるよ」

両コーナーに仁王立ちの両雄。あとはゴングが鳴るのを待つばかり。

「いやあ、緊張してきた。見てよ、この手の汗。こりゃもう、いくらゲームだとしても負けられないぞ」

服部レフェリーが、さっとリング上手に引き、澄んだ音色のゴングが鳴らされた。試合開始だっ。

ジリジリとリング中央に歩き出す鶴田。鶴田は中央で動かず、逆に藤波は勢いよくコーナーを飛び出す。この戦法は藤波との対戦が決まった時から考えていたもの。というのも、97年10月に行なわれた馬場さんとのインタビューで次のような意味深な発言を聞くことができたからだ。

「ん？　新日本との対抗戦の実現？　そりゃできるかどうかわからんな。でも、もしだよ、実現したらうちの連中にはたったひとつ、これだけはアドバイスするな。ゴングが鳴ったらしばらくは動くな、とね。こちらが中央で動かないと相手は仕方なく周りを動くしかない。なっ、そういう構図になると、初めてプロレスを見る人でも、ああ、中央でデンと構えているほうが強いんだな、格が上なんだなと思うものなんだ。とにかく、うちの連中と新日本とでは格が違うんだからね。それをわかりやすく見せないと」

馬場の教えに従った格の違い作戦。案の定、鶴田が動かないため藤波は時計回りに周りをグルグル。それでも、しびれを切らしたか、藤波、いきなりのアリキック。鶴田がよろめいたところにエルボー。だが、鶴田はすかさずバックを取りテーズ式のヘソ投げバックドロップを繰り出す。垂直に脳天からマットに叩きつけられる藤波。

「エグいねえ、ジャンボは。ファーストコンタクトから切り札投入かよ。きついな」

ヨロヨロと立ち上がった藤波に逆水平チョップ。大きくのけぞる藤波。ここでまた素早く藤波のバックを取った鶴田。何を狙うか。

「ヤバっ。ジャンボ、ジャーマン狙いだ」

しかし、これは藤波がエルボーを鶴田の側頭部にぶち込み脱出。今度は逆にスルリと藤波が鶴田のバックを取り、新日本のお家芸技、コブラツイストの体勢へ。えいえいと絞り上げる藤波。鶴田、その攻めを腰投げで返す。諦めない藤波。鶴田をロープに振ってから再びコブラへ。

「エヘヘ。諦めない粘りのプロレスが俺の身上だからね」

これもまた腰投げで返す鶴田。このねちっこい攻めにキレたか、鶴田。テイクダウンを奪うと、狂ったように藤波の後頭部めがけてストンピングの波状攻撃。蹴る蹴る蹴る蹴る蹴る。ダウンした藤波の髪の毛をムンズとつかみ立たせると、なんと、藤波、額から大流血！

「マズいぃぃ。反撃しないとズルズルもっていかれる。怯んじゃいかん。ここはあくまで強気で攻めないと」

ヒザをついた状態からパンチを鶴田の腹部へ叩き込む藤波。

うっと鶴田の息が詰まった瞬間を見逃さず、伝家の宝刀、ドラゴンスクリューだ。吹っ飛ぶ鶴田。ロープを掴んで立ち上がろうとする鶴田の背後に忍び寄った藤波はドラゴンスリーパー。しかし、ロープ際。レフェリーがブレイクの注意を与えるが離さない藤波。

「ジャンボの底なしのスタミナを少しでも奪うには反則ギリギリの攻撃を見せないとダメだ。それに、プロレスはカウント4までなら反則にはならないんだよ（ニタリ）」

ようやくカウント4で鶴田を離す藤波。試合時間は15分が経過した。

お互いに蹴りとパンチが乱れ合う乱打戦。藤波のトーキックをステップバックでかわした鶴田は至近距離からのジャンボラリアット。ここで観客にオーッのアピールも忘れない。立ち上がれない藤波。それを確認した鶴田はスルスルとコーナーポストへ。だが、藤波も狡猾だ。すぐさま自分もコーナーポストに上がり、そのまま雪崩式のブレーンバスター。激しくマットに叩きつけられる鶴田。これはかなり効いている。

「タイミングはバッチリ。手応えありだ。ここは完全な勝負どころだな。最高のチャンスだぞ、これは」

勝負師・藤波の目が光る。それでも、すぐには攻撃を仕掛けてこない。何かを狙っているようだ。現実の藤波もスティックを動かしてる指を止めた。呼吸を整えている。張り詰めた空気が漂う。フラフラと立ち上がる鶴田。

「ここだっ」

藤波、体をフワッと浮かせ渾身の延髄切り。ドゴンという鈍い音が響き、前のめりに崩れ落ちる鶴田。

「もらった、この勝負！」

すぐさまフォールの体勢に入る藤波。1、2…いや、カウント3の寸前、ひょいと肩を上げる鶴田。

「なんで、この攻めでフォールが取れないんだ…」

呆然と立ち尽くす藤波。逆にここからが鶴田のチャンスだ。藤波の心は折れかかっている。このような一世一代の大勝負の場合、いかに相手の心を折るかが勝負の分かれ道となる。オーッと、またもやアピールしてスタミナがあることを見せつける鶴田。そのまま藤波をロープに振り、カウンターのドロップキック！

「これだけキツい攻めを受けて、どうしてこの場面で、こんなに打点の高いドロップキックが出せるんだよ…」

藤波の心にヒビが入っている。あとひと押しで完全に折れるぞ。ダウンした藤波を立たせてから強烈無比なボディスラム。思いっ切り藤波の腰をマットに叩きつける。そのままボストンクラブへ。もがく藤波、必死にロープに手を伸ばす藤波。うるせえとばかりに絞り上げる鶴田。

「がんばれ、俺。負けるな、俺。ハネ返せ、俺」

現実の藤波が画面の中の藤波に声援を送り続ける。しかし、鶴田が十分に腰を落としてからグイッと胸を反ると、たまらず、藤波、無念のギブアップ！！

試合時間28分39秒。世紀の一戦は鶴田が、その持ち味を十分に生かして勝利をもぎ取った。コントローラをほうり投げ、頭を抱える藤波。

「はあああ、負けた。いや、でも、いい試合だった。最後はジャンボ、完璧に俺の腰に狙いを定めてたな。理詰めで勝負してこられたら誰もジャンボには勝てないよ（笑）。

まあ、俺たちが全盛時代に闘ったとしても、こういう試合になるんじゃないかな。体の小さい俺が動き回って撹乱してさ、でも結局は動き疲れたところをジャンボが仕留めるというね（笑）。

うん、あのね。闘いながらあのジャンボのFaxが脳裏をよぎったよね。〝俺たちは長男だった〟という言葉が胸に迫ってきてしょうがなかった。俺とジャンボはお互いに馬場家、猪木家の長男なんだよ。長男はなにがあっても家を守らなきゃいけない。だから、おいそれと家を捨てて自由に生きていけない。その点さ、長州や天龍は次男坊だからさ。自由に相手と闘えたよ。本当に羨ましかった。この忸怩たる想いは俺とジャンボしかわからんよ。

でも、時代は変わったからね。例えば、これから前向きに慎重に全日本の三沢選手と話し合って、よりよい交流を進めたい。もう、俺たちのような長男レスラーの悲劇を繰り返しちゃいけないんだ。それがジャンボへの、いい供養になると思う。さて、と。もう1回、やろうよ。今度は絶対に俺が勝つ（笑）」

橋本真也
「俺が打倒しなきゃいけないのは、新日本の〝見えない権力〟だ」

ここまでくると、心配よりも怒りのほうが先にくる。いい加減にしろ、橋本ぉぉぉ。男だったら、はっきりとした態度を示せ、橋本ぉぉ！

誰も橋本に引退を望んではいない。まだまだやれる。橋本もリングに未練があるのは重々わかっている。だったら復帰すればいい。悩んでいないで潔く「復帰します」と言えば、それでいいじゃないか。なにを躊躇しているのだ。

いや、そのグジュグジュとした煮え切らない気持ちはわからないでもない。なにせ、あの4月7日に行なわれた東京ドーム大会においての対小川直也戦。いくら橋本が「負けたら引退する」と公言してもだ。その言葉をゴールデンタイム中継の最大の目玉にする必要があったのかどうか。

結局、橋本は負けて引退の道を選ぶことになってしまった。だけども、あの叫びが中継に利用されなければ、ここまで橋本を追い詰めることはなかったに違いない。なにはともあれ、テレビ中継で全国に向けて〝引退します〟と断言してしまったのだ。こうなると、おいそれとは簡単に復帰はできない。それくらいは本人でなくとも理解できる。

そして、あの大会以降、橋本は外部との接触を断った。そうなのだ。こちらは必死に橋本の携帯に連絡を入れたのにもかかわらず返事が戻ってくることはなかったのだ。

もちろん、橋本の辛く苦しい気持ちは理解できるのだが、それでも連絡くらいよこせ、橋本ぉぉぉ。出てこい、橋本ぉぉぉぉ。逃げてんじゃねえぞ、橋本ぉぉぉぉぉ…という身勝手な気持ちにもなってくるではないか。

それが、だ。いきなり8月の23日に記者会見を開き、堂々の復帰宣言。そりゃ喜ばしいことではある。でも、姿を消してからの約5か月間の空白期間を本人と一緒に埋めていかなければ、どうにもこの荒ぶる気分が収まらない。

ええい。とにかく、うちらの前に姿を見せろってんだ、橋本ぉぉぉ。言いたいことは腐るほどあるぞ。

「俺にも言いたいことは腐るほどあるからな。だいたい、人がこれからの生き方をどうすべきか必死に悩みながら整理しているところにね、やいのやいのと電話をしてくるんじゃないよ（笑）」

こっちだって好きで電話してたわけじゃねえや。

「おおお、そうかい。上等だぞ（笑）。あの電話攻撃、迷惑だったんだからな。他にもいろんな電話がかかってくるしさ。人が悩んでいるのに、復帰しろ復帰しろと言われ続けたら、誰だって逃げ出したくなるわ。そういう電話をかけてくる人に俺は言いたかったよ。俺の立場になって考えてみなさいって。生中継で全国に引退することが伝わったんだぞ。どの面さげて復帰できるわけ？」

それよりもまず、この空白の5か月間、どこで何をしていたの。

「そうだなあ。自分はどう生きるべきかを探す旅に出てたというか…」

ケケッ。カッコつけたこと言ってるんじゃないよ。

「フンッ、うるせえ（笑）。いや、でも、本当だって。プロレスが好きなくせに、勢いだけでプロレスから去らざるを得ない状況を自分で作りだしてしまってさ。別に次にやりたいことも決まっていない状況なのにね。というより、プロレス以外にやりたいことってあるわけがなかったんだけどね。そうなると旅に出るしかないじゃないか。いやもう、あのドーム大会から最近まで、なにをどうしたらいいのかまったく考えがまとまらない日々だったよね」

ホッとした。なんだか予供の喧嘩のような会話だったけども、だからこそ逆にあの豪快で明るい気性の橋本真也が帰ってきたような気がした。考えてみれば、小川戦を前にした橋本は本来の橋本ではなかった。どこか鬱々と思い詰めていて突き抜けていなかった。弾けて突き抜けていなければ橋本真也じゃない。

それがどうだ。今回、うちらのつまらないへらず口に対して余裕で受け答えしていた橋本の表情は実に力強く、ふてぶてしかった。もう大丈夫みたいだ。破壊王・橋本真也の完全復活だ。

さて、問題はここから。気になるのはふたつ。まず、復帰の動機に関すること。とりあえずは、テレ朝系『スポコン』の企画で復帰に向けての100万羽の鶴に心を打たれたためとなっているが…。どうもこれは安直なお涙頂戴っぽくてよろしくない。本当の動機は他にあるのではないか。

ふたつめは新日本プロレスの思惑だ。本体のトップである佐々木健介はこう言って早くも牽制している。

「橋本が戻ってきても、流れの早い新日本についてこれるわけがない」

また、現場を仕切る長州力は「道場で汗を流している連中を率先して引き上げたい」と、勝手に姿を消して道場にさえ顔を出さない橋本を批判するようなコメントを残している。要するに、今や新日本を動かしている長州一派は橋本復帰を歓迎しているわけではないのだ。そんな居心地のよくない新日本のリングで、橋本はどのような闘いをこれから繰り広げるのだろうか。

「正直、あの100万羽の鶴には感謝しているよ。迷っていた俺の気持ちに火をつけてくれたのは確かだよね。一方で、これまで俺の試合を見て勇気づけられた人がいるとしたら、今回の100万羽の鶴の件で差し引きゼロになっちゃった(笑)。なんだろうな。別にファンに対して媚を売るつもりはないけども、これからまた、そういうファンに対しては俺がリングで闘うことで勇気や感動を返せたらいいなとは思っている。

ただ、そうはいっても復帰の動機はそれがすべてじゃないんだ。本当の動機はね、みんなの激励を受けたことによって、俺の気持ちがもう一度、天下を取ろう、目指そうと前向きになったからだよ。とにかく自分がそう思わないと復帰なんかできない」

他にもあるでしょ。

「うん。あの小川戦から数え切れないほどの激励のファックスやらメールをいただいた。そこで、ふと思ったんだ。みんなは俺に何を期待しているんだろう。どうしてこんなにも俺を引き止めるような言葉を投げかけてくれるのだろうってね。その答えは今もって自分でも見つからない。でも、見つからないからこそ、またリングに上がってその答えを探したいと思ったんだ。

それと、つくづく思った。プロレスはわけわからないよ(笑)。だって、そうだろ。負けたんだぜ、俺は。普通、負けた人間は無視されるよ。そう考えると、自分の生き様をさらけ出すことがプロレスにとっては一番重要なのではないかなと思うようになってね。俺、IWGP王座の連続記録を更新してた時もGIで優勝した時も天下を取った気分にはならなかったんだよね。そういう意味で、もしかしたら、ここまで無様な姿をさらけ出した今だからこそ本当のプロレスを見せられるんじゃないかと思ったわけ。そこで多くの人たちに、この一度死んだ自分の姿に共感してもらえれば、本当の意味で天下を取ったことになるんじゃないかと思ったんだ。まあ、そんなことを考えられるようになったのは、つい最近のことだけどね（笑）」

で、どーですか。早くも健介選手が牽制してますが。

「おもしろいね。人がやめると言ったら『やめるな』と言うしね。で、今度は戻りますとなったら『戻るな』と言うしさ。要するに、俺が戻ったら迷惑するんじゃないのかな（笑）。それにヤツは『新日本はどんどん進化している。橋本は乗り遅れる』と言ってるらしいけども、冗談じゃない。たかが半年で何がどう変わるんだ？　どこが進化できるっていうんだよ」

うわっ。長州さんに対してはどーですか。

「道場で汗を流している人間が偉いと言われりゃ、そのとおりなんだけどさ。でも、そう決めつけて言われると反発してしまうんだよな、俺は。そう言われると逆らいたくなるんだ（笑）。この性格は持って生まれたもんだからしゃーないよね（笑）」

でも、長州さんは橋本選手を潰しにかかるでしょうね。

「いや、昔からあったよ、それは（笑）。長州さんじゃなくても、権力をふりかざして潰しにかかる連中はいたよ。でも、なんだかんだいってもさ、俺はまたリングに上がるわけじゃない？　潰しきれてないじゃないか。そんな見えない〝権力〟を吹き飛ばすよ、今度は。リング上はもちろん、リング外の裏の部分でもごちゃごちゃした見えない〝権力〟を、それこそ破壊してやる。どうせね、いろいろと新日本内部で仕掛けてくるだろうけど、おかげさんでさ、あの引退騒動でゴムのような反発力だけは強くなったから（笑）。潰そうとしても勢いよくハネ返してやるよ」

なるほど。となると、復帰後のターゲットは長州一派になりますね。

「そりゃまだわからない。でも、長州さん、俺はあなたにぶつかっていきますよ、とは言いたい。逆らうと言うと誤解を生むから（笑）」

もう遅いって。で、復帰の舞台は10月に予定されている東京ドーム大会ですか。

「どうだろうね。それもまだわからない。というより、もうね、会社の指示で、ああせいこうせいというのは一切、無視だね。俺は好きなようにやらせてもらうから。言われるままに流されるような感じで試合をするのは、もう絶対にヤだから」

小川直也

次はあの男との〝世紀の一戦だ〟！「ヒクソンの強さって、結局は……」

日本が誇る最強長距離砲、巨人軍の松井秀喜。彼がこんな話をしてくれた。

「これでもアレですよ。対戦投手のデータとかは綿密に検討して打席には入っているんです。なんだか世間的には、なにも考えずに打っているようなイメージがあるみたいですけど(笑)。ただ、たまに勝手に体が動いてホームランを打ってしまうことがある。不思議なもので、この時のホームランは自分でも驚くほどの飛距離が出てたりするんですよね」

さて、こちらは日本が誇る〝最強暴走王〟小川直也。この男も、だ。試合前は世間の話題をかっさらうために細かい策略を練ったりする。例えばマスコミなどを使い、執拗に対戦相手をおちょくったりするわけだ。今回の佐竹雅昭戦でいえば、佐竹の象徴でもあるゴジラの人形を肩に乗せて困った顔を撮らせたり。

それがいざゴングが鳴ると策略や理詰めという言葉はどこかに消え失せ、本能のまま闘う。よくいえば豪快。悪くいえばアバウト。いわゆる〝出たとこ勝負〟的な試合運びをする。

この策略からアバウトへの落差というか、振り幅の広さのせいで小川に対する興味はまったく尽きない。だって、そうでしょ。これだけの大口を叩く男がリングの上では無策なのだから。これはもう、実にたまらなくスリリングではないか。裏を返せば、自分に圧倒的な自信がみなぎってるからこそ無策でいられるのだろう。その性根の据わり方には感動すら覚える。

なにはともあれ、お久しぶりの小川との語らい。聞きたいことは、いやはや、焦ってしまうほどてんこ盛りである。

ちなみに、簡単に整理するとこうなる。

●もちろん、ヒクソン戦の可能性と意気込み
●新日本プロレスとの関係
●『PRIDE』参戦に関するあれやこれや
●師匠・アントニオ猪木との不仲説について

結果的に、小川はこれらの問題に対して想像以上の振り幅の広さをみせてくれた。松井のスイング並みにブルンブルン振り回してくれた。さすがは暴走王だ。見事だった。

とにかく、小川はその振り幅の豪快さでどこまで自分の強さの〝飛距離〟を伸ばせるか。このインタビューの中から受け取っておくれ。

＊

「ヒクソン戦の可能性？　状況はいいんじゃないですか。実現指数、80％以上といったところですか(笑)。実際にＵＦＯの社長の川村さんが窓口になって動いてますから。社長が『ちょっと待ってろ』と言うからには、間違いなく実現するでしょ(笑)」

残り20％を埋めるには、あとなにが必要なの？

「ああ、それはもう簡単なことですよ。俺が頑張ればいいだけのことです」

頑張る、というのは。

「試合が組まれるごとにその試合を盛り上げる、と。そのためには使えるものは使う、と。マスコミだろうとなんだろうとね。で、世間様の関心と興味を集めるだけ集めておいて、

きっちりと勝利を手にする。そうなれば世間の視線はこれまで以上に俺に集中するしね。スポンサーもついてくれる状況が整うわけですよ。となりゃね、いくらヒクソンのギャラが高かろうと実現する可能性はアップするわけじゃないですか。そういう意味でね、俺がひたすら頑張らなきゃいけねえな、と思うんですよ」

で、どーですか。対戦が実現したら。

「そりゃまた直球な質問だなあ（笑）。わかんない。現実にヒクソンを目の前にしてみないとどんな試合になるかわかんないなあ。いや、だって先日の佐竹戦もさ、別に試合前から打撃戦でヤッてみるかと狙ってたわけじゃないしね。偶然、打撃中心になっただけでね。で、セコンドの『残り時間5分』という声が聞こえたから、〝いいや、このまま打撃で突き進むか〟と思ったぐらいだしさ（笑）。2Rもそんな感じ。倒しちゃおうかなあと思ったら、佐竹選手が倒れたんでね、そのまま調子こいてマウントをとっちゃっただけで（笑）」

なるほど。で、そのままマウントから殴っちゃおうかなあ、と思ったわけですね。

「そうそう」

次は首をキュッキュッと締めちゃおうかなあ、と思ったから締めたのですね。

「そうそう（笑）。それにしても、うるさかったよね、佐竹選手のセコンドが（笑）。グラウンドの攻防になった時、あいつら、『佐竹さん、大丈夫です。腕をガードしておけば大丈夫です』とか叫んでさ。〝うるせえぞ、この素人がっ〟と思ったよ（笑）。あのね、寝技もよく知らない素人さんたちが『腕をガードすれば大丈夫です』と叫んじゃダメ！」

そんなに言うのなら、お前がリングに上がってこいよ、というわけですね。

「いやいや、そんなこと言わない。まあ、いっしょに寝技の練習をしようかとご提案したいだけ（笑）」

クチャクチャにしてあげるから、と。

「いやいや、そんなことも言わない。とりあえずネチネチやってあげるから、と。あくまでも優しくね（笑）」

クチャクチャもネチネチも同じだって。

「そうかなあ（笑）」

話を戻しましょ。佐竹戦でもわかるように、小川選手は試合前に戦略というか、シミュレーションを描かずに闘うじゃないですか。

「そうだね。しないね」

例えば、パンクラスの船木選手は試合前にヒクソンが実践していたヨガを練習のプログラムのひとつに取り入れたりしてましたよね。

「だから、そういうことをするから負けるんですよ。なんで相手の土俵に乗らなきゃいけないの？　試合前のシミュレーションにしても、そういう図式を描くこと自体、大間違い。そんなもんゴングが鳴って、いざ、そのとおりの展開にならなかったら自分がパニックになるだけじゃないですか。人間というのは脆いもんですよ、そうなると」

ああ、はいはい。

「要するに、ゴングが鳴ったらあとはもう殺るか殺られるかのみ。それがすべてじゃないの？　例えば、ヒクソンとの試合なんてお互いの命の獲りあいが基本でしょ。その基本がズレることはないんだからね。グダグダとシミュレーションを練るよりも、殺られないために自分がどういう練習を積み重ねなければいけないのかを最優先で考えなければいけないわけですよ」

練習というと、最近もキックボクシングのジムに通ったりして打撃が中心のメニューなのですか？

「いやあ、それはねえ」

あ、なんか隠してる。

「あまり言いたくないんだけど、まあ、うん、柔道の練習も始めてるんだよね」

それは意味深だわ。

「というか、キックボクシングを始めとしてね、こっちのプロの世界に入ってから、いろんな格闘技を体験したりしたわけですよ。でも、なんだろうなあ。やっぱりね、柔道が自分の中で一番フィットするんだよね。無理なく練習にのめり込めて、戦闘的な精神と肉体を作り込めるという意味でね。それで思うことがあるんだけどさ」

はいはい。

「ヒクソンの強さって、結局は普段の練習を本番の試合できっちり出せるところだと思うんですよ。ほら、よくいるじゃないですか。練習横綱と呼ばれているようなヤツ。そういう人間はプレッシャーがかからない練習の中でしか通用しないから、本当にどうしようもないというか、結局はこの世界で生き抜いていけない。逆にヒクソンは1回でも負けたらすべてを失う状況の中で結果を出しているじゃないですか。別にヒクソンのことをほめたくはないけど、ソコは認めたいと思っているんですよ」

そういう意味で、ヒクソンの実力の底がまだ見えていないと思うんだよね。

「でも、闘ったのが高田選手と船木選手でしょ。あのふたりが相手だったらさ、まだまだヒクソンは底を見せないよ。それでも、人間に100％ってことはないから、ヒクソンにだってプレッシャーはあるわけです。だけど、彼はそんなプレッシャーをものともせず平常心でリングに上がり結果を出した。これは本当に力があるヤツじゃないとなかなかできない」

ええ。

「そりゃね、俺は誰と試合が組まれようと対策なんか練らないよ。今までしゃべったことの結論になるけど、つまりは人間なんてもんはさ、コンピュータじゃないんだから。そうでしょ？　大事なことは平常心を崩さずに、無意識のうちに普段の練習の成果が出せること。それしかないじゃないですか。いや、それしか殺るか殺られるかの試合では通用しないよね」

そういえば、最近ね、小川選手の暴走的な発言が聞かれないのは必要以上にヒクソン側を刺激したくないからなのかな。

「それもありますね」

だとすると、これまた最近あまり試合をしないのも、ヒクソン戦まで負けたくないからなの？

「それはちょっと違う。俺は試合してもいいんだよ。でも、周囲の状況がそれを許さないというか（笑）」

新日本との関係は、正直なところ、どーなっているわけですか。

「路線が急に変わっちゃったからなあ。いきなり、長州さんが大仁田と電流爆破をやるんだもん。俺の試合までついでに〝爆破〟されちゃった（笑）」

うまいね、そりゃどうも。

「今年の5月の福岡ドームでは流れができてたのに。ほら、あのドーム大会で俺と長州さんがさ、場外乱闘をやったじゃないですか。その既成事実を見込んで会長（猪木）なんか『これで10月9日の東京ドーム大会は小川vs長州のシングルで決定だぁーっ』と叫んでたのに（笑）。ま、いいや。あんなとこ（笑）」

あんなとこ？

「新日本なんて、あんなとこだよ（笑）。橋本さんもいないしさあ（笑）」

それでは『ＰＲＩＤＥ』はどーなんですか。再三、参戦の要望が出されていたはずです。巷では、小川選手がなんだかんだと理由をつけて『ＰＲＩＤＥ』のリングに上がらないのは勇気がないから、となっているけど。

「まあ、そんな噂を流す連中も結局は俺の試合が見たいんだよね。俺に対して無視できない興味があるから、そんなことを言う。だから、うれしいですよ、そういう声は。興味も抱いてくれないようじゃ恥ですからね（笑）。それよりもなによりも、別にさあ、リングに上がらないのは俺のせいじゃないって。俺は常にニュートラルなんだから。試合が決まらないのは相手側の問題でしょ。だいたい、俺はあのリングに上がれば、ヒクソンや高田と試合ができるといわれてから関心を持ってただけでさ。そのうち、高田とは試合やれないと言うしね、ヒクソンは『コロシアム２０００』のほうにいっちゃうしさあ。そうなれば自然と俺の視線や気持ちが『コロシアム』に向くのはしょうがないじゃない（笑）」

では、猪木さんとの不仲説については。

「あるわけない（笑）。会長が仕切ってくれたからこそ今回の佐竹戦も実現したんだよ。不仲だったら上がらねえよ、リングに（笑）。よっぽどマスコミも書くネタがなかったんだろうね。こういう時も俺と会長は阿吽の呼吸ですから。そうか、みんな自分たちを仲たがいさせたいのか。だったら、そういうふうにわざと振る舞おうかな、と。そんなもんですよ。それで世間様が盛り上がればいいじゃねえか、ということなんですよね（笑）。事実、佐竹戦の日は夜中の3時過ぎまで会長と飲んで大騒ぎしてましたから（笑）」

そういうことになるとですよ。猪木さんが主催する大晦日の大阪ドーム大会には、もちろん出場する、と。

「まあ、今のところはね。どうなるかわからないけど」

すでに佐竹選手と再戦か、という話もありますが。

「再戦もいいけど、すぐに闘うのはちょっともったいないかなあ、と思っているんですよ。だったらね、佐竹選手とタッグを組んだほうがおもしろいと思う。俺はどんな状況に追い込まれてもニュートラルだから（笑）」

それはすごいッ。最強の武道コンビの誕生じゃないですか。

「ね？　そうでしょ。そっちのほうがおもしろいでしょ。夢も広がるじゃない。昨日の敵は今日の友という感じで。これなら十分に世間様を巻き込める」

それはそうだけど、対戦相手が問題だわ。まともに闘える相手がいない。ややや、いるわ。高田・桜庭組が。

「いいね、それ（笑）」

なんなら、いっそのこと橋本も入れて6人タッグはどーですか。

「あ、それは最高じゃない。さっそく会長に電話してみようっと。でも、『ふざけんなよ、バカ野郎』と言われるか（笑）。ま、会長のことだから『やってみりゃいいじゃねえか』と言うな、きっと（笑）。これで12月まで格闘技界の話題を独占できる。ただ、俺の提案だとわかると絶対に高田は乗ってこないだろうね（笑）。お前の策になんか乗るもんかってね。別に俺のこと嫌いでもいいけど、お互いにプロなんだからさ。お客さんのためにもそういう感情を押し殺さなきゃ。おもしろいことやらないと、なんのために生きているかわかんないよね（笑）」

太平洋上の略奪事件から32年……ついにハワイでB-I対談が実現!?

1990年代後半、私の担当編集者のひとりにタカハシという男が加わった。ひとつ下の世代で、プロレス好きでもあった。これまで年上や同年代の編集者ばかりだったから、新鮮といえば新鮮だった。

ただ、タカハシの場合、社会人としては欠点が多く、とにかく事務作業が苦手で、何度も私の原稿料を切り忘れていた。注意しても直らず、原稿料を切り忘れるたびにヤツのケツを蹴り上げていた。

それでも刺激的な記事を作ることに関しては貪欲で、面白ければなんでもありという姿勢が80年代の名物編集者たちの精神とどこか似通っていた。似ているといえば、タカハシも「あれをやってください」、「これをやりましょう」とけしかけてはくるけども、Tさんと同じように最終的には私に丸投げする悪いクセがあった。

そういえば、タカハシとはこんなエピソードがある。

97年、社会を震撼させた神戸市須磨区で起きた連続児童殺傷事件。ある信用のおける情報筋（マスコミ関係筋ではない）から、私に「酒鬼薔薇聖斗の正体がわかった。警察が確保に動くらしい」との一報が入った。

正体は中学生だという。私はその事実に愕然とし、夜中の入稿作業に集中できずにいた。そんなモヤモヤをタカハシに告げると、ヤツは血相を変えて「何を呑気にしてるんですか！　その中学生を警察より先に確保しましょう。とっつかまえて独占インタビューですよ。こんな大スクープないです」とわめき散らした。

私は乗り気ではなかったが、アタフタしていたタカハシはまずM副編集長に連絡。夜中だったが、M副編集長は編集部にスッ飛んできて朝イチでの神戸行きを我々に命じた。

「須磨の中学生を手あたり次第、調べろ。いや、名前はわかっているんだから、どうにでもなるだろっ！」

M副編集長の目も血走っていた。しかし、私の入稿作業が遅れ、朝イチとはいかず、午前の早い時間に私とタカハシはタクシーに乗り込み、東京駅へ。だが、その途中にタカハシの携帯電話が鳴り、ヤツは「えっ！なんで！」と怒鳴り、その後しばらく絶句した。

「佐々木さん、さきほど少年Aが確保されたそうです……」

情報がもたらされたのが1日早かったら――という悔いはある。だけれども、酒鬼薔薇聖斗が中学生だった事実に戸惑って動けなかった当時の私は、本当の意味で週刊誌の記者ではなかったのだろう。

「運転手さん、すみません、東京駅ではなく神保町の集英社に引き返してください」

タカハシが乾いた声でそう言い、ぶ然とした表情で腕を組んだ。

キム夫人が打ち明けたヒクソン・グレイシーの新日本プロレス3連戦

そんなタカハシが「ヒクソン・グレイシーのインタビューをやりましょうよ」と持ち掛けてきた。私は別に強いだけのヒクソンには興味がなかったので断ろうとしたのだけど、すでに日程を決めてしまったらしい。

「じゃあ、他の人にやってもらえば？」と言うと、タカハシは「あんたねえ」と私をあんた呼ばわりし、「佐々木さんがやらないで、誰がするんですか。少しは自分の立場を考えてください」と絡んできたので、少し面倒臭くなり、引き受けることにした。

取材場所は都内のホテル。事前に指定された部屋に向かうと、備え付けのテレビの横に新日本プロレスの試合ビデオが3本ほど置かれていた。ジャケットを確認したら、そのうちの1本は東京ドーム大会を収録したものだった。

インタビュー自体は、それなりに楽しいものだった。問題は原稿チェックの際に起こった。タカハシが電話の受話器に向かって怒鳴りまくっている。大袈裟に電話を切ると、その勢いで私にも大声で訴えてきた。

「佐々木さん、聞いてくださいよ。ヒクソン側が原稿の冒頭に書かれている新日本のビデオの件を削除しろ、絶対に削除せよと言ってきたんです」

「でも、置かれていたのは事実じゃないか」

「でしょ、でしょ、そうでしょ。そのことを言ったんですが、先方は事実を書けばいいってもんじゃないと言ってきて」

「じゃあ、どうしろと？」

「だから、削れと」

「そこまで言うんだったら、削れば？」

「ダメですよ。あのヒクソン・グレイシーが新日本の試合のビデオを観ていたってことが衝撃的なんじゃないですか。もしかしたら、ヒクソンが新日本のリングに上がるかもって読者に思わせるところが、このインタビュー原稿のミソですから」

「タカハシは原稿を削る気はないのね？」

「ないです」

「削れとゴリ押ししているのは？」

「ヒクソン・グレイシーの夫人です」

「そうか。彼女の取材の席での立ち振る舞いは、マネージャーっぽかったもんな。それだったら、明日にでも夫人と直接会って、落としどころを探すしかないぞ。そこまで嫌がるのは何か裏がありそうだし」

タカハシは再び先方と交渉を重ね、翌日に夫人との会談をホテルのラウンジでセッティング。夫人は親交があるという日本人女性を同席させ、通訳の役割を任せた。

私がまず、口火を切った。

「なぜ新日本のビデオのことを書いてはいけないのですか」

「いま新日本とはデリケートな時期なんです」

「デリケートとは？」

「中身は言えません」

「言えないのなら、こちらは書くしかありません」

「書かないでください」

「ですから、その理由を」

夫人は深く沈黙した。通訳の女性が心配そうに夫人と私たちを交互に見ていた。

「もしかしたら、ヒクソンさんが新日本のリングに上がる話でも？」

ラチがあかないので、私は本丸に切り込むことにした。タカハシが私のヒザを自分のヒザで突き、〝いきなりすぎますよ〟と目で言った。

「大丈夫です、そんなに警戒しなくても。私たちは一般週刊誌で、プロレスマスコミではありませんから。格闘技の専門誌でもありません。しゃべってはいけないことはしゃべりませんし、その情報が新日本に伝わることもありえません。それこそ、もしあなたが新日本のことで悩んでいるのであれば、お力になりたいだけなんです。こちらは一般誌といっても、それなりに現在のプロレスの事情はわかっているつもりです。それを踏まえて、いろいろと助言できることがあるかもしれません」

　こちらの態度が小さじほどの信頼を得たのか、夫人の表情が動く。

「億のお金が動くビジネスなんです」

「承知しています」

「ヒクソンがプロレスのリングに上がるのは、グレイシー柔術の精神からいっても、どうなのかなと思っています」

「いや、日本のプロレスファンからすると、その精神はどうでもいいんです。単純にヒクソンが新日本に上がる――その衝撃を受け入れ、楽しもうとするはずですよ」

「そういうものですか？」

「ええ」

「実は、この話、夫は知らないのですが」

「はい」

「新日本から3試合のオファーが来ています。3試合ともドームでの試合だそうです。1試合はイイヂカ？（飯塚高史）で、次はケンスキー？（佐々木健介）。最後はチョーシュー（長州力）」

「短期間に3回連続でドーム大会を開催するつもりなんですね、新日本プロレスは。その3つとも対ヒクソン、対グレイシー柔術を売りにして」

　タカハシが私と夫人の会話に割って入る。続けてヤツは核心に迫った。

「表現は難しいですけども、肯定であれば、うなずいてください。飯塚、健介戦はグレイシー側に花を持たせるけど、最後の長州には……つまり、そういうことですね？」

　夫人は小さくうなずく。私の隣でタカハシの体が震えたのを感じた。ヤツが次の言葉を口にする前に、私が言葉を繋ぐ。

「それはこれまで新日本が外敵に取ってきた戦略です。決めるのはそちらですけど、今の話を聞く限り、私はヒクソンさんが新日本のリングに上がるのはどうかな、と思いました。3試合ともリアルファイトならいいですけど、そうでないのなら、億のギャラに背を向けてでも、グレイシー柔術とヒクソンさんの強さのプライドを守るべきだと思います」

「ええ、私もそう思っていたんです」

「でも、新日本は諦めてない？」

「ええ」

「しぶといな、新日本は」

タカハシが言う。

「先方は新しい提案をしてきて。最後のチョーシュー戦は何らかのハプニングを生じさせ、勝敗はうやむやにするから、と言ってきたんです」

夫人の言葉を受けて、私は言った。

「繰り返しになりますが、新日本マットに参戦するかどうかは、そちらの判断になります。ですが、お話をうかがっている限り、参戦を決めた瞬間、リング上の勝敗以前にグレイシー柔術の負けが決まってしまうような気がします。もちろん、ヒクソンさんは圧倒的な強さを見せるでしょう。しかし、新日本のリングに上がったイメージはグレイシー柔術の未来に暗い影を落とすかもしれません。私たちの意見が参考になるかわかりませんけど、こういう見方もあると知っていただければ」

「ありがとう」

結局、私たちは夫人の意向を汲み、新日本のビデオのくだりを削除することを約束した。

編集部に戻るタクシーの車中で、タカハシが確認してくる。

「さっきの話、記事にしないんですよね？」

「するわけないだろ。あそこまでしゃべってくれた夫人を裏切れないよ」

「でも、もったいねえな。爆発的にウケる記事になるのに」

「とりあえず、今はね。今は書けない」

「それにしても、3戦目のハプニングって何でしょうね。まさかタイガー・ジェット・シンを乱入させるとか？」

「もし新日本がそれをやったら、マジに尊敬するよ」

その後、夫人と新日本側がどのような話し合いを積み重ねたのかまではわからないが、ご存知のように最終的にはヒクソン・グレイシーの参戦は幻に終わったのだった。

前田日明の引退試合の相手に「嶋田源一郎」を推薦

98年の夏の終わり。私とタカハシは糸井重里事務所の会議室にいた。前田日明の現役最終戦の対戦相手を決める話し合いをするためだった。

当時、糸井さんは前田の重要なブレーンであり、そのような経過も踏まえての糸井事務所での会議。冒頭、糸井さんから最終戦の横浜アリーナのリングで、事前にファンがメッセージを書き込んだ巨大なフラッグを前田に手渡すセレモニーを行なったらどうだろうかといった提案がなされた。無冠の前田日明にはファンが書き込んだ賛辞のフラッグが似合う、とも言っていた。

そして、話し合いは誰を対戦相手にするかに進んだ。まず前田が空手少年だったことから、K-1で活躍中のフランシスコ・フィリオはどうだろうかという話になったが、その案は同席していた前田がすぐさま却下した。

「フィリオは体が小さすぎる。ウィリー・ウイリアムスくらいのガタイがあればいいけど、勝負にならない」

そういえば、たまにネットを眺めていると、前田日明のリングス最後の対戦相手にヒクソン・グレイシーの名前が上がっていたという記事を見つけたりするけども、それはない。会議でも名前は出てこなかった。

これはあまり知られていないのだが、ヒクソンと高田が98年10月に2度目の対戦を果たす1か月前のこと。高田は前田道場を訪れ、高阪剛たちリングス勢を相手に対ヒクソン戦に向けての練習を行なっている。第2次UWF分裂のいきさつもあり、高田も前田に助言をもらうにはためらいがあっただろうが、それでも前田道場で練習を繰り返していたということは、それだけ追い詰められていたのだと思う。

2度目のヒクソン対高田戦後、前田は私に、こんな話をしてくれた。

「俺もいろいろ研究をしたけど、とどのつまりがグレイシー柔術って面取りゲームなんだよ。リングをね、例えば16分割にする。その16のマスをいかにして自分で埋めていくか。それで勝負が決まる。これまでのグレイシー柔術の試合を観てればわかるけど、グレイシーの連中は自分が有利になるポジション取り、マスを埋めるのが抜群にうまいわけ。だから逆に、俺たちはヤツらが奪われちゃいけないと考えているマスを埋めていく動きを先にすればいい。そうすると、自然にヤツらは自分が思ったようにマスが取れない焦りから隙を見せていく。防御が甘くなる。そこに乗じて攻撃を繰り返し続けていけば必ずや突破口は見つかる。高田の場合、ヒクソンが焦るマス取りをする前に負けただけ。なんにせよ、そういう攻防ってゲームみたいだろ（笑）。その結論に達してしまうと、グレイシー柔術に対して興味が湧かなくなった」

話を会議に戻す。

私が推したのは天龍源一郎だった。それも本名の嶋田源一郎で闘うのはどうだろうかと提案してみた。元幕内力士のキャリアを踏まえて格闘家の意味合いを強くし、前田と対峙するシーンを思い浮かべると心が躍ったからだ。それに前田の長州顔面蹴撃事件も天龍の輪島に対するエグい顔面キックから焦りと刺激を受けての顛末だったと言っていたし。でも、これもあっさり前田が却下。

「天龍さんをこっちの闘いに誘ってはいけないんだよ。それは天龍さんのプロレスのキャリアをないがしろにすることにもなる。絶対にしてはいけない。いくら本名で闘うといっても、やっぱり天龍さんに対して失礼になる」

ここでみんなが思案顔。会議が踊らなくなった時、リングス・スタッフがボソッと言った。

「冷蔵庫かなあ」

「なにそれ？」

糸井さんがすかさず突っ込む。

「ええっと、ロシアのアレキサンダー・カレリンのことです」

「おおお、あのカレリン！」

糸井さんがうなる。

「そうです、そのカレリンです。なんでも彼は背中に冷蔵庫を担いで山道を駆け上る練習をしているそうで。いや、誰か実際に見たわけじゃないですが」

スタッフが申し訳なさそうに言ったのを糸井さんは手で制す。

「見てはいないけど、カレリンならするだろう、と思わせてしまうのが彼の凄さだよね。いいじゃない、カレリン。オリンピック3大会連続の金メダリストだしさ」

出席者一同、すぐに同意。

カレリンの名前を出したスタッフがまた、ボソッと言った。

「パコージンさんに連絡を入れなきゃ」

編集部に戻るタクシーの中で、タカハシがつまらなそうな表情を浮かべていた。

「俺も嶋田源一郎推しでしたけどね」

「仕方ないよ、前田にあんなふうに言われちゃうと」

「だいたいロシアの国宝がリングスのマットに上がると思っているんですかね。無理っスよ。不可能です。カレリンに何のメリットもないですもん。いくらロシアにリングスの支部があるといっても、相手は国家レベルの重要人物ですよ」

タカハシの言葉に適当な相槌を打ちながら、私はエカテリンブルグの重たい雲を思い返していた。色のない街。ひとつの光芒。サンボの青年と子供たち。青い風船。それらの風景が浮かんでは消えた。

カレリンは来る。

リングスに。

私は、そう確信していたのだった。

馬場さんが打ち明けてくれたアントニオ猪木の「黒いシミ」

年が明けて99年から2000年にかけて、橋本真也とは小川直也と抗争中の時期に、けっこう濃密な取材を重ねた。週刊プレイボーイの取材の他に、アミューズブックスから『Missing Person』という橋本のインタビュー本も制作していたからだ。

橋本の語りは面白く飽きることはなかったのだが、時折、首をかしげてしまうような、〝この人、自分の立ち位置がわかっているのかな?〟と不信に思うこともしばしば。例えば、取材のために新宿のホテルのラウンジで待ち合わせた時のこと。そこに偶然にドン・フライがいて、橋本は軽く挨拶。

「佐々木さん、今ね、俺ね、週に2回ほどドン・フライに総合の練習をつけてもらっているんだ。この事実を世間が知ったら、大変な騒ぎになるはずだよ」

私はすかさず反論した。

「世間って誰のことを指してるのかわからないけど、たぶん、その事実を公表しても世間は驚かないよ」

「えっ、そうなの?」

「そんなもんだよ。ダメだよ、橋本さん。無理して自分を大きく見せるようなことを言っちゃ」

「それはさあ、クセなんだよな。ほら、武藤ちゃんは根っからのスターだろ。蝶野は頭もスマートだし、レスリングセンスもある。俺はただの不器用なデブ。なんかさあ、いつも自分を大きく見せるというか、突っ張ってないと、あの2人に飲み込まれちゃいそうでさあ」

橋本はなぜ、このような本来持っている素直さを前面に押し出す活動を展開しなかったのだろう。この無垢な素直さは武藤、蝶野にはなく、万人から愛される武器となったのに。

最後に時計の針を98年の夏に戻す。糸井重里事務所での会議から一週間が過ぎた頃――。

私はタカハシに誘われ、タクシーに乗り込んだ。当時はまだタクシー移動の領収書が認められており、タカハシは極秘の話があるとタクシーを打ち合わせ場所にして都内をグルグル回っていた。

「今日はなに?」

私はちょっとイラつき気味に訊いた。その頃、多忙過ぎて自律神経がおかしくなっていたのだ。ショッカーのような80年代の名物編集者たちに埋め込まれていた牙にもガタがきていた。

「年末年始の合併号の件です」

「何かやんなきゃいけないの?」

「当然です」

当時、週刊プレイボーイは年4回の合併号、特別号に力を入れていた。年末年始合併号、黄金週間合併号、お盆合併号、そして秋の創刊月間特別号。特別号は別にして、それらの合併号は2週間販売されるため部数が増やされ、内容もそれなりにインパクトのあるもの、さらに話題的にも長続きするものにしなければならなかった。

だけれども、インパクトがあり、話題的に長続きする企画など、そうそう見つかるものではない。そんな苦しみの中からひねり出されたのが、前田の一連の対談シリーズだった。

天龍との対談、長州との対談、猪木との対談、藤波との対談……ついでに三沢光晴と蝶野正洋の対談は、どれも合併号に割り当てられ、誌面のトップを飾っている。

こうなると、編集部の要求は一段とエスカレート。要は佐々木が合併号のトップを作るのは当然という雰囲気が出てくる。これがしんどかった。そのプレッシャーたるやハンパなかった。私が編集部を抜けた2001年以降の週刊プレイボーイをたまにコンビニなどで目にするが、どの合併号も普通の作りで、今の社員編集者やライターのみなさんはプレッシャーがなくていいよなと正直、思ってしまう——。

「その前に秋の創刊月間はどうする？」

私はタクシーの中で、逆にタカハシを問い質す。

「それもありますが、上の人たちの要望は世紀末の年末年始号にド派手な一発を打ち上げてもらいたいそうです」

タカハシがこちらの顔を見ずに冷徹に言う。

「ド派手ねえ……。言うのは簡単だ」

「なんとかなりませんか。そのために今から動いてほしいと言われてしまったんです」

「お前がなんとかしろよ」

「無理です」

「無理か？」

「無理です」

「しょうがないなあ、本当にもう。そうだなあ、どうしよう。残るはアレだけなんだけど」

「アレとは？」

「馬場、猪木対談」

「えっ、できるんですか、やれるんですか！」

「可能性がないわけじゃない。ほんの少しだけ希望はある」

「それに賭けましょう！　やりましょう、動きましょう！」

少しの希望とは松山千春さんの連載『天下無敵』で知り合った名古屋のイベント会社の社長、Hさん。この人、人脈が広く、なにより馬場さんの昔からの有力な後援者だったのである。

Hさんにぶっちゃけ相談してみれば、なんとかなるかも。

翌日に菓子折りを持って名古屋へ、Hさんのもとへ。

「事情はわかった。聞いてみるよ、馬場ちゃんに」

「ありがとうございます」

「佐々木クンは実現できると思うかい？」

「頼んでおいてなんですけど、わかりません」

「正直で、よろしい（笑）」

「Hさんは、どう思われます？」

「できるんじゃない？」

「マジっスか！」

「だってさあ、いい大人がだよ、いつまでも確執だとか遺恨だとか因縁だとかで騒いでいるほうがおかしいだろうよ（笑）」

「ですよね」

「なあ」

「いや、以前にプロレス関係者にですね、馬場さんと猪木さんの対談はどうだろうかと聞いてみたことがあるんですよ。そうしたら、これまでアンタッチャブルだった2人なんだから、そっとしておいたほうがいいと言われたんですね。でも、馬場さんと猪木さんの対談を読みたいか読みたくないかと自分の中で問うてみると、やっぱり読みたいんです」

「うん、そういうこっちゃな」

3日後に、Hさんから連絡が入った。

「よかったな、馬場ちゃん、OKだってよ。ただ、ひとつだけ条件があるらしい」

「条件?」

「年末にハワイでやりたいそうだ、猪木との対談を」

「ハワイ? なぜハワイなんだろう……」

「馬場ちゃん、佐々木クンのことを知ってたよ。どうせアイツの企みだろって(笑)。アイツなら、なぜハワイなのか、その理由もわかるはずだ、とも言ってたぞ」

「ええ、はい」

「俺も馬場ちゃんに言ったんだ。せっかくマスコミの前で対談をするんだから、前向きで建設的な対談にしてくれって。例えば、今はさ、若手のレスラーの海外武者修行がなくなっただろ。だったら、一定期間、自分たちのところの若手を相手の団体に預けて参戦させればいい。そこで勉強させれば全日本と新日本のいいとこどりをしたレスラーができるぞって。馬場ちゃんも、それはいいな、と乗り気だった。あとは佐々木クンがうまく対談の場を回して、そういう話に持っていけばいい」

「わかりました。ありがとうございます」

馬場さんの条件。ハワイでの対談。私が理由を知っている。もしかしたら、と馬場さんのロングインタビューのテープを再び聞いてみた。

ああ、これだ。そういうことか。

この話のくだり、原稿に書こうか迷ったのだけど、創刊月間の巻頭ページの流れにそぐわなかったし、無理やり入れると文章の流れ的にもおかしくなるので、泣く泣く落とした部分だったのだ。

馬場さんは、このようなことを語っていたのである。

「猪木のことは別に、なんとも思っちゃいないよ。昔から2人は不仲だとかライバルとか言われていたが、それは周りが勝手にやいのやいの騒いでいただけのこと。7つも歳が違うしな。ライバルだとか特別視したことはないんだ。けどな、猪木に関してはどうしても拭えない黒いシミのようなものがあって。それが今でも消えないんだな」

シミ？

「ああ、そうだ」

どんなシミ？

「あんたに言ってもピンと来ないかもしれんが、その昔、ハワイで猪木が豊さん（豊登）にそそのかされて日本に帰っちゃって。それで東京プロレスを旗揚げして」

66年に起きた有名な『太平洋上の猪木略奪事件』のことですね。

「ほう、知っとるのか。あのやり方はいかん。まったく筋が通ってない。わしと吉村（道明）さんは待ってたんだ、猪木のことを、ハワイで。いや、豊さんと一緒に行動するのはいい。日本プロレスに背を向け、新団体を作るのもいい。それは猪木の人生なんだから、好きにすればいい。けど、わしは別にしても吉村さんには〝豊さんと行きます〟ぐらいのことは言うべきじゃなかったのか。ハワイではそれなりに時間があったわけだから。ナンボでも吉村さんたちに伝えるチャンスがあったんだし。それが人としての道理だろ。礼儀だと思うな。それなのに、何も言わず豊さんと一緒に日本に帰った。あの時の猪木の行動がわしの中で黒いシミとなって、今でも残っとるんだ」

馬場さんはハワイの地で66年に戻り、改めて猪木さんにこだわりをぶつけ、自分の中に残っている黒いシミを消し去ろうとしているのかも。いや、きっとそうに違いない。

私はタカハシを呼び、馬場さんが了承したこと、条件がハワイだということを告げた。

「本当ですか！　ウソじゃないですよね？」

「お前にウソをついているヒマはない。あとは猪木さん側に了承を取らないと」

「それは大丈夫でしょう。馬場さんがＯＫなんですから、猪木さんが断わる理由がないです」

「だろうな。それと条件のハワイなんだけど」

「そんなもん、北極だろうと南極だろうと、すべての費用はプレイボーイが持ちます！」

だが、その後、馬場さんは体調を崩し、極秘入院。

99年2月、帰らぬ人に——。

最後の最後までＢＩ砲は〝相容れない〟というのが、2人の避けられぬ運命だったのかも知れない。

第5章

週刊プレイボーイのプロレス
～外国人レスラー編～

叱咤激励インタビュー

タイガー・ジェット・シン

総資産50億円！ インドの狂虎〟タイガー・ジェット・シンの豪邸

シンの資産は、なんと50億円！

「日本男児たちよ、一生懸命働きなさい！」

1994年

ミル・マスカラス

多団体時代が英雄を呼び戻した「近頃、私のコピーがやたらに多いな」

6年前、本誌に光り輝く連載企画があった。タイトルは『マスクマン伝説』。後世に残るような偉大な連載企画でもなかったし、何かを世の中に問い掛ける意義深い連載でもなかった。単にプロレスが大好きな担当者がマスクマン・レスラーに会いたかっただけという超個人的趣味に走った連載企画だった。

記念すべき第1回のゲストは「リバプールの風になった」若手選手が変身したばかりの獣神ライガー（あの頃、彼のマスクにツノは生えていなかったな）。2回目は初代タイガーマスクの佐山サトル（お願いだからと頼んでも決して虎のマスクをかぶってくれなかった。トホホ）。

以後、スーパー・ストロング・マシン、Uインターに移籍する前のベイダー、ロンドンの旋風児マーク・ロコ（ブラック・タイガー）、そして白覆面の魔王ザ・デストロイヤーと続いた。

しかし、デストロイヤーをインタビューした頃にどうも何かが足りないと思い出してしまった。そう、仮面貴族ミル・マスカラスにボクらはインタビューしていないことに気がついたのだ。

マスクマンといえばミル・マスカラス。マスクマンのパイオニアでもある偉大な彼に話を訊かなければ、どうしたって『マスクマン伝説』は完結しない。そうは思っていても、当時のマット界の事情がボクらとマスカラスを会わせてはくれなかった。

あの頃、UWFの出現によってもたらされたシリアスな攻防を主体としたレスリングと、長州力たちが実践していたスピード溢れるハイスパート・レスリングとが観客の支持を集めていた。

しかし、マスカラスはどちらのレスリングにも馴染まないスタイル。ましてや、タイガーマスクの登場でマスクマンは過激に飛び続けなければいけないという思い込みを植えつけられていた観客にとって、試合中に1、2度しか飛ばないマスカラスはもはや熱狂の対象ではなくなっていたのだ。

それ以前は、夏になると風物詩のように来日していたマスカラスがピタッと日本には来なくなってしまった。メキシコまで飛んでいきたかったけど、お金も暇もなかったボクらにはどうすることもできなかった。

そして、『マスクマン伝説』は2代目タイガーマスクの三沢光晴を最終回に迎え、（ボクらにとっては）不完全な形で終わったのだった。

しかし、時代はマスカラスを呼び戻した。日本のマット界が多団体時代を迎えたからだ。

団体が増えるということは、それだけ試合のスタイルが多くなるということ。正統ストロングスタイルもあれば格闘技スタイルもある。ルチャや古典的な反則オンリーのプロレスまでひとつのスタイルとして確立してしまった。

そうなると、プロレスを観戦するファンもバラエティに富んだ試合スタイルを積極的に受け入れ楽しもうとする。そのひとつの流れの延長線上にマスカラス復活の道が開かれたのだ。

少年の頃、人間が空を飛ぶ夢を己の肉体を使って実践してくれたマスカラスの試合をもう一度見たい。みんなの願いが再びマスカラスを日本のマットに立たせたのだ。

長い空白を経てリングに上がったマスカラスは少しも衰えていなかった。しかも、自分の必殺技であるフライング・ボディアタックを繰り出すまでの過程が理論的であった。試合序盤からメキシコ流のサブミッションで相手のスタミナを奪い、ここぞという時に必殺技を出す。

試合開始からいきなり飛んで観客を沸かそうとしか考えていない若手レスラーにうんざりしていたボクらにとって、マスカラスの試合の組み立ては新鮮で感動的ですらあった。

とにかくマスカラスは帰ってきてくれた。これで6年間の空白を飛び越えて『マスクマン伝説』を完全な形で終了することができる。

＊

マスカラスさんが来日してくれなかったので、ボクらはとても寂しい思いをしていました。

「ありがとう。私もだ」

……………。

「どうした？　何か困ったことでもあるのかい」

いえ、緊張しているんですよ。あなたに会えたと思うとうれしくて頭の中がパニックになっているんです。あなたは私にとって子供の頃からのヒーローですから。

「そうか（笑）。私もキミのような日本のファンに再び会えたことはうれしいし、またキミらの前で私のレスリングを披露できるのは光栄だ。再び来日するチャンスをくれた天龍さんに感謝したい」

日本に来なかった長い間。マスカラスさんは何をしていたのですか？

「忙しく世界中を動き回っていたよ。映画にも出演しなければいけなかったしね。私が出演するアクション映画はメキシコでは大変な人気を呼んでいるんだ。だから、次から次と映画出演の話が舞い込んでくる（笑）。

プロレスの話をすると、アメリカ、ヨーロッパ、もちろんメキシコでも試合をしていた。世界中のプロレスファンが私のレスリングを見たがっているのでね。

世界を飛び回って試合をこなす生活スタイルはこの20年変わっていない。それなのに、なぜこの数年、日本のマットが私を呼んでくれなかったのか理解できない」

そうですね……。

「まあ、大切なのは現在だからね。過去はあまり重要ではない。だから、今、私が日本にやってきてファイトができているんだから気にすることもないだろう。なっ、そうだろ、アミーゴ」

はい、そうです。

日本の若いレスラーは試合が開始されるとすぐに飛び技（プランチャなど）を繰り出しますが、そのような若手レスラーの試合運びに関してマスカラスさんはどう思っていますか？

「私、ミル・マスカラスの物真似だ（きっぱり）」

ひゃー、ブラボー。

「いや、本当さ。日本のマット界で飛び技を使ったレスラーはミル・マスカラスが初めてなんだ。私がメキシコのマットで日頃使っていた飛び技を日本のマットで披露したからこそ日本のマット界に飛び技が根づいたんだ。だから、今でも飛び技を使うレスラーは私のコピーでしかないのだ」

マスカラスさんがおっしゃると、とてつもない説得力を感じてしまいます。

「それだけじゃないぞ、アミーゴ。最近の若いレスラーはみんな体重が軽いだろ？　せいぜい80キロぐらいしかないんじゃないか。しかし、私は違う。私の体重は１０８キロもある。完全なるヘビー級なのだ。ヘビー級で私のように華麗に飛べるレスラーは世界中で私しかいない。しかもだ、アミーゴ」

まだあるんですか？

「私は、さっきも言ったように世界中のマットで闘っている。メキシカン・レスラーでありながらヨーロッパ・スタイルも身につけているし、アメリカや日本のスタイルにも合わせることができる」

ブラボー、パチパチ。それで、えっとぉ。

「なんでも訊いてくれ」

あのですね、最近の日本のマットで活躍しているマスクマンのほとんどがファンに素顔を知られているんですけど。

「まあ、それぞれ自分のスタイルがあるから別に悪いとは思わないが。しかし、だ。ミル・マスカラスだけは永遠のシークレットであるということを伝えておきたい。〝神秘のマスクマン〟、それがミル・マスカラスなのさ」

わかりました。それで、えっとぉ、日本のマスクマンで注目しているレスラーはいますか？

「いない（きっぱり）」

はっ、そうですか。では、マスカラスさんにとってマスクマンのプライドはなんだと思ってますか？

「鍛えられた体と素早い動きと鋭く切れのいい技。それらの土台の上で成立する永遠の神秘性。つまり、ミル・マスカラス自体が世界中すべてのマスクマン・レスラーのプライドなんだ」

はっ、そうですか。んとぉ、訊きにくい質問なんですけどね、引退は考えていらっしゃいますか？

「考えてない（きっぱり）。私の体を見てくれよ。20年前と比べて体も動きも速さも変わっていないんだ。

21世紀まで闘い続けるつもりだよ（笑）。そうだな、それが2015年か2020年までになるかわからないけど、できるだけ長く闘い続けたいね。そのためにはトレーニングと体にいい食事を摂ることが大切さ。薬物は絶対に駄目。薬物は内臓を痛めてかえって選手生命を短くするものだからだ。

これはスポーツ選手に限った話じゃない。ファンのみんなにもわかってほしい。絶対に薬物は駄目。煙草や酒を飲めるようになっても、少しだけにすることが大切だ。そして、体を鍛え、何事にも一生懸命に取り組みなさい。これがミル・マスカラスからのファンへのメッセージだ」

はっ、ありがとうございます。

いや、でも、笑い話ではなく21世紀になってもマスカラスは華麗に宙を飛んでいるかも知れない。そんなバカなぁだって？　いや、彼なら実現させてしまうはずだ。それがミル・マスカラスだからさ。

タイガー・ジェット・シン
「礼儀と躾に厳しかった日本人の正しい姿はどこにいったんだ」

プロレスとは曖昧なルールの上に成立しているプロスポーツなのだけど、その世界で暗い悪の匂いを発散させている悪役には逆にきちんとしたルールが存在している。

そのルールとは、反則攻撃を行なう場合、必ず対戦相手かセコンドにしか攻撃を加えないということ。ブッチャーがいくらフォークを手に暴れても、その相手はテリー・ファンクしか考えられなかった。フォークを振りかざして観客を威嚇してはみるが、実際に観客の額にフォークが突き刺されることはない。

このルールを73年のデビュー以来、ひとりで破り続けている悪役がいる。それがタイガー・ジェット・シンだ。

実は、ボクもね、危害を加えられたひとりだ。シンの入場シーン。どうしても彼のターバンに触りたくて、ニコニコしながら彼に近寄ったら、〝ウガアー〟の奇声とともに振り下ろされたサーベル。いくら悪役だってお客には手を出さないだろうとタカをくくっていたら本当にサーベルで背中を殴られた。ウグッウゲッと息が詰まって苦しかったけど、少しだけアントニオ猪木の気分になれたのでうれしかったなあ。

その、稀代の悪役であるシンが二重人格者だということはあまり知られていない。リング上でサーベルを振り回して対戦相手を血みどろドロドロにさせているお馴染みの顔とは別に、もうひとつビジネスマンとしての顔を持っているのだ。

プロレス以外に不動産、貿易などのサイドビジネスで儲けた資産が約50億円。浪速の商人もびっくりこいたの成功者だ。

昔から、レスラーは商売上手ではないといわれてきた。あの鉄人ルー・テーズでさえもサイドビジネスに失敗し、せっかく貯めてきた巨額なファイトマネーを一瞬にしてパーにしてしまっている。通説では、プロレス界で本当の大金持ちはプロモーターではビンス・マクマホン・ジュニア、レスラーではジャイアント馬場、そして、シンしかいないといわれている。リング周辺ではルール破りばかりしているシンだけど、サイドビジネスでは自分なりのポリシーを持ってルールを尊重しているのが成功の秘訣なのかも知れない。

さて、そのシンが最近の試合でターゲットにしているのが対戦相手よりもチャラチャラヘラヘラした客席の若い連中。どうも、そういう連中に向かってまずはサーベル攻撃を仕掛けているように見えて仕方ない。

シンは若い連中に怒っている。そして、何かを伝えようとしているのかも知れない。なぜかというと、彼らに攻撃を加える時、ボクを追い回した時の異常な目付きとは違った、人生の先輩としての目になっているからだ。

稀代の悪役タイガー・ジェット・シンは、いったいボクらに何を伝えたいのだろうか。

というわけで、んとぉ。

「私がタイガー・ジェット・シンだ」

はい、よく知ってます。

「ん、以前に会ったことはなかったと思うが」

はい。単にサーベルで背中を殴られた間柄です。

「そうか。なら、私とは深い関係だな（笑）」

んと、今日はレスラーとしての話を聞きにきたわけではなくて、ビジネスマンとしての顔を持つシン選手に話を聞きにきたわけです。

「私は日本では悪役レスラーだが、地元のカナダでは成功者としてかなりの人気があるんだ。そして、生まれ故郷のインドでは英雄ということで、たくさんのCMに出演している。

自動車とか洋服とか靴とか航空会社のCMにひっぱりだこだ」

話によると、シン選手の資産は50億円ぐらいはあるということなんですが。

「それ以上はあると思うのだが、実際に計算していないのでよくわからない。一度、計算してみようと思ったのだが途中でわからなくなってしまったんだよ」

カナダにある家も大邸宅なんでしょ。

「それほどでもない。部屋が23部屋あって、13のバスルームがある。その他に3つのジャグジーとテニスコート、そして裏庭にはゴルフのコースを作った。私の住む家の周辺はカナダでも高級住宅地で、よく観光バスが停まる。みんなバスから降りて私の家を外から見物しているよ（笑）」

そういう家を日本では大邸宅というんです。んで、まあ、ビジネス的に成功しているシン選手から見て日本の若者はどうですか。最近の試合を見ていると、なにか意図的に若い連中に対して攻撃を加えているように思うんですよ。

「私が初めて日本に来たのは73年だった。その頃から比べて日本の若者は非常に変わってきたと思う。いい方向に変わってきているのならともかく、悪い方向に変わってきてきているね。どんどん西洋化の波に飲まれているよ。日本人としての正しい習慣なり文化などをないがしろにしすぎている。

例えば、ファースト・フードだ。日本人は食べながら歩くなんて下品なことはしない民族だった。それが、今ではクチャクチャ食べながら歩いている。礼儀と躾に厳しかった日本人の正しい姿はどこにいったんだと思うと残念な気分になる」

はあ。

「私のビジネスの基本は信頼と会話だ。日本人は世界中でいちばん信頼のおける会話ができる民族なんだ。それは世界でビジネスしている私が保証する。その日本人の信頼の確かさはどこからくるかといえば、古くから日本で使われた礼儀。日本が世界で成功した原因は産業技術だと言われているが、私からすれば信頼を大切にする民族だからこそ世界で成功できたんだ。その信頼の基本である礼儀を今の日本の若者はあまり重要視していない」

はあ。でも、礼儀を重んじている若者も多いですよ。

「果たしてそうだろうか。私が言いたいのは、もっと一生懸命に働いて、その働く喜びを神に感謝しているのかということなんだ。どうもアメリカなどの合理的な社会を今の若者は取り入れ過ぎているように思う」

でも、それはシン選手が成功したから言えるんですよ。ボクらはお金が欲しい。神に感謝することより、もっといい暮らしがしたいんですよ。買いたいものだっていっぱいあるし。


「その気持ちもわかる。だが、私の話を聞け。私の少年時代は貧乏だった。だから、お金が欲しくてたまらなかった。毎日のようにお金、お金とうめいていた。例えば、学校に行くための自転車が欲しいと願うわけだ。その願いは働くことで叶うわけだ。で、次は自動車だ。そして、次はヘリコプターだとなって、私はヘリコプターまで手に入れた」

やっぱり、凄い。

「そうやって、次々に手に入るといつまでたっても満足感はない。しかし、ある時にこうして働けるのは神のお蔭だと思うようになってからは、働くことの満足感を得ることができるようになったんだ。物質的なものに満足感はないが、内面的なものには満足感があるということだ」

よくわからないです。

「キミらの先輩がいい例ではないか。物質的なものにこだわるあまりにヒドイ時代を築いてしまった。そう、バブルだよ。それがはじけてしまった現在、キミらの先輩たちに何が残った。空しい気分しか残っていないのじゃないか。

キミら若者には先輩たちが味わった空しい思いはさせたくないんだ。たとえ働くことに挫折したとしても、自分の内面に存在する神に感謝し続ければ必ずや満足する答えや進むべき道が開かれるはずなのだ」

はあ。でも、内面の神様に会ったことがないんですが。

「それは、毎日、一生懸命に働いて、その一日を感謝し続ければ必ず見えてくる」

はあ。そうですか。

「キミに、父が私に教えてくれた言葉を贈ろう。〝人は母親の体内から外に出てくる時、両手にはなにも持っていない。そして、死ぬ時も両手にはなにも持っていない〟。つまり、私か言いたいのはそういうことなのだ」

はぁ。ありがとうございます。今日はリング上のシン選手とはまったく違う面が見られてうれしかったです。ほんで、今後もサイドビジネスに精を出していくわけですね。

「いや、もうお金はいらないんだ。お金は人生にとってあまり重要ではないからね。今後は、インドなどにレスリング・スクールをいくつも建設していきたい。そこで、間違った方向に進んでいる少年たちにスポーツの素晴らしさや生きることの重要性を教えていきたい。そして、世界中の少年たちの間からドラッグがなくなるようにしたい」

わかりました。では、プロレスはどうするんですか。

「まだまだ現役だ。引退するつもりなんか毛頭ない。しょうがないんだ、私の体内に流れるフツフツと熱い血がリングを要求するんでね（笑）」

1998年

スタン・ハンセン〈前編〉

「それじゃ、こう言えばいいのかい？ ラリアットを使う奴はぶっ殺したい（笑）」

子供の頃、スタン・ハンセンというレスラーは生理痛で苛つく母ちゃんより手に負えない恐怖の大魔王であった。腰の鈍痛で果てしなく苛立つ母ちゃんは、まだ話せばわかる人ではあったが、ハンセンは話してもわからない（その前に日本語がわからないから仕方ないけど）。

例えば、ブルーザー・ブロディと楽しそうに談笑しているな、この状況は写真を撮っても怒られないなと思ってみても、実際にカメラを向けると大変なことになる。鬼の形相で追っかけてくるのだ。それは、ハンセンの徹底したプロ意識がそうさせていたのだと大人になった僕は理解できるようになったけども、あの頃の僕にとっては恐怖でしかなかった。

さて、そんなハンセンがじわりじわりと第一線からはずれるようになって久しい。実力的には今でも川田選手をラリアット一発でフォールしてしまう力を温存しているのだが、現実問題として三冠戦に挑戦する機会もすっかり減ってしまったようだ。

そう思うにつけ、今だからこそハンセンにじっくりと話を聞いてみたいと願うのは人間としての正しい欲求ではありますまいか。だって、冷静に考えてみても聞きたいことはたくさんあるもん。

まずは。5月1日の東京ドーム大会でベイダーと組むことについてはどのように思っているのか。他にも最近のプロレスのスタイルはラリアットの乱れ打ちがひとつの主流となっているけど、本家本元のハンセンはどう感じているかなどは、ぜひとも聞き出したいところだ。

そうそう、大事なことを忘れていたじゃないか。テキサスはアマリロのファンク道場でプロレスラーになるために一緒に汗を流した仲間たち。ジャンボ鶴田やボブ・バックランド、テッド・デビアスらがセミ・リタイア状態であることについて思うことを述べなさいと果敢に突っ込んでみたいよな。

子供の頃は、それこそ鬼の形相で追いかけられるとひたすら逃げるしかなかったけど、もういつまでも逃げてばかりはいられないのだ。

「OK、わかったよ。じゃ。どんな質問から答えればいいのかな」

えっと、んと、改めて確認しますが。ラリアットはハンセン選手のオリジナル技ですよね。

「そうだよ。俺がラリアットを使う前は、馬場さんが走りながら相手の首を引っかけて落とす技（ランニング・ネックブリーカー・ドロップ）を使っていたけど、スタンディングの状態で相手の首を刈るラリアットという技を初めて使ったのは俺さ」

ラリアットは、どんなヒントによって編み出された技なんですか。

「うん、アメフト。もともと俺はアメフトの選手だったんだ。でな、相手の首を手で刈るような動作というのは、アメフトのラインバックが相手の突進を防ぐために使っていた技でもあるんだよ。ま、現在のアメフトでは危険な技だということで禁止されているけど。

それでまあ、要するにだ。俺がレスラーとしてデビューした頃は誰もそのアメフトの裏技を使ってなかっただけの話なんだよ。実際にアメフトの経験を生かして突進してくる相手の首を刈ってみたら。かなりのダメージを与えることができるとわかった。こりゃ、プロレスでも十分に使えるなと思ったね（笑）」

んとね、プロレス漫画の名作のひとつに『プロレス・スーパースター列伝』（梶原一騎・原作）があるのですが、ハンセン選手のシリーズでこんなエピソードが出てくるんです。もっとラリアットを強烈な技にするためドラム缶めがけてラリアットをぶち込んでいた…というのは本当の話なんですか。

「ハッハハハハ。実は、俺の息子がその漫画のコミック本を持っていてね。ちょっと貸せと息子から取り上げて読んでみたら、ほとんど実話に近いエピソードばかりで描かれていて驚いたよ」

さすがは梶原先生！

「いや、でも、ドラム缶にラリアットをぶち込んでいたエピソードは嘘だよ（笑）。当時は、木とかアメフトのゴールの鉄柱にラリアットをぶち込んで鍛えていたよ」

ドラム缶も鉄柱も同じような気がするけど…。それで、んと、最近のプロレスは誰でもラリアットを使うじゃないですか。本家本元としては許せない傾向だと思うのですが。

「みんなが使い始めた頃は、やっぱり戸惑ったというか。正直に言えば、あまり気分はよくなかったな（笑）」

そんなもんですか。

「それじゃ、こう言えばいいのかい？　腹が立って仕方がない。ラリアットを使う奴はぶっ殺してやりたい（笑）。それは冗談だけど、他のレスラーがリング上でなにをしようが俺には止める権利なんかないんだよ。だから。しょうがないと思うしかない。

それとな、マネされるのはある意味で一流の証明でもあるわけだから、ありがたいと思うしかないかもね（笑）。ただ、これだけは言っておきたい。他のレスラーは試合中に何回もラリアットを使うけども、俺はここぞという場面でしか使わない。その最強最高の一発に俺はプライドを持っているんだ」

てなわけで。ハンセンとのアツ〜い語らいはまだまだ終わらず。次号、〝暁のラリアット魂、伝承編〟と続きます、はい。

スタン・ハンセン〈後編〉
「オレは若い選手にとっての〝高い壁〟であり続けたいんだよ」

さて、後編だ。あ、その前に余談をひとつ。先日の猪木引退ドーム大会でのエピソードを紹介したい。あの日、僕は引退セレモニーに参加する前田日明と一緒にドームに足を運んだ。

僕はそのまま真っ直ぐにプレス用の控室に行こうとしたのだけど、前田が〝ええやん。セレモニーの時間まで俺と話でもしていようよ〟ということで、ズルズルとゲスト用の控室に連れていかれてしまったのだ。そのゲスト用の控室…そこは恐ろしい魔境の世界であった。

天龍源一郎がいた。ウィリアム・ルスカがいた。〝よぉお、アキラ〟と長州力も控室に入ってきた。そして、あのボブ・バックランドも満面に笑みをたたえて登場。

ありゃりゃりゃだ。狭い控室の空間の中に前田、天龍、長州、ルスカにバックランドがいるんだぞ。

頭がクラクラする。このメンバーを近くで眺めているだけで一般人には空気が薄く感じられる。ダメだ。このまま控室にいたら酸欠で死んじゃうなと心配になり、ほいさっさとばかり逃げ出してしまった。

ところが、逃げ出したのは僕だけではなかった。バックランドも一緒に控室のドアを開け廊下に出てきたのだ。どうやら彼もあの場の空気に馴染めなかったらしい。

「元気そうだね」

彼はそう語りかけてきた。彼には何度かインタビュー取材を行なっているので、こちらの顔を覚えていたらしい。

「キミの取材を受けたのは…ああ、思い出した。私が大統領選挙の予備選に出る出ないの時だったね。もう、大統領になる夢は諦めたよ（笑）。今後はじっくりとプロレスに取り組みたいと思う」

先日、ハンセン選手にインタビューしたんですよ。彼とあなたはレスラーとしては同期の仲になるんですよね。

「ハンセンは昔から不器用な男だったよ。でも、努力を積み重ねて偉大なレスラーになった。今でも第一線で闘っているのは大変な偉業だよ。私もハンセンに負けないように頑張らなければ…」

バックランドは〝うんうんうん〟と3回ほど力強くうなずきながらそう言った。

すまん。余談が長くなってしまったね。さっそくハンセンとの語らいに戻ろう。

「5月1日の東京ドーム大会でベイダーと組むこと？　そうだな、まず思ったのは彼と闘わなくてよかったということだ（笑）。彼とは場所も同じ東京ドームで闘ったのだが（90年2月10日、新日本プロレスの東京ドーム興行第2弾でハンセンとベイダーが激突）、あの試合は凄かった。自分の気持ちの中では、彼とのあの試合は伝説にまで昇華しているほどだよ。

彼は俺と似た道を歩いてきている。そうだ。アメフトからレスラーに転身してきた。そういった意味でも彼とは気持ちが通じやすい。だから、いいコンビになるんじゃないか。きっと、歴史に残るようなタッグ戦になると思う。見なきゃ損するぞ（笑）」

話は変わるのですが、ハンセン選手の同期生たち、ジャンボ鶴田やボブ・バックランドらがセミ・リタイア状態であることに関してはどう思ってますか。

「正直な話、とても寂しい。特に鶴田が内臓疾患で第一線から離れてしまったことがとてつもなく寂しいよ。鶴田は本当に強かったんだぜ。俺にとっては最も倒しづらい男のひとりだった。

そんな男が病気のせいで満足に闘えないなんて…辛いよな。病気が全快することはないかも知れないが、少しでもよくなって、もう一度、鶴田とは全力で闘ってみたいよ。もし、俺と鶴田の立場が逆でも鶴田は俺と同じような想いを抱いてくれるはずだ。

そうそう。寂しいといえばやっぱりブロディだよな。この世界は、なかなか本当の友達に巡り合えないものなんだよ。そりゃ、試合が終われば話もする。食事もするかも知れないが、友達と呼べる関係には発展していかない。だけど、ブロディだけは違った。あいつとは、すべてが通じ合える友達だった」

どうなんでしょう。今でもハンセン選手が第一線で活躍しているのは、なにかプロレスに対する強い信念があるからだと思うんです。その信念を教えてください。

「信念とは呼べないかも知れないが、俺は全日本プロレスの若い選手にとって高い壁であり続けたいと願っているんだ。

今でも、例えばWCWからうちのリングで闘ってくれないかとオファーがくる。高額なギャラを用意してね。そのギャラに目がくらんでWCWのリングに上がれば大金持ちになるのはわかっている。でも、金なんか必要ない。

金よりも大事なことは、俺と闘うことで若い選手が強くなることなんだよ。小橋がそうじゃないか。デビューした頃は貧弱だった青年が俺と闘うことで、あんなに強くなった。奴の腕の太さを見てくれよ。奴のラリアットを見てくれよ。強烈なラリアットを放つぞ。小橋だけじゃない。三沢も川田も俺との闘いを積み重ねてトップレスラーに成長したんだ。

俺は彼らの成長に自分のプライドを賭けている。つまり、彼らが強くなるたびに俺のプライドは満足するんだ。この満足感は金なんかじゃ買えやしないよ。

俺はもう若くない。リング上で激しいファイティング・スピリットを燃やし続けるのは難しくなってきている。だが、若い選手のためにも俺は強いレスラーであり続けなければならないんだ」

ベイダー
「WCWやWWFのトップレスラーたちは、いちいち俺にクレームをつけやがる」

「カレーライス、もうひと皿、食っていいか?」

すでにベイダー様は大盛りのカレーライス5皿を胃袋の中に収めている。見ているこちらのほうが胸ヤケを起こしそうだ。でも、イヤとは怖くて言えないから、ここは、どうぞどうぞとスマイル、ニコッ。

「お、そうか。へ〜イ、ボーイ。大盛りカレーライスと大盛りナポリタンをくれ」

時刻は午後3時。ということは、この食事はオヤツ代わりかい? まあ、いい。気がすむまで食っておくれ。その間、ちょっと読者のみなさんに説明するから。

全日本プロレスの暮の風物詩として定着している『世界最強タッグ決定リーグ戦』が華々しく開幕。で、今年のシリーズの目玉は、なんといってもスタン・ハンセンのタッグ・パートナーとして来日を果たしたベイダー。そう、目の前で大盛りカレー6皿目と格闘中の、この男だ。

シリーズ参戦前、ベイダーなら全日本マットを荒らし回るはずと思われてはいた。なにせ新日本プロレス参戦時代には猪木以下、トップレスラーを次々に撃破、新日本の至宝でもあるIWGP王座を3度も手中にしている。その後、闘いの場をUWFインターに移しても、その圧倒的なパワーで高田を苦戦に追い込んだりしていたのだ。

そして、アメリカのメジャー団体であるWCW、WWFに戻ってからもパワーは衰え知らず。これらの実績を考慮して、ベイダーなら全日本マットに新しい風を吹かせるだろうと期待されていたわけだ。

その期待に、開幕戦の後楽園大会で早くもベイダー自身が予想を上回る結果をもって応えてくれた。注目のハンセン、ベイダー組vs三沢、小川組。ベイダーは三沢相手に殴る殴る蹴る蹴る。コーナーポストに飛ばし体ごとブシャッと押し潰す。ベイダーの勢いにガボッと飲み込まれた三沢はフォール負け。

「プロレスをさせてもらえなかった」

と、3冠王者の三沢が珍しく弱音を吐いたほどだ。

それ以後もベイダーの快進撃はノンストップ。全日本の5強と呼ばれている三沢、小橋、川田、田上、秋山相手に一歩も引かずに応戦。はち切れんばかりのパワー攻撃を前面に押し出して快調にリーグ戦の白星を重ねている。

これだけ強いとファンも素直に反応を示す。今や会場人気№1はベイダー。花道に姿を見せただけで会場が歓声でどよめき、津波のように揺れる。

それは、久しく日本のマット界で見ることがなかった、最強外国人レスラーvs日本人レスラーの抗争図式の復活を意味する。

つまり、ベイダーの出現は、だ。半世紀前に力道山が作り上げた外国人vs日本人という非常にわかりやすいプロレスの回帰でもあるのだ。

となると、これはもう原点回帰の主役、ベイダーに話を聞かなければ落ち着かないではないか。

「説明は終わったか？　俺様はいつでもいいぞ。満腹で気分もいいしな（笑）」

どの会場でも物凄い声援を受けてますね。

「当然だ。俺様が力いっぱい闘ってるんだぜ。予想された事態じゃないか（笑）」

えっと、んとお。

「おい。お前も男なら考えずにスパッと言え」

えっと、んと、改めて全日本のマットに上がったご気分を教えてほしいのですが。

「実はな、俺は本当は新日本じゃなく全日本に初来日するはずだったんだ」

そうだったんですか。

「今から11年前の話さ。全日本に上がる交渉がまとまる寸前に、新日本からウチで闘ってくれないかとオファーがきてね。一度は全日本との交渉があるからと断ったんだが、新日本がきちんと全日本に話をつけてくれてな。ノー問題で新日本のマットに上がることになったわけ。だから、全日本のマットに上がる気分というのは11年前のように初々しいぜ（笑）」

で、あれですよね。全日本にたどり着くまでに、新日本からUWFインターを経てアメリカのメジャー団体に主戦場を移していた、と。

「ああ。でもな、WCWもWWFも確かにメジャー団体かもしれんが、クソッタレだ。冗談じゃないぜ。アメリカのマットには〝闘い〟がないんだ」

言っている意味がよくわからないんですけど。

「向こうのマットの主流は闘いじゃねえんだよ。例えばレスラーと女マネージャーのメロドラマとかな、くだらねえストーリー中心に構成されているんだ。バカらしくてやってられない。それに、俺が一番許せなかったのは、だ」

はい、なんでしょう。

「WCWやWWFのトップレスラーたちが、いちいち俺のファイトにくだらねえイチャモンをつけてくるんだ。ハルク・ホーガン、ランディ・サベージ、ストーン・コールド、ショーン・マイケルズ…。どいつもこいつも、俺の攻撃がタフでワイルドすぎるとクレームをつけやがる。

俺は、あいつらとダンスを踊るためにリングに上がってたわけじゃない。俺はプロレスをするために、目の前の敵を叩き潰すためにリングに上がってるんだ。もういい加減、嫌気がさしてしまった。そんな時、全日本から闘ってみないかと誘われたんだ。

うれしかったな。だって、お前、全日本といったら世界でも有数なトップレベルの団体だぞ。しかも、だ。俺がいくらタフでワイルドな闘いを挑んでも文句を言う奴なんかひとりもいやしねえ。どんな攻撃でも跳ね返す肉体と技術を持つヤングボーイたちがいる団体だ。今は闘うのが楽しみで仕方ないよ(笑)」

参戦するにあたって、馬場社長からなにかアドバイスを受けましたか。

「グッド・ラック、と(笑)。いや、アドバイスはババよりもハンセンから受けている」

ちなみに、アドバイスの内容は?

「お前のパワーさえあれば、すぐにでも相手を叩き潰すことができるだろう。だが、まずは抑えて闘え、と」

あれで抑え気味なの?

「そうだ。焦らず、ゆっくりと勝とうぜと言われているんだ。俺たちはプロレスを楽しむ世代に突入したんだから、とも言われた(笑)」

実際、闘ってみてどうですか。三沢選手など全日本の5強の手応えは?

「思ってたとおりハイレベルなレスリングをする。今は俺のパワーに戸惑っているだろうが、そのうち俺のスキを狙って反撃してくるはずだ。そこからじゃないか? 俺と三沢たちの試合がもっとおもしろくなってくるのは。俺も楽しみだよ」

でね、ベイダー選手の登場によって、外国人vs日本人という忘れられていた昔の抗争の図式が復活したわけですが、そこらへんの意識はありますか。

「そうだな。時代は巡るってことさ。その昔、俺が新日本で猪木たちと闘ってた頃はファンも熱狂してくれたじゃないか。全日本だってそうだろ。ハンセンやブルーザー・ブロディら大型選手とババやツルタの闘いが、たくさんのファンを楽しませた。

で、再び俺やハンセンの時代がきたということだ。プロレスを見たこともない人間にも〝こいつは強そうだ〟と思わせる肉体と雰囲気を漂わせた外国人選手が力まかせに好き勝手に暴れ回るプロレスだな。そういうプロレスが支持されるようになったということさ。

ま、それだけプロレスは長い歴史を持つジャンルであり、奥が深いんだ」

話は変わるのですが、ヒクソン・グレイシーは知っていますか。

「ああ、もちろん知ってる。非常にスポーツライクな闘いをするわりには〝デンジャラスな男〟だと思う。タカダと闘って勝ったことも雑誌を読んで知っているよ」

あの、んと、ベイダー選手は、例えばアルティメット大会とかバーリ・トゥードの大会に出てみたいと思ったことはありませんか。

「ない。当たり前じゃないか。ノールールの大会でヒクソンに勝つよりも、この全日本のマットで三冠王座や世界タッグのタイトルを獲るほうがよっぽど難しいんだぜ。どうして、お前たちはノールールの大会やヒクソンのことを気にするんだ？　お前はプロレスが好きか？」

ええ、好きです。

「だったら、気にするな。ノールールの大会の試合よりも俺の試合のほうがスリリングだろう。パワーがあるだろ。カタルシスがあるだろ。この鍛え上げた腕から放つラリアット一発のほうが、どんなに観客に勇気を与えてるか考えてみろ」

でもね、ノールールの大会でレスラーが負け続けた時期があるんです。あの頃のプロレスファンは自信を失っていたんですよ。

「プロレスを信じろ！　日本のプロレスファンはいつだって俺たちに熱い声援と拍手を送ってくれたじゃないか。時には拳まで振り上げて応援してくれたじゃないか。あの時の振り上げた拳の熱さを忘れないでくれ。

俺もプロレスを信じ続けてくれたお前たちの勇気や自信が萎えないように、これからも力いっぱい闘うぞ」

2000年

ミル・マスカラス＆ドス・カラス

マスカラス兄弟の人生相談 悩んだら〝仮面貴族〟にすがってみろ！

へ〜イ、アミ〜ゴ！　単刀直入にお聞きします。以前、マスカラスさんはメキシコの大統領になると発言していましたが、本当ですか。

（神奈川県大和市・ビバメヒコー！・21歳）

ミル　本当だ。今のメキシコは残念ながらひどい状態でね。特に政府高官の汚職が蔓延しているんだ。常に得をするのは政府の高官ばかりでね、大衆は損ばかり。そういう不公平さを私が大統領になることで解消したいね。他にも、ペソの暴落もひどいんだよ。ま、とにかく私が大統領になり、リーダーシップを発揮すれば、そんなメキシコが抱えている諸問題は一気に解決するんだけどね。な、そうだよな、ペペ？

（弟であるドス・カラスの愛称）。

ドス　はい（微笑）。

ミル　ただ、この世の中は何事も簡単には進まない。大統領になるには、まず国会議員にならなければいけないわけだ。ま、それも私の場合、明日にでも議員になれるのだけどね。というのも、私は学校に援助活動をしたり政治に関する講演会をやったりして社会的地位が高いんだ。だから、選挙に出馬すれば間違いなく当選する。な、そうだよな、ペペ？

ドス　はい（微笑）。

ミル　だけど、残念なことに私が応援している『クリ』という政党は政権政党ではないんだ。政権を握っていない政党で議員になっても大統領の道は遠くなるだけ。そんな回り道をしている暇は私にはないんだよ。私はいつも最短距離で夢を達成したいと願っている男だからね。な、そうだよな、ペペ？

ドス　はい（微笑）。

ミル　ま、これから、もしね、『クリ』が政権を獲ったならば、すぐにでも議員になり大統領になってみせる。速攻で勝負を決めてやるよ。これでメキシコも安泰だ。な、そうだよな、ペペ？

ドス　はい（微笑）。

ミル　それでもひとつだけ気がかりなことがある。大統領になったら、このマスクを脱がなければいけないということなんだ。まさかマスクをかぶったまま他の国の元首と政治的駆け引きをするわけにはいかないだろうしね。でも、このマスクはすでに私の皮膚となってしまっているからね。さて、どうしたらいいかな。ま、世界初のマスクマン大統領がいてもいいよな。な、そうだよな、ペペ？

ドス　はい（微笑）。

ミル　とにかく、私が大統領選挙に出馬したら、ぜひとも日本のアミーゴたちにも応援してもらいたいね。

私には頭の上がらない兄がいます。これまで反抗したことはありません。でも、一度くらい反抗的な態度をとってみたいとも思っています。どうすれば反抗のきっかけを見つけられるでしょうか。

（東京都保谷市・兄弟仁義・26歳）

ドス　私の場合、両親から兄を尊敬しなさいと育てられてきたので、反抗しようと思ったことはありません。だから、質問にはうまく答えることはできませんけども、別に無理をして反抗することはないのではないかと思います。私は兄を尊敬してます。兄は私を愛してくれてます。そういう関係を壊さないように日々の生活を送ることが人間として大事なことなんです。

ミル　でも、一度くらいはリング上で私を倒してみたいと思ったことがあるんじゃないのか？（笑）。

ドス　そんなこと考えたこともないです。私が兄さんに勝てるわけがない（微笑）。

ミル　本音か？（笑）。

ドス　はい（微笑）。

僕には長年、付き合っている彼女がいます。ですが、最近、別の女性と付き合い始めました。正直なところ、昔の彼女と別れて新しい彼女と付き合っていきたいと思っているのです。そこでマスカラス兄弟にお聞きしたいのですが、相手の女性を傷つけずに別れる方法を教えてください。

（高知県高知市・マッコウクジラ・29歳）

ミル　それはまた答えづらい質問だな。なにはともあれだ。難しいぞ、女から逃げるのは（笑）。世の中、ロープをつかんだら、すぐにブレイクしてくれる女ばかりじゃないからな（笑）。な、そうだよな、ぺぺ？

ドス　はい（微笑）。

ミル　それこそ昔は、寄ってくる女をどうサバくかで苦労したもんだ。でも、誤解しないでくれよ。私がミル・マスカラスだからモテたんじゃないぞ。マスクを脱いだ生身のホセ・××××でもえらくモテた。いや、過去形ではないな。今でも、うんざりするほどモテているぞ。マスクを脱いでも十分に俺たちはモテてるよな？　カッコいいよな？　そうだよな、ぺぺ？

ドス　はい（微笑）。

ミル　ところで、ぺぺはどの国の女が好みなんだ？

ドス　どの国の女性も魅力があります（微笑）。

ミル　そうか（笑）。あ、そうなんだよ。私の場合、メキシコ国内よりも海外のほうがえらくモテるんだ。（遠くに視線を飛ばしながら）アメリカ、ドイツ、オランダ…。うん、いい女ばかりだった。あれだな。女には特別な嗅覚が備わっているんだろうな。服を着てても。その下に隠されている私の筋肉美にうっとりしてしまうんだよ。街を歩いていても次から次と「食事でもしませんか？」と女のほうから誘ってくる。な、そうだよな、ぺぺ？　ああ、ぺぺはそんなこと知らなかったっけ？

ドス　はい（微笑）。

ミル　話を戻すと、だ。今まで私のほうから女性を誘ったことはない。これは私のひとつの自慢だな。で、声をかけてきた女とホテルで食事をして（なぜかそこでウインクしながら）ベッドをともにすることはマネキン人形をフォールすることよりも簡単さ。
ドス　兄さん、ちょっと…。
ミル　なんだ？
ドス　さっきから質問に答えてないんですが（微笑）。
ミル　ああ、そうだったな。すまなかった（笑）。要するにだ、女ときれいに別れるのは無理だ。どんなにうまく話し合っても、女のほうがすぐに感情を爆発させてしまうからね。でも、だからといってズルズルと関係を引きずってはいけない。お互いに傷つくことを覚悟して真正面から女と向き合い、話をつけたほうがいい。そして、堂々と〝恋愛というリング〟から降りるべきなのだ。

マスカラスさんはヒクソン・グレイシーの存在を知っていますか。また、闘ったら勝てますか。

（大阪府豊中市・修斗好き・21歳）

ミル　誰だ？　そいつは。
ドス　兄さん、ちょっと…（ぺぺが耳打ち。どうやらヒクソンが何者であるか説明をしているらしい）。
ミル　ふ〜ん。グレイシー柔術ねえ。で、彼は私と闘いたいのか？（こちらがバーリ・トゥードの説明をすると）ああ、そうなの。ノールールの試合が得意なわけ。俺は、いいよ。別に問題ないよ。でも、相手が逃げるんじゃないか。だって、私が本気を出したら……殺しちゃうよ。冗談じゃないぞ、本気だぞ。殺されてもいいなら受けてやってもいい。私はプロレスラー。ノールールだろうがなんだろうが、負けるわけにはいかないんだ。

2001年

スタン・ハンセン
プロレス界への遺言――「ラリアットはもう見せられないけど、俺の魂は不滅だぜ！」

「恐怖だった……」

ハンセンは、あの日のことをそう振り返った。昨年の10月14日のことだ。

その日、ハンセンは全日本プロレスの『ジャイアント・シリーズ』開幕戦に出場。いつものように試合を終え、ホテルへと向かった。

部屋の隅にトランクを置きシャワーを浴びようと衣類を脱ぎ捨てユニットバスに。その瞬間、なんの予告もなしにハンセンの両足は自由を奪われた。

「……恐怖だった。両膝が小刻みに震えだして、両足がまったく動かなくなってしまったんだ。以前から膝の調子が悪くて医者に相談はしていたけど、いきなり両足がマヒしてしまうとは思わなかった。こうなるとシャワーを浴びるどころの騒ぎじゃない。俺はどうなってしまうのか。ただ、呆然とその場にしゃがみ込むことしかできなかった」

明日になれば、奇跡的に痛みもマヒも治っているかもしれない。そんな希望を抱いたハンセンだが、翌朝、奇跡は起こらなかった。

「目が覚めた俺はゆっくりと半身を起こした。そして、まずは右足を動かそうとしてみた。でも、自分の意に反して少ししか動かない。今度は左足だ。動かない。これはもうダメだと思った。実は自分の引退を2002年と定めていたんだ。しかし、そんな悠長なことを考えている状況ではなくなったと覚悟したよ」

思うように動かぬ足を引きずりながら、それでもリングに上がり続けシリーズを乗り切ったハンセンはアメリカの主治医のもとへ。診察した主治医はすぐに手術の用意を始めた。

「医者からは〝こりゃひどい。一刻も早く手術しないとキミの将来は車椅子の生活になるよ〟と言われた。この商売を続けている限りケガはつきもの。そんなことは承知していた。だが、正直なところ、イノキやババやツルタ、テンルー（天龍）らとの闘いがこれほどまでに自分のヒザにダメージを刻んでいたとは思わなかったよ。

で、手術台に上がり、麻酔用のマスクを口にあてがわれた時だ。俺は薄れていく意識の中で逆にはっきりと〝引退〟を決意したわけなんだ」

現在のハンセンの膝は人工関節が支えている状態だ。このままリハビリを続けていけば普通の生活は送れる。しかし、レスラーとしてリングに上がることは許されない膝となってしまったのだ。

「たぶん、自分がもう少し若ければ膝にメスが入っても〝引退〟までは考えなかったと思う。だけども、この人工関節がぶっ壊れたら最後、俺は二度と立ち上がることができなくなるんだ。そういう理由で、誰とは言わないが〝引退〟してもカムバックしてくるレスラーもいるけど、俺の場合は絶対にあり得ない」

ここでハンセンの激闘を振り返り、長年の功績を賛えるのは簡単だ。アントニオ猪木、ジャイアント馬場との一連の死闘。また、川田利明、小橋建太たちとの世代を超えた壮絶なるぶつかり合いをハンセンがどのようにとらえていたのか興味もある。

だが、重要なことは他にあるのではないだろうか。自分の膝と引き換えに日本マット界をしっかりと支えてきたハンセン。そんなハンセンだからこそ聞きださなければいけないのは、今後のプロレス界が進むべき道なのではないのか。でなければ、ハンセンのボロボロとなった膝も報われない。

日本マット界を愛し続けたプロレスラー、スタン・ハンセン。彼のレスラーとしての『遺言』にどうか耳を傾けてほしい。

「俺は今でも、日本のプロレス界は日本人エース対外国人選手の抗争がメインを張らなければいけないと思っているんだ。ずいぶんと古臭い考え方だと思われそうだけども、俺はそう信じている。なぜなら、自分がイノキやババとシングルで闘っていた頃がいちばん日本のマット界が素直に盛り上がり輝いていたからだ。別に、俺には懐古趣味はないけどね（笑）」

ええ。言わんとしていることは理解できます。

「それが時代の流れで、新日本も全日本も複数スター制をとるようになってしまった。新日本なら闘魂三銃士、全日本ならカワダやミサワやコバシだね。でも、考えてみるとその頃から日本マット界には落ち着きがなくなってきたように思うんだ。例えば、他の格闘技大会の出現にオロオロしたりね。自分たちの足場がしっかりしていれば、そんなもんに動じる必要はないわけさ」

それも理解できます。

「なんだろうな。スター選手が多く作られたことでプロレス界の脇が甘くなったのかもしれないね。いや、スター選手が多くいるのはいいことだと思うよ。だけど、どのスター選手も横並び。突き抜けたレスラーがいない。つまりは〝オンリーワン〟の選手がいないんだ。ソコが問題なのでないかな」

なるほど。

「例えばだ。俺のラリアットを考えればわかるんじゃないか。今は、誰もが使い、試合中に何発も乱れ飛ぶけど、俺のラリアットだけは〝オンリーワン〟なんだ。それは認めてくれるだろ？」

もちろんです。

「俺は、ここぞという時にしかラリアットを使わなかった。相手がスタミナも集中力も切れた瞬間を見逃さずに、自分の全体重も左腕に託して相手の首を刈り取った。そうすることによって俺のラリアットは〝オンリーワン〟に昇華していったんだ。まあ、みんなが俺のマネをしてラリアットを使ってくれるのは自分を尊敬してくれているという意味でうれしいことだけどね。それでも俺のラリアットは〝オンリーワン〟なわけだから、誰も俺のラリアットを超えることはできないんだ」

ええ。

「少し話がズレてしまったけど、要するに、今のレスラーには自分だけの〝オンリーワン〟を追求してもらいたいんだよ。イノキには、あの鋭い眼差しという〝オンリーワン〟があった。ババには、あの巨体が宙を飛ぶという〝オンリーワン〟があったじゃないか。観客はそんな俺たちにお金を払い、熱狂してくれるんじゃないのか？」

その〝オンリーワン〟は技ではなく、それ以外のことで表現してもいいんですよね。

「ああ、いいさ。それこそ、たたずまいだけで表してもいいんじゃないか。大事なことはリングに上がった瞬間に自分の何を観客に見せ、彼らに対して強さと同時にファンタジーを与えるかだ」

わかりました。

「できれば、団体のフロントも複数スター制を考えずに、スーパーエースになり得る日本人選手を育ててほしいね。とても難しいことだと思うけど。ただ、それはとても意義のあるチャレンジだよ。レスラーが必死になって見つけ、作り上げた〝オンリーワン〟を団体も一緒にバックアップする。そうすることによって、自然と選ばれた日本人選手が現れてくるんじゃないか。で、選ばれた外国人選手と闘う。そうなれば、再び日本のプロレス界はスポーツ界で一番メジャーなジャンルになり、より以上に発展していくと信じているんだ」

でも、外国人選手はどうでしょうか。ハンセンさんのようなレスラーはもう二度と出てこないような気もするんですけど。

「そんなことはない。いや、でも、どうかな（笑）」

答えづらそうですね。

「うん、まあね。いや、これでも仲間の外国人選手たちには言ってきたつもりなんだよ。とにかく自分なりのセールスポイントを探せとね。だけど、誰も俺の話なんか聞いちゃいない（笑）」

失礼ですよね、それは。

「仕方ないよ。そういう時代なんだと思う（笑）。彼らには俺のアドバイスなんて必要ないんじゃないかな、きっと（笑）。少し淋しいことだけどね。でも、日本人選手同士の試合だけでは、どうしてもせせこましくなる。もっと日本のプロレス界がグローバルになるためにも彼らが頑張らなければいけない」

ちなみに、誰ですか。そんな失礼なヤツは。

「昔でいえばダニー・スパイビーとか（笑）。スティーブ・ウイリアムスも俺の話を聞いちゃいなかったな（笑）。ま、彼らは彼らなりに自分の仕事に対して一生懸命なことは確かなんだよ。だから、それはそれでいいじゃないか（笑）」

それはそうと、改めて聞くのは辛いのですけども、後悔はないですか。

「ない。実に楽しいプロレス人生だったしね。なぜかというと、俺の子供の頃の夢はウエスタンのタフガイヒーローになることだったんだ。そうそう、ジョン・ウェインのようなね（笑）。で、俺は武道館だろうが地方の小さい体育館だろうが、手を抜かずにタフガイになってきたつもりだ。そう、控室でメガネを取った瞬間に一般人からスタン・ハンセンというウエスタンのタフガイヒーローに変身してきたんだよ（笑）。いやもう、思い返してみても、おもしろいレスラー人生だったな（笑）。でも、膝のケガで俺は二度とタフガイヒーローに変身できないとわかった。そうなれば、潔くリングから身を引くしかないだろ」

どうですか。生まれ変わっても、またレスラーになりたいですか。

「もちろんさ。そのつもりだよ。神様が人間にさせてくれるならね（笑）。そして、もう一度、スタン・ハンセンというタフガイヒーローに変身して、日本のマット界で自分だけの〝オンリーワン〟を探してみるつもりだよ」

エピローグ――『週刊プレイボーイのプロレス』よ、永遠なれ

2000年に入り、私は編集部を去る決意をしていた。埋め込まれた牙はところどころにヒビが入り、噛みつく能力も失われつつあった。

その牙を埋め込んだ名物編集者たちは急逝されたり、集英社を辞めたりしていた。私の担当編集者たちも新しく創刊されるスポーツ誌に異動となり、身軽になってきたことも大きかった。

また、松山千春さんとの新たなプロジェクトも控えていた。それは月刊本。要するに毎月1冊、松山さん自身が放つメッセージを凝縮させた本を1年間出版していこうという企画で、01年1月からスタート。これが大きな反響を呼び、12冊＝累計140万部を記録した。

1か月というサイクルで1冊を仕上げていくのは大変な労力を要し、単純に週刊誌の作業に携わるのが難しくなってきたのである。

私が編集部に別れを告げた日。

目には見えない『週刊プレイボーイのプロレス』を編集部の隅にそっと置いた。今後、編集部がプロレスの記事を作らなければならなくなった時、少しでも役に立ってくれればいいな、と願いながら。誰かが繋いでくれたらいいな、と願いを込めながら――。

だが、残念なことに。

12年6月。私はその号をたまたまコンビニで見かけたのだが、『祝40周年！新日本&全日本プロレス童貞入門』とタイトルが付けられた12ページにも及ぶプロレス大特集が組まれていた。そのうちの4ページが『AKB48でもわかる新日本&全日本激闘40年史』と銘打たれ、内容的にはAKBのメンバー2人が元週刊ゴング編集長の金沢克彦氏にプロレスのあんなことやそんなことを教えてもらうというもの。

その瞬間、〝あ、負けちゃった〟と思った

まさか、週刊プレイボーイがプロレスマスコミの軍門に下る日が来ようとは思ってもいなかった。アイドル

を使おうが何をどうしようが、プロレスマスコミを代表するひとりでもある金沢氏に教えを乞うのは完全敗北でしかない。

誰も置いていった『週刊プレイボーイのプロレス』を繋いでくれなかったんだ……と思うと少し寂しい気持ちにもなった。

そして16年10月、一冊の書籍が出版された。

週刊プレイボーイ創刊50周年記念『熱狂』。

簡単に説明すれば、50年の歴史を振り返る内容で、グラビアを飾った女優やアイドルをピックアップ。名物企画だった人生相談の傑作選なども掲載されている。本の帯には「時代を熱狂させた女と男の半世紀。」と記されていた。

プロレスの記事をまとめたコーナーも3ページほど割かれ、そこに掲載されていたのは1980年代のプロレス記事だった。コーナーのリードには「最初はただの傍観者だったはずが、その生きざまに自らを重ね、いつしか最前線へ。あの頃、一番アツかったプロレスを80年代の記事を中心にふり返る」と書かれており、古舘伊知郎さんによる活字プロレスの連載や作家・夢枕獏さんのUWFに関する連載、アントニオ猪木の連載、もちろん話題を呼んだ前田日明のインタビューも掲載されていた。

なにかこう、胸の奥がザラッとした。

一番アツかったプロレスを80年代の記事を中心に振り返る、とリードで但し書きされているのだから、文句を言ってはいけないのかもしれない。夢枕獏さんのUWFに関する考察は実に素晴らしかったし、猪木さんの連載も当時のプロレスファンの胸を熱くさせていた。しかしながら、なにも80年代だけがアツかったわけではない。

本書を読んでくれた方には理解していただけると思うが、88年に行なわれた前田のスクープ・インタビュー。それを機に動き出した第2次UWF。『週刊プレイボーイのプロレス』はきちんと80年代のプロレス記事からバトンを引き継ぎ、社会現象とまで呼ばれた第2次UWFの東京ドーム大会を公式に誌面で応援、その栄華と凋落までを綿密に追った。

第2次UWFが3派に分かれてからも、それぞれ独自に密着し、その動向を常に読者に伝えていた。ひとりぼっちになってしまった前田とはリングスをフィルターにして、その出自まで迫り、孤独な闘いを選ばざるをえなかった人間像を自伝『無冠』で明らかにした。霊長類最強の男、アレキサンダー・カレリンとの現役引退試合も完全密着、あの88年のインタビューのケリをつけたのである。つまり、80年代から発生した太いプロレス記事の一本線を90年代の『週刊プレイボーイのプロレス』がコツコツと紡いでいったのだ。

それなのに、一行もそのことには触れていない。

週刊プレイボーイの50年の歴史の中で、90年代以降の『週刊プレイボーイのプロレス』はなかったことになっている。

UWFだけではない。

馬場さんの死去により、ひとつの時代が終焉を迎えて、動揺が走ったプロレス界も追いかけた。同世代の闘魂三銃士との交流を願っていた三沢光晴の胸のうちを吐露させ、そして実現した三沢と蝶野の対談。引退セレモニー直前の武道館の控え室、それが生前最後の単独インタビューとなってしまったジャンボ鶴田の本音。スタン・ハンセンも引退セレモニー直前に取材に応え、涙ながらに語った盟友ブルーザー・ブロディへの想い。他にも90年代を舞台に必死に闘っていたレスラーたちの光と影――。

それらが全部なかったことになっている。

ダメだ、それは。

それだけはダメだ。

だから、私は編集部に置き去りにしたままの埃をかぶった『週刊プレイボーイのプロレス』を拾い上げるように本書を作り上げたのだ。

週刊誌の記事は一週間も過ぎれば使命を終える。でもそれは、歴史の証人として、その時代を生き抜いた人々の【存在証明】であり続ける。

タカハシは私が去った後も編集部で踏ん張っていたが、上の連中とモメ、結局は追い出された。その後、異動先の月刊文芸誌『すばる』の編集長に就いたのだから立派。ヤツもまた、繋げる、繋ぐことの重要性を理解していた編集者だったと思う。タカハシが異動せず、編集部に留まっていたら、『週刊プレイボーイのプロレス』はプロレスマスコミに無様に負けることはなかったはず。勝てないまでも、引き分けに持ち込めたのでははないか。

週刊誌にしろなんにしろ、長く続いているものは常に改革に取り組み、新しい血を導入して活性化することが大切なのはわかっている。そうしなければ、あらゆることが澱んでくるのも理解している。それでも、だ。決して途絶えさせてはいけない血流というものがある。剥き出しにしなければならない牙がある。

残念なことに、タカハシは2014年、まだこれからという時に急逝。言葉を交わす時間もないほどに、さっさと天国への階段を登ってしまった。

そして、2018年、小沢のタケちゃんは長い闘病生活の末、静かに息を引き取った。もう一度、私と映像作品を作るんだと言葉にならぬ言葉を遺しながら——。

90年代を舞台にリングを舞っていたレスラーたち、タカハシや小沢のタケちゃん、みんながあの日、あの時を生きていた。本書によって、その【存在証明】を手にすることができたのは素直に嬉しい。

ありがとう。

佐々木徹

佐々木 徹（ささき・とおる）

フリーライター＆フリーエディター。とあるところでは外部協力者（笑）。プロレス関連の著者・共著では『禁談—前田日明 究極の因縁対談三本勝負』、『無冠 前田日明』、『船木誠勝物語 ストレイト』、『写真集・門外不出！ 力道山』（いずれも集英社刊）など多数。松山千春の月刊本『月刊松山 SAGA』（アミューズブックス）を始め、多くのアーティストの月刊本をプロデュース。

※本書の第1章から第5章に収録されている過去の取材記事は、1989年から1991年に『週刊プレイボーイ』（集英社）に掲載された著者の原稿を再編集したものです。

G SPIRITS BOOK Vol.13

週刊プレイボーイのプロレス

2020年11月1日　初版第1刷発行

著　者	佐々木 徹
編集人	佐々木賢之
発行人	廣瀬和二
発行所	辰巳出版株式会社 〒160-0022 東京都新宿区新宿 2-15-14 辰巳ビル TEL：03-5360-8064（販売部） TEL：03-5360-8977（編集部）
印刷・製本	図書印刷株式会社
協　力	集英社・週刊プレイボーイ
デザイン	柿沼みさと
編　集	村上謙三久、小松伸太郎
スペシャルサンクス	流 智美

ISBN 978-4-7778-2652-0